見识城邦

更新知识地图　拓展认知边界

目录 张居正 柄国宰相 下

第六章　倾心委任潘季驯治河　323

漕粮不至君相忧，潘季驯二任河督　324

"人事不和之忧，甚于忧洪水"　336

束水攻沙，治河之功不下大禹　345

第七章　改革深水区，均天下之大政　357

耿定向的清丈样板　358

土地确权，清丈田粮八法　366

赋役征解及其弊端　374

整顿江南赋役　386

徽州丝绢大案　393

便民利国第一事：一条鞭法　405

整顿驿递，为民减负　422

下篇
破家沉族

第八章　忠孝相值难两全　　　　　438

张父病逝，创"在官守制"　　　　　439

明暗交汇，企图拉张居正下马　　　　452

回籍葬父，"夺皇家风水葬地"　　　　465

戾气与荆强，张居正的"三大心腹"　　475

预言"高台倾，曲池平"　　　　　　485

第九章　事中主不易，事幼君亦难　　499

"小世宗"在长大　　　　　　　　　500

对榻护持的皇太后　　　　　　　　515

绕不过的司礼大珰冯保　　　　　　524

君臣之间嫌隙渐生　　　　　　　　535

归政不得与溘然病逝　　　　　　　548

第十章　身后罪状满公车　　　　　560

张四维的倒张运动　　　　　　　　561

万历帝构陷"禅让"逆罪　　　　　587

辽府嫁祸：授意还是恩怨？　　　　594

破家沉族之祸，对张居正的全面清算　607

张居正的身后事　　　　　　　　　623

柄国宰相
张居正

附录　张居正生平大事年表　　　　*633*

主要参考文献　　　　*639*

后　记　　　　*645*

第六章

倾心委任潘季驯治河

这一与天博弈的工程，最后由清朝康熙时期的治河能臣靳辅开凿中河而最后完成。从此，运河不再经由黄河运道。运道畅通，黄河安澜，才有一百多年的繁庶，康熙、乾隆二帝才能徜徉运河之上，浏览江南盛景。这一切，不能不说是明朝打下的基础。故靳辅称赞，"明一代治河，莫善于泇河之绩"。

漕粮不至君相忧，潘季驯二任河督

隆庆四年民间俗称的大年初一，按照明朝典制，这一天皇上应在皇极殿举行朝贺大典，但因日食，紧急取消。正月十五日，朝野期盼的元夕张灯，又因月食提前宣告禁止。工科给事中陈吾德上奏说，一年岁首的朔、望之日，日月并食颇为罕见，天象预示会出现大灾，皇上要摒弃所有游乐玩好，以挽回天戒。君臣都忐忑不安，感觉有大事要发生。四月初一，京师地震。其后，俺答进犯山西的边报接连传到大内。转眼到了九月重阳节，黄河在睢宁决口，自宿迁到徐州的近三百里运河淤塞，河水横流，九百多艘漕船漂没，二十多万石漕粮漂落，一千多名漕卒溺亡。明朝人广泛流传的一句话似乎再次应验：

> 漕粮三月不至则君相忧，六月不至则都人啼，一岁不至则国有不可言者。

明成祖朱棣定都北京后，三千多里的运河就如同大明王朝的生命线，必须保证周身通畅，王朝才能正常运转。继张居正后出任内阁首辅的申时行概括国家有两件大事：一个是防边，一个是河漕。河与漕在国家安全稳定中的作用由此可见。仁宗即位后竟因困于漕运，下令重修南京皇城，诏令明年还都南京，因其不久去世而未果。宣宗时北京仍称"行在"。直到正统六年才诏告天下，北京各衙署去掉"行在"，南京各衙署仍加"行在"，自此，北京作为明朝都城最终确定，而保障漕运就成为帝国运行的头等大事。黄宗羲说，"江南之民命竭于输挽，大府之金钱靡于河道",都是因为定都北京。

中华文明的起源和发展,深深镶嵌在治水中。而明朝运河自茶城至清河长达五百四十里的河道,是借用黄河作为运道,因此治河的首要目标是确保漕运畅通,民生有时不得不退居其次;淮河、泗水又是明朝祖陵所在,治河还要确保陵寝安全。这三大目标有时无法兼顾,甚至成为互相牵制的因素。

在管理体制上,自成化七年(1471)起,逐渐确立河道与漕运分职制度,设总理河道驻济宁,与漕督平行,两大衙署各司其职,职能又有交叉。后规定,天妃闸以南归漕运总督管理,以北归河道总督管理。如此一来,两大衙门适成彼此,漕船迟缓就推诿是河道梗阻,河道梗阻就推诿是漕船过重。

运河管理系统是双重结构,纵向系统是中央派出的总理河道;而三千多里运河又划分为三四个区段,各管一段的是工部都水司郎中,他们奉旨行事,上受总河、工部之命,下设临清、济宁、南旺、沽头、夏镇、宁阳、徐州洪、吕梁洪*、清江浦、瓜仪等都水分司主事,负责所属河道或工程管理。在行政系统之外,另设巡河御史职司监察。

运河经由浙江、江苏、安徽、山东、直隶等多省,各省设有文武官保障系统。文官按察使副使一人专管河道,称监司。沿河的府设同知或通判,州置判官,县设主簿等官。武职是军卫系统,涉及三十四卫,各派指挥一员巡河。河道上还有具体管理的差役,称夫役,他们根据工种不同,名称各异,大体按照里甲编派。从通州到瓜州,国家额定夫役

---

* 吕梁洪:徐州洪位于城东南二里,因河道巨石遍布长达百步,又名百步洪;吕梁洪在城东南五十里,分上、下二洪,绵延七里,洪中巨石森立,较徐州洪尤为险峻。

四万七千多人。

漕运总督驻淮安，这是偏重军事的管理系统，与总兵、参将共同管理漕运。漕督下有领运、攒运、监兑等官。漕粮征收又涉及有漕省份。为监督漕运，设巡漕御史驻淮安，多由锦衣卫太监充任。运送漕粮更是一个庞大的系统，额定漕船一万一千七百七十只，官军十二万名，分别来自有漕省地的一百一十三个卫所。

定都北京后，政治中心与经济重心距离拉长，在中央集权体制下极易导致分离主义。张居正与海瑞等很多有见识的政治家都明确指出，朝廷之法不行于江南久矣。张居正还忧心忡忡地说，将来有事，一定是从江南开始。因此，政治和经济一旦过度分离，往往离心力累积，进而构成对集权国家的破坏；而中央集权体制需要平衡各地的发展，由此带来"死的拖住活的"等诸多问题。

自成化八年（1472），定漕粮正额四百万石，加上耗米，共五百一十九万石，经过京杭大运河运送到北方，作为驻京七十八卫官校的军饷和官员俸米，蓟州、密云、昌平镇兵也倚此为命，且京城百姓必借此而后果腹。成化十六年（1480）、成化十八年（1482）、成化二十二年（1486），京通仓实储粮米均在二千二百万石以上。弘治时期开始下降，嘉靖、隆庆中叶以后，天灾人祸，将以前累积耗食殆尽。隆庆即位之初，太仓所存粮米仅能支三个月，边军百万石不知所出，致使举朝震骇。此后出现持续性粮荒。嘉、隆时期，黄河流经之地忽东忽西，河患成为与边患并列的威胁大明王朝统治的两大核心问题。

危急之中，明廷先把河道总督翁大立调任，随即罢斥，而急召在家守制期满的原任都察院右副都御史潘季驯代之。

这是潘季驯第二次踏上治河之路。潘季驯，号印川，正德十六年（1521）出生在浙江湖州府乌程县，父亲潘夔是一个秀才，母亲闵太夫人乃弘治朝九老尚书闵珪的女儿。嘉靖二十九年，潘季驯沿运河北上，考中进士。在京"听选"期间，他亲眼见到俺答围困京师，对国家危机和朝政腐败有切肤之痛。当年年底，他出任九江府推官，开始踏上近四十年的为官历程，而前后四次出任总理河道总督，竟占去为官生涯的二十七年。他也成为历史上最有成就的治河专家，与清朝靳辅齐名，论其理论建树要远超后者。而潘季驯的成就，离不开张居正对他的器重和重用。

嘉靖四十四年七月，黄河在沛县决口，徐州上下二百里运道全部淤塞，而山东运河济宁至江苏徐州段，主要依靠两省交界处的昭阳湖水济运，这次洪水冲毁运河大堤，涌入昭阳湖，致使山东南阳到江苏留城之间的一百九十里运河全部淤毁。朝廷起用大理寺左少卿潘季驯总理河道工作，协助工部尚书朱衡治河。朱衡查勘发现，会通河段已淤为平陆，而嘉靖七年河道总督盛应期所开凿的新河故迹犹在，因新河在昭阳湖东，地势高，黄河泛滥后漫过昭阳湖后不能继续东流入河，于是他主张开挖新河，潘季驯却主张修复黄河故道，两人为此争执不下，意见无法统一，只好各自向朝廷上奏，请庙堂裁定。

治河是传统中国专业性最强的系统工程之一，朝廷不敢擅自决定，派工科给事中何起鸣前往查勘。何起鸣经过一个多月的考察，向朝廷提交报告，旧河难复有五，新河难成有三。廷议反复权衡后，最终采纳了朱衡的意见，此时已近年关。次年正月正式动工，历时八个月之久，动用民工九万人，修成南阳到留城一百四十里的运河河道，这就是著名的南阳新河，又称夏镇新河。新河修成后，山东运河南段避开了黄河决口的侵害。潘季驯协助朱衡修新河的同时，主持留城以下五十多里运河旧道的疏浚。十一月，潘季驯回籍为母守丧，结束了第一次治河生涯。

南阳新河的修筑，没有解决留城以南靠近黄河运道的威胁，但给治河者一个重要启示，即运河可以避开黄河之险，另辟新河，后来张居正主持的开泇河之议，是朱衡开南阳新河思路的延续。泇河原是一条自然河流，它源出有二：一出山东费县南山，顺沂州西南流；一出山东峄县君山，谓之东、西泇河。二河在邳县以西的泇口（今泇河镇）汇合，再南行循沂水汇入泗水。

隆庆二年九月，张居正提议翁大立出任河道总督。翁大立是嘉靖十七年进士，是张居正的前辈。翁大立到任后，提出疏沁导卫工程，张居正表示，朱衡所修南阳新河刚刚竣工，国家财力捉襟见肘，难以再举大工程，等休养生息二三年后，物力稍宽裕时再提上日程。次年七月，黄河在沛县决口，运河在茶城段淤堵，洪水自考城、虞城、曹、单、丰、沛县到徐州，田庐冲毁不可胜数，两千多只漕船被阻塞在邳州。翁大立提出开泇河，在马家桥开渠，经利国监*入泇河以通漕。工部尚书朱衡议复时说，黄河为患，自周、汉至今，从未有能久治而不决之术，要在因势利导，随弊修补而已。他提出秦、浊二河易淤难疏，应在梁山之南别开一渠，远避黄水，以免沙淤之患。他仍然反对修复黄河故道的办法，他还举出汉武帝因兴办瓠子工程**几乎把帝国拖垮，北宋因回河工程几乎葬送江山，明朝嘉靖中开浚孙家渡等处费出不赀，旋即壅塞等为证。此时的张居正，事实上主持内阁大政，对于这样一项严肃而重大的工程，他不敢擅断，内心焦灼异常。翁大立请把储存在徐州仓的漕粮平价卖给百姓，并绘了十二幅百姓受灾图进呈。朝中君臣受到极大震撼，张居正急忙致信翁大立，说淮、徐一带困敝已达极点，再经不起大灾，

---

* 利国监：在江苏铜山区东北，本是徐州的冶铁处，宋代升为利国监。

** 瓠子工程：黄河在河南濮阳瓠子一段决口，汉武帝亲自督战，修建防御工程，耗费颇多，但终于成功。司马迁称其悲《瓠子》之诗而作《河渠书》。

幸运的是新渠安流，而百姓受苦已极，你经划有方，安集灾民，减少朝廷南顾之忧，所上大疏——准行。

但救急章解决不了运河的根本问题。危急中，朝廷再次任用潘季驯治河。

潘季驯是隆庆四年九月下旬，带着仆从自家乡乌程乘船第二次赴总理河道之任的。乌程是湖州府所在地，恰是大运河的"湖漕"一段。明朝人将长达三千五百八十八里的运河，按流经地域之别，冠以不同的名号。

从通州到天津，全程三百六十里，因利用潮白河道（即通济河）故称白漕；天津到山东临清段运河，因利用卫河运道，故称卫漕；临清到济宁以南为元代开凿的会通河，因水的落差较大，这段六百九十里的航道，先后设有数十道闸口用来调节水量、水位，故称闸漕；徐州到淮安为原泗水运道，后为黄河所夺，这段长达五百里的河道借用黄河水，故称河漕。其中运河过徐州以西的丘陵地带，水急难行，是运河航行最艰难的一段；兼之黄河在睢宁、宿州之间迁徙不定，而洪泽湖西、泗州城北的杨家墩是明朝祖陵所在，时有水患之虞。这段运河历来是治河的重点。

从淮安到扬州，这段长达三百七十多里的运道，是借用湖泊为运道，故称湖漕。明太祖定都南京，以凤阳为陪都，划浙江、江西为直隶省（南直隶），位于直隶省境内的淮南运河又称里运河，以北的泗水、汶水运河为外运河，利用长江的运道称江漕，钱塘江以南的江南运河和浙东运河共八百里，称浙漕。

以上白漕、卫漕又划分为运河北段，简称北运河，它利用天然河道，问题较少。浙漕地处江南，是运河南段，河网密布，运道畅通。而闸漕、河漕、湖漕三段一千五百六十里组成的运河中段，贯通长江、淮河、黄河、济水，是古人所称的"四渎"，即四大水系的咽喉，尤其处于黄河最强的泛滥区，问题也最多。历代治河也主要集中在中段运河，漕运总督驻淮安，明末改驻徐州，可见它的重要性。

潘季驯到任前，翁大立上了一篇《论河道疏》，是为解决运道淤塞拿出的办法，他提出近来河患不在山东、河南等，而专在徐州、邳州，如果实行长远之计，应开泇河，以避开徐州的秦沟河、浊河，以及徐州洪、吕梁洪二洪之险，直接从邳州入黄河；毗邻徐、邳东边的田地，也能逐渐恢复耕种；再开萧县河以减缓河流冲击，可以解决浮沙拥聚、河面增高的后顾之忧。不利的条件是山水骤发，须多张水门，广开水柜，利国监又多伏石，位于徐州北的南直隶、山东省分界处，须迂回避开，工程浩大，要劳费数年方能成功。而今秋水溢为灾，权宜之计在放弃黄河故道而就新冲，即先从黄河新冲出的河槽顺势形成运道，在旧河上建截河大坝。这两种办法是上策、中策，下策是复黄河古道，可以解救陷在河中的九百多艘漕船，可以还百年运道，难处是一百多里的淤泥河沙，难以一时挑浚。

潘季驯匆匆赶到济宁府所在的总理河道衙门后，当即与翁大立办理了交接手续，随后召集司道官员，讨论治河方策。他结合第一次治河经验，仍倾向于恢复黄河故道，不赞成开泇河，但他的下属认为，翁大立的中策即就新冲，认为这是现在唯一可行的方案："故道最终不可复，应该因睢宁决口而导运道。"潘季驯不同意，说："不然。避难趋易，争一时方便而忽略其危害，非长久之策。逞快因袭于一时，只考虑自身成功，而把艰难留给后人，这不是纯臣对国家负责的态度，众人所见，是复故道难以成功。我不忍因睢宁决以就新冲而遗患于后来者。"经他再三解释，河道官员统一思想，一致赞成复故道。而在朝廷决策时，内阁大臣高拱、工部尚书朱衡也表赞成。

翁大立在其下策即复故道方案中，提出挑浚泥沙的办法。潘季驯巡视河工时，发现这种办法有种种弊端：因为一尺之下都是淤泥，随挑随陷，无所着足；有水缺口四处弥漫，无水之地积沙遍野，需要从四五里外取土堵塞决口而卷埽*下桩，在波涛汹涌之中投土很容易漂失；筑堤缕水，去沙实土，沙之深浅，土之远近，都难以预料；更艰难的是，自徐州至淮水多次被沙壅，河身渐高，水易散漫，如果不加高两岸，明年秋天决口必不可免。他权衡利弊，提出堵塞决口、高筑堤防的方案。朝廷予以批准。

工程于隆庆五年正月十六日开工。五万河夫经过一个多月的奋战，至二月下旬，沿徐州、邳州以下的数十处决口大都已经堵塞。就在堤工完成的这一天，恰好黄河春汛到来，河水陡长，水与岸平，直冲新挑河口，迫使河工围堰**。潘季驯命河夫打开围堰，放水入渠。水势充沛，使得原来淤在运道里的一千三百多艘漕船、民船全部浮活，出渠前进。潘季驯为这一奇观而震惊，他仔细观察、分析，见强大的水势将河渠两岸的泥沙带走，河床随即变深变宽，他由此判断水流与泥沙存在一种制约关系，于是提出一个大胆又非常科学的设想：束水攻沙。他提出自徐州至邳州，自邳州至淮水，对两岸堤岸加高加厚；在两岸之外，仍筑遥堤，以防不测。如此水由地中行，淤沙也随之而去，数年之间，深广如

---

* 卷埽：用于黄河或北方其他多沙河流护岸、堵口和筑堤等工程的水工建筑物。首先选择宽平的堤面作为埽场，沿其地面密布草绳，绳上铺以梢枝芦苇，上压土石一层，如此层草层土，再将大竹索横贯其间；然后将逐层铺好的埽料卷而捆之，用较粗苇绳拴住两头，制成"埽捆"；最后将制成的埽捆运至堤身薄弱处，用河夫数百人，听号令一齐推其下河，并用小竹索将埽捆系于堤岸柱橛上，同时自上而下在埽上打进长木桩，直透河底，把埽固定起来，由此制成"埽岸"。

** 围堰：为修建永久性水利工程而临时修建的围护设施，以便在围堰内排水，开挖基坑，修筑建筑物。

旧，可以免受冲决之患；由于黄河淤塞堤岸单薄，水从中决，故下流自壅，河身忽高，必须预筑坚固长堤，水无泄漏，则沙随水去，就不会再发生停蓄壅遏之患。故久远之计，必须筑近堤以束河流，筑遥堤以防溃决。

上奏得到批准后，潘季驯立即投入紧张的治河中。工程展开一个月，沿河堵决已大见成效，不料上游突降暴雨，新旧堤防溃决四十多处。天公不作美，这让大家垂头丧气。潘季驯当时正患背疽，在官邸治疗。他不顾属下劝阻，裹创而出，亲临现场指挥抢险。他还告诉大家，我昨夜梦见河神，告诉我塞决口的办法，即伐河柳为骨，用草为衣，将土实其中。总督带病督战，鼓舞了士气，一个月后，决口全部堵筑。到了四月，水位大涨，有的工段又出现溃决。潘季驯闻报后，不由分说，亲乘小艇组织堵决。此时狂风大作，小艇被掀覆，潘季驯被挂在树梢才幸免于难。

嘉、隆年间，漕运因黄河决口经常受阻，京城仓储几乎无粮可放，保障运道成为治河的首要任务。隆庆帝敕谕潘季驯与漕运总督陈炌，务必和衷共济，并明确二人的责任：如漕粮运到运河尚未通航，则罪在河道总督；河道通而漕粮运不过淮安，则罪在漕运总督。潘季驯几乎是在用自己的性命博得河道安澜，他每天提心吊胆，忧虑朝廷的处分会随时降临。

就在这时，邳州王家口决口，自双沟而下，南北决口十多处，损漕船运军上千，漂没漕粮四十多万石，匙头湾以下八十里淤塞。这对潘季驯是个沉重的打击。好在大工即将告成。至隆庆五年六月，主体工程全部竣工，仅用河夫五万，用银十二万两，筑堤一百五十里。

八月，他上奏邳州河工成，请为效劳诸臣录功。他特别为管理南河工部都水司郎中张纯请功，称赞张纯志行贞亮，才识充融，全河都是他履历要害，欲保是河，非本官不可，请将其升为按察使副使，专理河道。

当时张纯已调补工部营缮司郎中，高拱以内阁首辅管吏部事，他以河道乃国家重务，加升副使后归属地方，必受巡抚、按察使节制，管理河务反而不便，将张纯仍以都水司郎中管河务，待河工有成，另议超升。十九日奉旨如所请。

第二天，张居正支持的开泇河之议，由工部尚书朱衡提交朝廷讨论。朱衡说，明朝漕运自景泰以后黄河入运河，夺漕为河，自此河身浸广，淤沙岁积，不得不借黄河以行，故今徐邳之漕河即黄河。南阳新河建成后，茶城以南犹属黄河，如果不能将此段运河与黄河分离，仍无法保障运道畅通。为此请将开泇口河之议交诸臣讨论。朝廷动作很快，八月二十五日，命给事中雒遵前往邳州等处查勘河工。当天，先因潘季驯奏邳河工成，乞录效劳诸臣。隆庆帝说："今年漕运比正常时间迟误甚多，为何还报完工？且叙功太滥，该部核实以闻。"尚书朱衡以隆庆帝敕谕为据，说河道通塞专以粮运迟速为验，非谓筑口导流便可塞责，请派官员就潘季驯所奏邳河工程复勘。朝廷命潘季驯戴罪管事。

在此关键时刻，张居正致信潘季驯，说现在海运已经报罢，河道又无宁时，不得已回到开泇河之议，刚刚奉旨勘议，希望熟计其便，即将开工。张居正没有明说，但他希望潘季驯支持开泇河，还令人传话给潘季驯："泇河新河成功，即升潘公为工部尚书。"但潘季驯执理不移，回答说："泇河与黄河相首尾，即使河南决，淮扬北决，丰沛漕渠不相属，泇河处中间，将焉用之？司空任他人为之，老臣只知泇河不可开。"并把开泇河"有三难二悔之说"进呈。张居正大为不悦。

十二月，雒遵自邳河勘工还朝，他奏报运船漂没的原因，是漕督陈炌等人之罪；而王家口初决之时，黄水尽从漫坡经流，南出小河口，假如潘季驯稍缓筑堤一月，则漕船可以尽出漫坡，避开新溜之险，而他反驱舟以就新溜，坐视漕船陷没，又复腾章报功，其罪更大。请求把二人一并罢黜。

朝廷立即升雒遵为都给事中。隔日，将陈炌、潘季驯二人解职，命冠带闲住。

潘季驯解职，是为开泇河让路，河督一职也顺理成章由倡议开泇河的工部尚书朱衡接任。

病急多医。首辅高拱主张开胶莱河，通过海运输送漕粮，是救漕之急的又一方案。源出山东高密县的胶河与莱河，南北分流，南流胶河经胶州湾入海，北流莱河经平度州至掖县海仓口入海。这是一条季节性河流，旱枯汛流，无法通航。元朝初年曾计划在两河之间开沟三百里，称为胶莱新河，工程未半而罢。明朝嘉靖十七年也曾尝试。如果开凿成功，漕运可以避开黄河直达天津。首辅高拱认为这是一劳永逸的最佳办法，他给胶莱河所在的山东巡抚梁梦龙写信说，开胶莱新河虽是科道官上奏，实际主意出自他本人，现已奉旨，差工科给事中胡槚前往勘处，他会很快到达，希望你与他协心共计，务成此事，此乃社稷之福。

梁梦龙是张居正的门生，与高拱的关系向来很好，但他不认同高拱的倡议，复信说修胶莱河有十害。高拱意识到梁梦龙是因动用山东劳力甚大，所以反对，接到复信后又致信梁梦龙，反复解释说新河总计修筑道里不长，费用不多，如果修成，二道并行，万一有一道淤塞，也有一道可通，这是万年之利；所需经费银两不用山东出；官员也不用山东之官，现有主动请缨的人，而且此人还打保票说事必可成，不成甘愿领罪。希望你赞成其事，千万不要阻止。高拱对梁梦龙颇为不满，私下与即将前往勘河的胡槚说，梁梦龙素来没有讲求治河，也未到地方踏勘，哪里来的十害？必是孙蒙泉当时所议旧说，二司以告梁梦龙，据以为言罢了。

派胡槚勘察胶莱河工程是张居正的巧妙安排。原来，梁梦龙不想因胶莱河工程与高拱产生不快，他想听听老师张居正的意见。张居正也认为，凿开莱河与胶河之间的分水岭工程太大；而且，即便开通，水量也不足承运。但他不愿直接与高拱的意见相左，于是想了一个两全其美的办法，让高拱最信任的胡槚去实地查勘。果然，胡槚踏查后，与张居正的判断一致。张居正请胡槚早日将不能开泇河的勘察报告向朝廷上奏，以便立即停止，对建议之人也不必追究责任。张居正又把胡槚关于胶莱河不可开的书信请高拱过目，高拱阅读后也向朝廷请求中止开泇河的工程。张居正称赞高拱虚怀若谷，二人可以同心共济，并说这是社稷之福。

张居正认为自己的判断得到了验证，更为其处事方式感到自得，对梁梦龙说出借胡槚勘河阻止胶莱河工程后，感慨他现在处理天下事务，大多类此，虽竭尽心力，不过小补而已，最终不能有所建明，这就是《易经》所说的"屯其膏""施未光"吧。张居正的感叹，又何尝不是人治社会有才能者遇到的普遍境况！他话题一转，询问梁梦龙：王宗沐在山东布政使任上，政事做得如何？布、按两司及各府知府，谁可以任用？希望告知。他信中还透露，今年徐州、邳州河患更加严重，将来漕事深有可虞，如果试行海运，未尝不是一种选择，但事关海防，应该慎重，明年可以少载试行，如果顺利，再逐渐增加。

客观而论，潘季驯第二次解任河督，摆到桌面上的责任是赶邳河工程致使漕船漂没，失粮过多，真正的原因是技术之争，他主张恢复黄河故道以通运道的治河方策，远水不救近急，而京仓无粮支放，是现实危急。河、漕二督同时解任，朝廷处理并无厚此薄彼之嫌。

潘季驯反对开泇河、胶莱河，与他的治河思想有关，他主张治河要兼顾保运道与治黄。他说，假如开泇河、胶莱河，将置黄、淮于不治吗？还是并黄、淮一起治理？如果另外开河，必将置黄、淮于不治，而尧舜之时泛滥中国的就是此河，即便漕船无阻，黄河泛滥时周边百姓何以维持生计？在潘季驯看来，黄河不可一日不治，与其多费帑金另开一河以通漕运，而用来治黄河的费用仍不能节省，不如治黄河而兼治其中的运河。

隆庆年间的治河之争以及由此带来的河、漕二督等人事变化，更多是由技术路径引发，并非像有人渲染的那样，是高拱、张居正之争。他们没有对错之分，但事情有急难缓易之别。

潘季驯解职后，雒遵会勘泇河，结论与潘季驯相同，认为与其烦劳多费开泇河，不如对黄河段的运河时加修防，如期漕运，兼保一百多年的故道。但朝廷仍不放弃，命尚书朱衡会同总理河道万恭复勘。朱衡到现场查勘后，提出开泇河有开深、凿石、筑堤三难，同时肯定潘季驯的河漕兼治思路。至此，张居正力主的修泇河以通漕的动议也被搁置。

"人事不和之忧，甚于忧洪水"

经高拱、张居正举荐，极力倡行海运的山东布政使王宗沐接替陈炌出任漕运总督，说明通漕运粮成为二位内阁大臣的第一要事。高拱对王宗沐说，公素有弘略，又夙谙运务，现在兴办海运，可与鸣泉（梁梦龙）彼此相成，希望不负我的举荐。张居正对王宗沐也寄望甚高，肯定他所上海运事宜疏处划周详，今年如果顺利，以后可逐渐增加；并嘱咐他，新总河万恭已到任，河漕事体如同左右手，必须同心协力乃能有所成功。

隆庆六年三月，王宗沐运米十二万石从淮安入海，历经三千三百多里海道，于五月抵达天津。但南京户科给事中张焕却参劾王宗沐海运途中有八艘漕船漂没，损粮三千多石，还说王宗沐私下令人用三万两银子买米补上。王宗沐抗辩并无其事。

此时万历即位，张居正为首辅，他充分肯定王宗沐海运漕粮的成功尝试，说现在天下太平，最可忧虑的就是河漕之事，希望借助你的力量能经理十分之七，江淮之米并舟北上，来年新运又已规定日期，计三年之后京师之粟将不可胜食，欣慰之至。张居正又劝阻张焕，说王宗沐锐意任事，其才足以依靠，你不必深责他。海运初开，小有失损，无害大计。

海运初试成功，对张居正鼓舞极大。万历元年，王宗沐又组织三百条船第二次实行海运。四百万石漕粮通过江海并运的方式，如期抵达，特别是海运，在洪涛飞越中如涉平津，张居正说他自有知以来，实未见到如此之盛。有一天他陪侍皇上，语及今岁漕事，龙颜喜悦，殿上侍臣咸呼万岁。张居正说，这都是督臣的功劳啊，应该重加赏劝。可惜的是，这一年漕船在山东即墨福山岛遭遇台风，沉船七艘，损粮数千石，军丁十五人溺亡。言官纷纷参奏。迫于舆论压力，海运暂时中止。王宗沐痛心疾首，他把搜集的资讯集成《海运详考》一册进呈朝廷，并建议保留遮洋总一职，以备他日重启海运。他在任三年，增设漕运专官，山东布政使右参政移住淮安，专理漕务。他还创造早运法，限定漕船航行时间，避开黄河主汛期五至九月，限定四月前必须通过徐州、吕梁二洪；漕军必须在十月兑米，漕船在正月通过淮河，并将此作为考核赏罚的依据。他还建立全单规制，规定漕船运行的数额和运京期限。

张居正迫于言官的压力，为当初叫停海运颇感后悔，反复权衡后认为，应实行海运、河运并举。当王宗沐举荐潘季驯代他为总漕后，张居正告诉他，潘君才猷宏远，他日必不负你的举荐，只是朝廷正重托于你，恐怕现在还不能卸任。我因群言稍有混淆，但以国家大计，须虚心商量。

张居正与总理河道万恭也有很好的私人交情，他对万恭表示：忠诚担任的人臣乃是国家之宝，对这样的人才，鄙人如果能举荐、保护，即便因此蒙嫌招怨也在所不避。张居正肯定万恭治河的贡献，经他奏请，特荫其一子入国子监读书。张居正父亲七十寿诞，万恭即时书问；张居正弟弟张居谦、长子张敬修乡试中举，万恭也以匾额相贺。而张居正最放心不下的是河道与漕运二位督臣能否和衷共济，他多次致信二人，就此协调。

为突破体制上的窒碍，万恭会同王宗沐，以漕运、河道原属一体，向朝廷正式提出，将漕、河二督合并为一。他指出：

> 漕臣言漕，河臣言河，漕河之相争久矣。靡通条贯，血脉未融。夫言漕而不言河，是进饮食而不理脾胃者也；言河而不言漕，是理脾胃而不进饮食者也。……若不早图，噬脐何及！ [1]

尽管在国人的观念中，法久弊生的思想早已深入骨髓，但任何体制的变动往往又是最难的。张居正没有采纳漕河合一的建议，而是一再叮嘱二人共肩大事。其后，由于王宗沐漕船装载超额，而早运法与运河修整期不合，他与万恭二人芥蒂益深。万历元年四月，万恭上奏说，国家原来规定，每船装载不得超过四百石，并特制浅船，底平仓浅，入水不深，负载不满，又限定浅船用水不得过六拏，今各省不遵原运，足以病河道，请勿废祖制。工部予以采纳。这又引起漕督王宗沐不满，他声称如照规定执行，不能多运漕额，定会妨碍漕运。工部两面不讨好，指责河道不能保证漕船按期回空，事实上参了万恭一本。随即，工科署给事中朱南雍参劾万恭，请令戴罪管事。工部也认为万恭有罪。张居正仍尽力调和，只是下严旨切责万恭。但万恭不服，他申辩说，江南运道延袤八百余里，每年夏初开运，河水充溢，运道无虞，今改于年前十二月开帮，正属各河浅滞，诸坝断流，京口封闭之时，挑浚工费动以数万计，且病农派夫，非久远之计。

张居正因二人矛盾日深，心情不好，他致信万恭，苦口婆心般劝说：

> 近有人言公与督漕不协，两家宾客，遂因而鼓煽其间，仆闻之深以为忧，甚于忧洪水也。夫河、漕皆朝廷所轸念者也，二公皆朝廷所委任者也。河政举，漕运乃通；漕运通，河功斯显，譬之左右手，皆以卫腹心者也。同舟而遇风，橹师见帆之将坠，释其橹而为之正帆，帆者不以为侵官，橹师亦未尝有德色，但欲舟行而已。二公今日之事，何以异此！[2]

张居正忧河、漕二总督意见不合，甚于忧洪水，说同舟行船遇到风浪，划船桨的与掌风帆的在各司其职的前提下要不分彼此帮助对方，才能安然无恙。但体制的病灶，并非大臣之间和衷共济所能弥补。万历二年四月，因多次被参，万恭回籍听用，总河由山东巡抚傅希挚接任。王宗沐也于当年年底调往阅视宣大山西边务，漕督由吴桂芳接任。当时淮扬水患严重，张居正倾力在山东治水，江淮之人纷纷指责张居正以运道为急，置淮扬百姓生死于不顾。张居正嘱咐吴桂芳，出淮扬百姓于洪水为当务之急，不必先考虑运道之是否有利。

本来，因黄河多在开封上下决口，对淮扬运道影响不大。但隆庆以来，治黄严防北徙，使得黄河主槽相对稳定，而黄河由清口夺淮入海，原黄河下游多支分流变成一支独流，大量泥沙涌入黄淮河下游，加速抬高河床，不仅黄淮之水不能顺畅入海，清口地段严重淤塞，而且，淮河由清口以上溃决南徙，灌注高邮、宝应诸湖，淹没运堤，从而形成新的问题。因此，治理清口淤塞与淮扬运道，出淮扬百姓于水中成为万历三年后的治河重点。过去各种治河策，包括张居正力主的开泇河、极力反对的开胶莱河等，重新被提起。

万历三年八月，黄河在砀山等地决口，徐州、邳州、淮南北漂没千里，漕船阻梗，不得北上，淮扬水患尤为严重。南京工部尚书刘应节上疏提出实行海运，他说海运之难有二，一是漕船行驶在波涛之中，二是有翻覆漂溺之险，今欲去此二患，只有一个办法，即在胶州以北杨家圈以南约方圆一百六十里的地上，挑浚百里，这里没有高山长坂之隔，用屯驻在胶州的山东班军一支，合附近该营，起军数千，度地分工，量工命日，由实心任事大臣一员领其事，可成不世之功。工部议复认为，既然刘应节筹划如此精熟，请专敕交他到胶州相度经营，未尽事宜，悉听便宜行事。

刘应节是山东潍县人，张居正的进士同年。隆庆初年，他建议永平西门抵海口距天津仅五百里，可通漕，请募民习海道者赴天津领运，同运官出海达永平，部议以漕卒冒险不便。隆庆五年，他时任蓟辽总督，提出一项对京畿漕政及边防有重要影响的建议，为朝廷所采纳，即打通潮、白二河，通漕密云。他还推心任用戚继光等人。张居正对他非常信任，于是采纳工部意见，以刘应节为主，又改徐栻为工部右侍郎兼都察院右佥都御史，命会同山东抚按官，将开浚事宜一一计处停当，具奏来行，再有造言阻挠的拿来重处。

人员部署既定，张居正考虑到工程在山东，委用属吏、量派夫役等事都需要山东巡抚的支持，为此他致信李世达，要求他配合刘、徐二人，做好开胶莱河的工作，说现在朝廷大政多已略举，唯有漕河、宗室未得治理。宗室事情巨大，不敢轻举妄动，尚须等待恰当时机，漕河现在就该图之。了此一二事，我即归政而去。今刘应节、徐栻复议及开胶河，与你所议相合，望协恭济事。

随即，张居正又提醒刘应节，你家乡山东人并不赞成胶莱河工程，除了一些不得已的事，需要山东协助外，其河道官属钱粮，都不必与之干涉，使得浮言不兴，大事可成。但刘应节当时是协理京营戎政，他以回避本省为名，并没有到山东。一切交由徐栻操作。

徐栻出身常熟望族，也是张居正的进士同年，此次以朝廷特使主持胶莱河工程，他有很多疑惑，向张居正和盘托出。张居正清楚，几年前高拱任首辅时，曾主持开胶莱河，他当时不赞成，何以柄国后态度大变？他告诉徐栻："凡有心于国家的人，都知道胶莱河可以开凿，但还是为浮议所阻，原因有二：一是山东人怕兴大役，有科派之扰；又恐漕渠一开，官民船只乘便别行，则临清一带商贩自稀。这是过去多年的说法。二是恐漕渠开后，粮运无阻，将轻视河患，不为治理，这是近年才有的说辞。这些都是从利己角度出发，不是公天下之虑。今当决计实行，不用再做勘查。我过去最担心的是没有任事之人。日前刘应节来信，称赞你不辞劳苦，如果真的这样，大事可济。我已面奏皇上把这件事交给你，前得山东抚台李世达书，说开泇河不如疏通胶河，他的意见与你相合，故宜会同。"张居正甚至以宰相之位相许诺，说世有非常之人，然后有非常之功。然又必遇非常之时，而后其功可成。大功克成，当虚阁臣之位以待。[3]

张居正柄国，常以勋业许官，此次竟以内阁大臣的尊崇虚位以待，可见凿通海运在他心中的位置。当他从李世达处得知徐栻已到山东，更是无比欣慰，他告诉徐栻："此事甚巨，费用肯定不少，现在想为国家建万年之利，不敢惜费。但齐鲁之人很不乐意兴此役，因有'阻挠拿来重处'的圣旨在，虽不敢明目张胆阻挠，而其心则终不以为然。所以凡是说此事必须几万、几十万而后可办的，不可遽信，你应与有心计、诚心为国的人商量。近来朝廷之上事事精核，凡有工程兴作，与先年相比，大多费半而功倍，这是虚实不同的缘故。希望你计虑周全，然后次第请旨而行。"

尽管张居正一再打预防针，但阻力远比预想的要大。徐栻不乏江南人的精明，但缺乏担当，他悔不当初，到山东旬月就感到千难万难。张居正给他鼓气，话语不乏激将法，但还是给徐栻留有余地：开胶河已有成议，即便费多也不会停止。疏浚、调用有司等事宜，全听你便宜处划，一毫不从中制。我近日听到你为群议所苦，很后悔当日倡议时把事情说得容易，果真如此，则难望成功。古人说得好：疑事无功，疑行无名。愿你毕智竭忠，以成不朽之功。如果不能坚持初意，也应该明告朝廷。

除人事上的重重阻力外，限于当时的技术条件，工程确实遇到了难以攻克的难关，即凿石开路，引渠通航。万历四年正月，徐栻提出，新河二百五十八里，中间凿山引水，筑堤建闸，工必不可议省，估算费用达九十万八千七百六十一两。张居正得奏大惑不解，他质疑说，胶河在嘉靖年间开浚，工程已进行十分之六七，当时没有听说向朝廷要钱粮、多用夫役，现在是接续未完工程，即便工费巨大，何至百万。张居正还得知，徐栻等委勘各司道官，大多推艰避事，其中工程道里丈尺，大率虚估，这明显是故设难词，欲以阻坏成事。今观徐栻措划，殊无勤诚任事之忠，命户、工二部会同原议刘应节并工科勘议以闻。

张居正本想为国家建万年之利，也明确说不惜费用，但何以一见百万预算，就怀疑徐栻用人不当，扣了一顶"殊无勤诚任事之忠"的大帽子？在张居正看来，刘应节的上奏数据来自徐栻，最初估算全程一百六十里中，施工路段仅有百里，现在一下子涨出二百五十八里，他说徐栻委勘人员从中作假。无奈之下，朝廷命刘应节暂解京营戎政职务，会同徐栻并山东省抚按官亲到地方，虚心计议，先将难处开浚，试验如果可行，再细估具奏，毋得拘泥原议，含糊两可，致误大计，又责成户、工二部各先发银三万两交给刘应节支用，以后工费另行议处。

刘应节到山东后，与徐栻的通漕思路又发生争执，他主张先凿石通海，而徐栻主张引泉通漕。

转眼到了五月，胶莱河工程仍无进展。徐栻受到言官交章参劾，在张居正的保护下，改任浙江巡抚。凿石通海运漕也无果而终。

在此之前，总河傅希挚提出的开泇口之议，也因全程五百三十多里，预算高达七八百万，工期须历时数年而告停，后经再次压减，又提出开浚徐州、吕梁至直河上下二百多里，以避让二洪邳河之害，预算一百五十多万，而良城伏石长五百五十丈，比原勘多四百七十丈，开凿之力难以预料，泇河之议最终也落得与胶莱河同样结局。

值得一提的是，万历十九年（1591），张居正去世九年后，明朝祖陵被淹，工部尚书舒应龙总理河道，开始挑挖韩庄河，正式开凿泇河，后经总理河漕刘东星继其事，最终于万历三十二年，由总漕李化龙等开凿成功。这条长约二百六十里的泇河，连同朱衡开凿的南阳新河，共长三百五十余里，山东运河鲁南段从此避开邳州以上黄河三百三十里的黄河运道及徐州、吕梁二洪之险，借道黄河旧道仅三分之一。开凿泇河，其中近百里是在石山上开凿，在没有炸药的条件下，用火烧浇灌醋的古法，将其凿通，工程历时十三年之久，耗银一百五十万两。开通当年，取道泇河的漕船多达七千七百多只，占全部漕船三分之二以上。如果从翁大立开始计，历经三十年。运河借助黄河，仅余下自邳州直河口以南至淮安清河一段未能完成。这一与天博弈的工程，最后由清朝康熙时期的治河能臣靳辅开凿中河而最后完成。从此，运河不再经由黄河运道。运道畅通，黄河安澜，才有一百多年的繁庶，康熙、乾隆二帝才能徜徉运河之上，浏览江南盛景。这一切，不能不说是明朝打下的基础。故靳辅称赞，"明一代治河，莫善于泇河之绩"。

统观潘季驯第三次出任河督以前，近六七年的时间，张居正用人不疑，他批准各种治河方策，相继尝试，但都没有突破。由于运道不畅，不得不改折征收，万历四年过淮漕粮仅有二百八十二万石。吴桂芳主持的草湾工程及其后的高邮堤工修竣，淮、泗安流，是这段时间差强人意的成绩。张居正为每年漕船北上寝席难安，他说方今天下，庶几小康，只有河、漕之事让他不能释怀。

越是如此，河、漕二衙门矛盾越深。万历五年闰八月，河决崔镇，总河傅希挚议堵筑决口，束河水归漕，漕督吴桂芳坚持利用决口，使之冲刷成河，以为老黄河入海之路。二人各持异议，又各有确实理据。张居正劝慰傅希挚，说河、漕意见不同，我在朝中也听到，如果所见不和，也应各自上陈，等待朝廷裁断。次月，调傅希挚为陕西巡抚。

这一切纷争来源于体制，河督与漕督，张居正非常在意选择两相交好的人充任，以期成为左右手。但站在各自的立场，朝廷各有功令悬在头上，恰好成为对立的所在。十二月，言官刘铉提出，朝廷应简方略大臣一员，位于河漕二臣之上，吏部奏请以吴桂芳为工部尚书总理河漕。

至此，体制的变革已箭在弦上。张居正不想叠床架屋，他拟旨干脆把二衙门合并为一，说近来当事诸臣意见不同，动多掣肘，以致日久无功，今以此事专属吴桂芳经理河道，都御史暂行裁革，李世达改推别用，其选任部司、处置钱粮俱许以便宜奏请，若明年运道有梗，户部查先年海运事宜行。

吴桂芳感到责任重大，担心任事招怨，坚辞不任。当时张居正在京守制，顶住一浪高一浪的反夺情浪潮，劝慰吴桂芳的同时郑重承诺："孤浅劣无他肠，唯一念任贤保善之心，则有植诸性而不可渝者。若诚贤者也、诚志于国家者也，必多方引荐，始终保全，虽因此冒嫌蒙谤，亦无反顾。"他回顾近来河漕不成功的原因，说主要责任并不在朝廷：一二担当此事的人，开始未尝不锐意前行，等事情进行到中间遇到阻力，反而为他人所动摇，与自己的初衷相违背，或者草率以塞责，或自隳于垂成。这些都不是庙堂不为主持，也并非流言蜚语足以坏事。他与吴桂芳约定：深思熟虑，集思广益，计定而后发，发必期成，这是吴总督的责任，"至于力排众议，居中握算，则孤之责也"。[4]

在张居正的反复劝说乃至重诺之下，吴桂芳于万历六年正月正式走马上任。但一个人能否成大功、立万名，往往人天各半。正当吴桂芳准备大展弘略时，却于十几天后溘然而卒，享年五十七岁。历史的重任再次落到潘季驯身上。

束水攻沙，治河之功不下大禹

万历六年三月初十，张居正经历夺情引发的巨大磨难后，准备乡葬父。这一天，吏部会推二位人选为总理河漕，一位是潘季驯，另一位是原江西巡抚庞尚鹏。张居正最终选定潘季驯，并于回乡前一天办理了这项重要的人事任命。

潘季驯自隆庆六年初冠带闲住后，亲自选址，在家乡湖州府城以东十里的毗山修盖了一座草堂，作为平日读书的地方，又建造祝亲家庙，作为供奉祖先灵位之地。他回想两次治河的经历，心中惆怅，打算在此了却余生。但张居正并没有忘记这位能臣。万历四年三月，张居正起用他为江西巡抚。潘季驯以自己往年在河上劳疾过度，留下病根，巡抚乃一方重臣为由，希望朝廷收回成命。张居正以个人名义劝慰，还委婉道出当年对他不公，说潘公雅望宏猷，我久已钦慕，过去河工的事情我心知冤枉，每每与吏部尚书评论当朝人物在民间没有得到重用，未尝不把潘公放在首位。现在政治清明，正是为国家建立功勋的时候，希望潘公立即动身，以就新任。

五十六岁终老林下，似不是读书人对国家应有的态度。潘季驯了解张居正，对朝政也充满希望，遂于六月到省城南昌就任。正巧有南昌府所属宁州闹事，他向朝廷奏报，张居正告诉他，此事关系两省，应约请邻省才能肃清，但新任命的兵备道恐怕不足以办这件事，兵部又不精心任命，我知道后想改调已来不及，潘公试观察，如果不相应，就速奏改调。张居正还不忘嘱咐，说潘公退居乡里时间已久，近来朝廷政令或不尽知，宜查近年皇上旨意并题准事例，有与巡抚、巡按相关的，记录下来时常翻阅，则自无废格、错谬之虞。

潘季驯任江西巡抚不足两年，疏通钱法、整顿驿站、役制改革，做出多项大政，且做得有声有色。张居正深知，专业的事情要交给专业的人，于是有调任河督之举。

这一次，颁给潘季驯的敕书比前两次更加详尽，前两部分分析了治河多年未能取得成效的两大原因：一是没有实心任事之臣，动辄以工费艰巨为推辞；二是当事诸臣意见不同，事多掣肘。敕书明确要求潘季驯找出黄河、运河、淮河致害之因，确定平治之策，并以清单形式列出，这些也是困扰张居正多年的问题：

草湾口为什么既开复淤，现在如何开通？

全淮水为什么南徙不复，现在如何疏导？

徐、邳河身高于州城，如何疏浚使平？

黄浦、崔镇等口久塞无功，如何修筑加固？

老黄河故道应不应该开复？

清口、桃源正河应不应该挑浚？

高家堰、宝应堤应不应该修筑？

小浮桥新冲口能不能够济运？应不应该加挑？

徐、邳以上地形南高北低，哪处是正河，哪处是支河，哪处是合河？

敕书第三部分是明确职权。潘季驯的职务是督理河漕事务，总理河道一职暂时裁革，将其事专交潘季驯；南北直隶、山东、河南地方，有与河道相干的，令各该巡抚官照地分管，全听潘季驯提督；合用钱粮及选任司道等官，全部由潘季驯便宜奏请，给发委用，功成之日，通将效劳官员一体分别升赏；如有抗违不服及推诿误事的，文官五品以下，武官四品以下，直接提问，应奏请者奏请定夺。[5]

潘季驯马不停蹄到达淮阴河漕总督署后，随即召集属下、幕僚及地方巡抚司道官员，进行实地考察。第一程是受灾最严重的淮扬地区。因黄河水势强，南徙后夺水势弱的淮水入海之路，淮水改道东流，在里下河泛滥，高家堰全堤被毁，淮水从溃口东泄入海，淮扬地区一片汪洋。潘季驯与巡抚司道看到百姓田庐尽淹水中，黎民四处逃难，潸然泪下。他心情沉重而压抑地慨叹道："河患怎么到了这种地步！"第二程是向西到凤阳、泗州，这里分别是开国皇帝朱元璋父母陵寝和祖陵所在地。泗水已是汪洋一片，祖陵虽高出泗州城二丈三尺多，但迎面淮河背临黄河，因修筑高家堰大堤，洪泽湖水位上涨，壅高了上游的淮河水位，祖陵随时有被冲毁的危险。随后又北到清桃，东到海口。全程历时两个多月，详尽考察了黄河、淮河、长江三大流域，对两河沿岸十几个县的考察尤为细致。他几乎询问遍了两河父老，他们都异口同声回答说："崔镇必不可塞，高堰必不可筑。"潘季驯摇摇头，说："如此的话，治河的事就无法做下去了。"父老问他有何高明办法，他说："淮河水清，黄河水浊，淮河水弱，黄河水强，黄河水一斗，泥沙有六升。每到伏秋季节，河水流漫，黄河水一斗，八升是泥沙，如果水流不湍急，必然停滞。并且，黄河水最怕从旁处决口，旁处决口则水势分，水势分则水流弱，水流弱则泥沙堆积，而河日加淤浅。因此，堵塞崔镇（今江苏泗阳县西北），令黄河不能旁决，得以与淮水交汇；筑高堰，令淮水无旁决得汇黄河，是故河淮合而后故道可复。"父老疑惑不解，潘季驯看属下的意见，虽不敢表示反对，但都揣度如此治河必不会成功。

潘季驯不为所动，经过详尽勘察、分析，向朝廷提交治黄河、通淮河、济运河的一揽子方案——《两河经略疏》，主旨是借助淮河之清水刷清黄河之泥沙，通过筑高家堰束淮水入清口，增强黄河之流量与流速，最终借助黄河、淮河二水并流，冲刷黄河河身及其入海口的积淤，使之顺利入海，从而确保运河河道畅通无阻，沿河百姓免受洪水之苦。

张居正是在回京途中读到《两河经略疏》的。到京当天，工部尚书李幼滋就急如风火般见张居正，说："潘公所上的治河疏，全得自目击利害，而非道听之言。这是大事，应该尽速请旨，以便举事。"张居正离京数月，皇帝、两宫太后要召见，加之酬应的事情太多，也就没有对奏疏提出具体意见。到了六月二十五日，工部议复，完全采纳潘季驯条陈的治河六事：塞决口以挽正河，筑堤防以杜溃决，复闸坝以防外河，创滚水坝以固堤岸，止浚海工程以免糜费，寝老黄河之议以仍利涉。方案经朝廷批准，万历帝还降旨说，如有玩愒推诿、虚费财力的，随时拿问、参治。

数日后，山东按察使副使林绍给张居正写信，对潘季驯的治河疏提出异议，核心意见有二：一是崔镇决口不宜塞，二是遥堤未宜成。张居正结合林绍的意见，将他的两大疑虑与潘季驯沟通，一是筑堤束水、以水攻沙的治河策是否可靠？因水性驱下，今河身已高，欲以数丈之堤束之，万一有一处溃决，数百里之堤皆归无用。二是用堵决口并支流的办法，能否使黄、淮两河安流？以往黄水强淮水弱，故淮水远避，在高邮、宝应漫溢，最后在黄浦（今江苏淮安县境运河堤段）决口；自崔镇决口后，淮河已安流，如果塞崔镇决口，恐怕黄河又强，直冲淮口，天妃闸（淮安运河堤上）以南复有横决之患，高堰也恐最终不保。张居正说，我有此两个疑虑，谨此奉闻，希望详议见教。如果皆无足虑，可坚执前议。如果将来之患不可逆料，所请八十万钱粮不足以兴办，现在也应及早慎图，如果觉得不好自变其说，可以私下与我沟通，通过御史提出。

潘季驯提出的以水治水之法，当时确是少数派，"疑其事之难成者十一，而疑其人之不能成者十九"。[6] 这一方略的核心包括：高筑南北两堤，以断两河内灌，出淮扬百姓昏垫之苦；塞黄浦口、筑宝应堤、浚东关之浅，修五闸、复五坝之工，次第兴举，则能够保障淮河以南运道安然无虞；堵塞桃源以下崔镇各决口，使得全河之水可归故道。至于两岸遥堤，或葺旧工，或创新址，或因高冈，或填洼下，次第而举，则能够保障淮河以北运道安然无虞。淮、黄二河既无旁决，并驱入海，则沙随水刷，海口自复，而桃清浅阻又不足言。这就是以水治水之法。

束水攻沙的治河思想，是潘季驯治河的主要理论支撑。他回顾以前两次治河的遭际，给张居正写了一封长信——《堤白书》，详细阐释"决口不可不塞，遥堤不可不筑"的思路，开篇说他自六月以来，工程各项准备就绪，但因意见不一，以致异议纷纷，万一庙堂之上被浮言所摇惑，致使工程半途而废，即便他潘季驯有一百颗头颅，也不能赎此罪。还说他过去治邳河时，疏通黄河故道一百二十里，筑堤三百里，最后竟然因为塞决罢黜，如果不是邳河无恙，不知道有没有今天的潘季驯！希望相国留神详览，如有不妥，敬请指教，容潘季驯虚心改从；如敢固执己见，自败己事，神明在上。

张居正认真地阅读了潘季驯的《堤白书》，回了一封颇带感情又郑重表态的信，说来书条析事理，明白洞悉，鄙心乃无所惑。现在的进言者，喜生事而无远图，又每持此以归咎庙堂，坐视民患不为拯救，实不知当政者的苦心深虑。此次工程浩大，不但筹措经费之难，且兴动百姓，频年不解，其中也有隐忧，元朝末年因治河动用大量人夫引发起事，殷鉴不远。希望所有工程之事，慎重处理，以副鄙人所望。

有了张居正的郑重表态，潘季驯于七月上《河工八事疏》《勘估工程疏》等，涉及工程施工、管理、奖罚。他提出以三年为期，朝廷管浮言，他管工程，如有不效，治臣以罪：

> 治河固难，知河不易，故虽身历其地，犹苦于措注之乖舛，而况于遥度乎？但劳民动众之事，怨咨易兴；而往来络绎之途，议论易起。至于将迎之间，稍稍简略，则以是为非，变黑为白者，亦不可谓其尽无也。忧国计者以急于望成之心，而偶闻必不可成之语，何怪乎其形诸章牍也。而不知当局者意气因而消沮，官夫遂生观望，少为摇夺，隳败随之，勉强执持，疏遂难达，其苦有不可言者。[7]

张居正何尝不为议论所苦！他理解潘季驯的苦衷，作为庙堂之上的柄国首辅，他坚定支持潘季驯，不再有任何犹豫。对潘季驯提出的，在工程施工的三年期间，停止各官升调，等河工完成之日分别赏罚，委官贤否但以该管河道官为主，别道不得干预等要求，他一概准奏。

潘季驯随即将河工分解为八个施工段，黄河工程包括修筑河堤、堵筑崔镇等一百三十多处决口、建滚水石坝等项；淮河和运河工程包括沿洪泽湖东岸筑高家堰大堤、堵筑里运河决口、新筑宝应湖石堤等。每段由一名司道官员负责，定于九月十五日正式起土动工。

就在工程全面展开的关键时刻，有三个施工段的司道官员竟然抗命不遵。徐州道副使林绍甚至上疏朝廷，说遥堤不当筑，决河不当塞，天妃闸不当闭，而徐北雁门北阵一带浅阻可虞，全面否定潘季驯的治河方略。潘季驯极为气愤，对林绍的说法一一驳斥，漕运侍郎江一麟也上疏参劾林绍治河无状。万历六年十月，朝廷将林绍罢黜。水利道佥事杨化隆是八大段的总负责人之一，他和淮安府通判王弘化联合抗命。潘季驯参劾二人耽误河工，张居正命差锦衣卫官校将二人逮捕解京。司法官按照大明律运炭赎罪例，判拟工程竣工之日官复原职。张居正说，这样抗命不遵的官员，如果不严加惩治，不足以警戒来者。他奏请皇帝，将杨化隆、王弘化革职为民，并为此修改法律，规定凡律文官犯私罪杖一百的，即罢职不叙，今后但据所犯拟罪，送吏部拟处，毋得概拟复职，以致轻纵。南河郎中施天麟也是八大段工程的负责人，因其不尽力，命将他调外任。

主持朝政的张居正如此严惩不职，对顽梗之人产生极大震慑。潘季驯得以大展弘略。两河工程中，高家堰工程关系成败，潘季驯把最难啃的这块硬骨头留给自己。施工之初，波涛浩渺，怎么也找不到旧堰址，一万艘船把土填上后，旧堰隐隐从水中露出。但水流湍急，筑塞决口的堰体，往往今天筑一半，明天又冲决。这时有人建议重新选址。潘季驯率领数百人的敢死队躬身其间，他每天与役夫同辛苦，一起吃住在苇舍；早晨迎着风霜，胡须结了坚冰，脸色也成了包公。经过一年多施工，筑起堰体三千六百多丈，堵塞大小决口一千多丈。一座大型水利枢纽终于建成。

高家堰筑成后，位于其下游淮扬运河上的黄浦决口断流，其堵筑工程难度相对要小一些。当时黄浦决口已有五年之久，决口处冲成一个深潭，当地人传说，蛟龙在此兴风作浪，经常听闻其声如鸡啼。堵塞黄浦后的一个白天，突然电闪雷鸣，暴雨如注，从玄云望见数条白龙，袅袅向东北而去，明日池圻，遗骨磊磊。有个商人驾舣舟到浦口，经多番攫取，仅存两首骨，状如马首，质如石，色如矾。黄浦人抱着首骨，送到司水官员处，始知为龙首骨。因为水土既平，蛟龙无所盘踞，蜕骨而飞。潘季驯把原解龙骨手足共十块解送工部查验，并将发现前后缘由奏报。黄浦堵筑后，治理其下游崔镇决口就相对容易多了。

张居正几乎每隔数日，就向工部询问工程进展情况。转眼到了万历七年三月，因去冬积雪凝寒，至春天未改，张居正担心高家堰、黄浦大工受到影响，难以施就，忧心如焚。潘季驯告诉他，大患已除，两工完成，遥堤、湖堤也将次第完成，张居正喜而不寐，称赞潘季驯成就的不是一时之功业。潘季驯提出，因水患流离失所的百姓现已回到原处，应给予赈济。张居正与潘季驯商量，对水患严重的地区免征赋税三年，使漂泊在外的人得以返回故土，重建家园。

经过一年多的紧张施工，至万历七年十月，两河工程比原计划提前一年半竣工，共动用夫役八万多人，筑土堤六百多里，砌石堤三千三百丈，堵塞大小决口一百三十九处，建减水坝四座，疏浚运河淤浅一万多丈，栽种堤柳八十多万株；用银仅五十六万两，比原预算节省二十四万。潘季驯在奏报河工告成，遵旨分别为效劳官员请功疏中，他第一个为之请功的竟是张居正。他说：

臣等奉役外服，若非庙堂主持，岂能展布。内阁元辅张居正，赤心报主，毕力匡时，当夷夏谧宁之秋，尤惓惓以民生国计为虑。当议论纷纭之日，惟切切以委任责成为先。开诚布公，兴千百载平成之绩，发纵指示，祛数十年昏垫之忧。[8]

其后又为包括义民在内的上百人请功，最后为漕运总督江一麟请功。

张居正得报，称赞潘公之功不在大禹之下，他抬头仰望南方的云霞，想到潘公数年辛苦，终于大功告成，不胜欣慰喜悦。当他看到潘季驯举他为首功时，谦逊地说他非常惶恐，实不敢当，回想工程之初，言者蜂起，妒功幸败者旁摇阴煽，最后得以成功，一是仰赖皇上英断，采纳我的意见，裁撤河道，由漕运总督兼管河道，使事权不分，二是将治河不力的淮安府通判王弘化、水利道金事杨化隆革职查办，使得冥顽得以震惧，三是驳斥副使林绍之妄言，扑灭异议之赤帜，使得无稽之徒无所关说。然后潘公得以展其宏猷，底于成绩。

自入夏以来，张居正眼疾、口疮、牙痛，诸病缠绕，潘季驯非常关心，书问不断。张居正告诉他，自己本来体质脆弱，加以百责攸萃，昼作夜思，救过不足，故未老先衰。这些年最大的祸患是河患，今仗潘公宏猷，平成奏绩。我想在一年内将国政交还皇上，自己终老田园。勘报工程的奏报还未收到，希望尽早提交。

万历八年二月，因河工告成，加潘季驯太子太保，升工部尚书兼都察院左副都御史，荫一子，升总漕江一麟都察院右都御史兼户部右侍郎。各银币、赐敕奖励。吏部在核定潘季驯奏报的有功人员名册时，仅照章办事，张居正为此奏请皇上，加级升补，一切从优，如有五个从六品的州同知，其中三个贡生出身，两个吏员出身，吏部拟任他们为三司首领（经历司经历、理问所理问等），张居正与吏部沟通，给予正六品的府通判。潘季驯奏请的其他人员也大都类此。张居正说，不如是不足以劝有功，而鼓励任事之臣。

潘季驯在河工善后疏中提出，河道关系最重，全在得人任久，乃可责成，大小官员俱令久任，或考满加升，或积劳超叙，与就近遴补、交代亲承，最为治河先务。张居正全部采纳。自此，河工这类专业性强的官员实行久任，成为制度。

最后一件事，是对潘季驯的安排。张居正既要让有功者得懋赏，又必须保证治河政策、技术路径的连续性，更要为国家长远考虑。潘季驯因治河有功，升任工部尚书，交接前，张居正反复、慎重考虑并经皇帝批准，请潘季驯接任凌云翼的职位，出任南京兵部尚书，参与机务，而由潘季驯多次向张居正推荐并赞同其治河经略的凌云翼接任河漕总督一职。张居正与潘季驯商量说，这样安排有五点好处，如果潘公有更好的主张也可以重新安排。一是凌公虚豁洞达，过去在两广总督任上，我有所指授，他一一执行，动有成功。他接替潘公，必能因袭旧划，以终潘公之功。二是南京兵部尚书官尊权重，足以就近遥控河漕事务，指导凌云翼完成收尾事宜。三是南京兵部尚书在留都参赞机务，乃是重任，为今后入阁创造条件，也足以证明朝廷重视河漕，对在任诸臣是一种勉励。四是留都南京，距漕督衙门道途很近，闻命即行，不烦候代，则漕事不至于妨废，且有数月与潘公接洽商量，同心计处，有什么事都可办理。五是潘公马上回京，亦不过添注管事，即添注官*管事，不能发挥大作用，不如立即接替凌公，是身不离南中可以镇伏异议、收属人心，

---

* 添注官：是明朝为扩充职位而满足官员晋升需要的一种方式。一般把没有正式得到实缺而暂时将关系挂在某衙署、职位相当的官员，称为添注官。如明朝中央六部，各部侍郎本为二人，添注可以扩充为四人。

又不妨碍他日柄用，于公亦有利。

潘季驯非常赞同张居正的安排。因有收尾工程，并与凌云翼详尽商量后续事宜，办理交接，四个月后，潘季驯到任。他留下的治河工程，成为万历时期乃至清代仍在嘉惠国家百姓的重要遗产，特别是他的束水攻沙思想，至今仍为中国的治河者所吸收。正如他的儿女亲家王世贞所预言的，潘公治河之功，乃一世之功也，而其借水攻沙、以水治水的经略则是百世之功。至于张居正去世后被抄家破族，潘季驯因公开为张居正鸣不平，而被革职为民，足证二人肝胆相照，昆仑无贰。

注释:

1.陈子龙，等.明经世文编：卷三五一，酌议漕河合一事宜疏.北京：中华书局，1962.

2.张舜徽.张居正集：第二册.书牍.武汉：湖北人民出版社，1994：413.

3.张舜徽.张居正集：第二册.书牍.武汉：湖北人民出版社，1994：547.

4.张舜徽.张居正集：第二册.书牍.武汉：湖北人民出版社，1994：735.

5.潘季驯.潘季驯集：上册.付庆芬，点校.杭州：浙江古籍出版社，2018：76—77.

6.潘季驯.潘季驯集：上册.付庆芬，点校.杭州：浙江古籍出版社，2018：54.

7.潘季驯.潘季驯集：上册.付庆芬，点校.杭州：浙江古籍出版社，2018：16.

8.潘季驯.潘季驯集：上册.付庆芬，点校.杭州：浙江古籍出版社，2018：54—55.

第七章

改革深水区，均天下之大政

　　时间是历史最好的老师。当张居正柄国时，官僚士大夫对他最多的负面评价是执法苛核、为政操切。及张居正去世后，形成一股席卷全国、蔓延数载的清算逆流，也让张居正付出了破家沉族的惨痛代价。与大明王朝的没落相伴，当年受到惩治、整饬的官僚群体也年老神衰，人们对张居正的评价也愈加客观，"救时宰相"的桂冠也戴到荆州那个进士的头上。大明只有一帝——太祖，大明只有一相——张居正，这是对张居正的最高评价。

张居正自出任首辅后，一肩扛起改革大任，负重前行。这位出身军籍的柄国宰相，一闻百姓愁叹哀号之声则痛心疾首。他一再表示，虽然自己智虑不足，也绝对不忍坐视民众流离失所而不思拯救。经历痛彻心扉、扰攘半年之久的夺情风波，安葬父亲回到京城后，他要在余生做一件百年旷举——在全国清丈田地，推行一条鞭法。他清楚这件事的利害，但从国家经久大业着想，他认定再也没有比这件事更重要而迫切的了，他发誓即便为此破家沉族，也要做下去，决不回头，而方式方法则多有讲究。

耿定向的清丈样板

　　张居正对他进入内阁时的明朝有一个基本判断，即正处于二百年后的衰败期，而革除弊政，实行改革，是扭转颓势的唯一机会。他提出，天下创始之事，表面艰难实则容易；而承接衰败后的振兴之事，表面容易实则艰难。大明江山如同一座巍峨的大厦，外面看上去高大耸立，乃至丹青颜色都未曾褪去，实则中间已经腐烂，将倾而未倾。他痛心地说：明朝至嘉、隆之季，天下之势，与此相类者甚多。纪纲法度，将衰败而无法挽救，有卓识的人想振兴而举之，而平庸之见的人竟然说这是创行新政，以致浮言四起。赖皇上毫不动摇，至今已历五年，但人们并不知晓，开始振作兴举有多么艰难！

万历六年，因台臣奏请，张居正通令在全国清丈田土，时限三年，至万历十年完成。

张居正谙熟国家典故，他不会不知道，天顺时苏州知府杨贡以民间多隐田开始清丈，而当地大族富豪则予以抵制，有人在府衙写匿名揭帖：

量尽山田与水田，只余碧海与苍天。
世间那得闲州渚，寄语沙鸥莫浪眠。

迫于压力，杨贡停止清丈，但富民们仍不放过他，后来竟将其罢黜为民。几年前，应天巡抚海瑞也因清丈丢官，张居正当时作为内阁大臣，因自己不能为国家保护奉法之臣，专门致信海大人以表歉疚。正直敢为的海瑞也提出，清丈是件大美之事，也是一件大难事。清丈令下达后，张居正的目标是，要把这件事做到一了百当，以免人去政亡。

当年七月初二，张居正回到内阁不久，就做出一项重要人事变动，福建巡抚刘思问回都察院管事。两天后，起用耿定向代之为闽抚。

张居正起用耿定向，是经过再三考虑而做出的举动。清丈之事，千难万难，总要找一个地方突破，为全国树立一个样板；他还要破除一个谣言，即让那些说自己不喜讲学的人闭上嘴巴。耿定向是著名理学家，也是泰州学派代表人物，在徐阶与高拱的争斗中，因坚决维护徐阶而遭到报复。张居正因夺情而备受指责、心里煎熬时，给几位知己寄送了关于朝议夺情一事始末的《奏对录》。他们最多对张居正安慰一番，耿定向却从国家兴衰的高度，以"伊尹毅然以先觉觉后自任"，说天下之事，局外人：

未肩其任，便觉之不先，譬彼途人视负重担者，其疲苦艰辛，自与暌隔，故不无拘蔽于格式，而胶纽于故常也。惟伊尹之重、觉之先，其耻其痛若此。即欲自好，而不冒天下之非议，可得耶？……兹阁下所遭，与伊尹异时而同任者，安可拘挛于格式而胶纽于故常哉！乃兹诸议纷纷，是此学不明故耳。[1]

这是张居正自遭夺情之议后，收到的最具学理的论述，也让张居正有"知音"在彼，实获吾心之感。这也是张居正异常看重这位同乡的原因，他对友人说：今借耿定向出任福建巡抚，也是"欲验其学之分际，不知能副所期否"？在张居正眼中，耿定向与一般虚谈性理的理学家不同，他还是志在解决社会问题的实干家。

耿定向为官，先后经历严嵩、徐阶、高拱、张居正、申时行五任首辅，黄宗羲说他与诸人都相处得大体不错，这说明他具有高超的政治智慧。

七月中旬，耿定向在家乡接到吏部咨文。他高兴不起来——近三年来，耿定向一边为母亲服丧，一边住在龙湾庄奉养父亲，每每看到耄耋老父，他一刻也不忍离开，想终身以俟。接到信报后，他整天悒悒不自得，经再三权衡，他准备上疏引疾乞休。

父亲何尝不明白儿子的孝心，但五十五岁正是为国家效力的年龄，他现已老迈，无法像往常一样随子到任职地方，于是转托儿子的旧友，敦促耿定向起行。尚未脱去丧服的张居正也理解好友，他托人转达朝廷的用意，劝他不要在家稽留过长时间。耿定向含泪就道，打算到江西托巡抚刘尧诲向张居正转交乞休疏。九月中旬到达新建，恰好福建传来警报，省里也传话给他，说朝廷已多次催促耿大人到任，而刘尧诲巡抚也给他回信，说托他向相国转交的乞休疏，他没有转达。工部尚书李幼滋更是跌足大噪，给耿定向写信说："相国正对那些空谈性理的诸位讲学者痛恨不已，而唯独留意于你，因为相国认为在讲学人中，唯独你与他同心同德。现在你如此迟疑不就任，莫非是为讲学诸君竖一面旗帜，与相君为敌吗？如此的话，讲学同人会益加被质疑。你固然不为荣晋肥身家计，独不为天下计，为讲学同仁念乎？！"李幼滋还告诉耿定向：你托刘尧诲转给相国的乞休疏，是我李某人给拦下的。

耿定向回想起张居正夺情后受到的举朝指责，进谗言的乘机对张居正说："倡守制之议的都是讲学之党。"张居正开始还半信半疑，而谗言益加构陷，在张居正看来，我正在振纪纲，却被讲学者说成是申不害、韩非子的操切之政，我正将国家于安定、富庶的道路上引导，却被讲学者说成是管仲、商鞅的富强之术；我忘记身家以殉社稷，却被讲学者说成是贪位忘亲。由此，讲学者在张居正眼中成为迂伪取名之辈，如同晋朝的横议，是乱天下之人。

耿定向没有想到，自己的进退成为张居正用人的风向标，这让他无路可退。不得已，他取道建昌赴任，途中看望讲学好友罗汝芳。罗汝芳也是泰州学派的代表人物，他参加会试后，自认为学问不明不可以为官，于是没有参加廷对，隐居家乡十年之久，嘉靖三十二年中进士。这件事成为士大夫茶余饭后的谈资，也可视为知识群体自我意识觉醒的典型事件。他以理学治州县，公事多在讲堂上处理。任宁国知府时，他以讲会、乡约为治，颇有政绩。耿定向时任南畿督学，巡视至宁国，问耆老以前在宁国任官者贤否，问到罗汝芳，耆老说："此人当别论。其贤加于他人数等。"耿定向一喜，说："我听说他任知府时，也要钱。"耆老回答说是这样。耿定向不明白，反问道："如此岂能称贤？"耆老答道："他何尝见得金钱是可爱的？！但遇朋友亲戚等相识的人穷乏，便随手散去。"罗汝芳丁忧起复时，张居正已任内阁首辅，有意请他出山，问他守制时做何功课，罗答称："读《论语》《大学》，比过去别有意味。"张居正默然。万历五年，罗汝芳在广慧寺讲学，朝士争相从之，张居正颇以为厌。为言官参劾后，朝廷勒令其致仕，罗汝芳回到家乡江西南城。

耿定向在罗汝芳的家乡南城泅石溪逗留数日，张居正与朝政的是是非非，定是二人绕不开的话题。十月中旬，耿定向到福州接任。张居正没有明说的朝廷起用他的用意也更加明晰。十一月二十八日，朝廷下令，福建田粮不均，偏累小民，命巡抚、巡按着实清丈，明白具奏。

这是继几个月前向全国发布丈田令后，单独给一个省下达的清丈令，福建也成为全国实施清丈的第一个省份。张居正的信随后到了，他对耿定向说："丈田一事，从人情物理而言，所有人都不愿意，一定会说这是扰民之举，我还没有听到阻挠或反对的意见，即便有，也不敢与我讲。'苟利社稷，死生以之。'我近来只坚守这句话，即使因清丈蒙垢敛怨，而于国家实有裨益，我也无怨无悔。希望你也坚信，不要畏惧浮言。"

耿定向到任后，为闽政而踌躇，因福建的几任巡抚，一人有一个治理思路，谭纶自闽抚升任兵部尚书后，对接任的刘尧诲说："福建阻山滨海，应时刻防备倭寇、海盗等作乱，回想过去，不难于兴兵平乱，而难于筹措兵饷。"刘尧诲在任期间，收商税，核追积欠钱粮，清查侵隐田地，官田收租，经多方筹措，兵饷稍有积蓄。庞尚鹏接任后，一切省简宽民，百姓对他赞誉有加。迫刘思问在任数月，担心失去百姓赞誉，一切因袭庞尚鹏所为，却在离任前发布多项政令，一切以刘尧诲为法。这无疑给耿定向挖了个大坑：如果照刘尧诲为政之法，则违背民心；如果反其令，因袭庞尚鹏之政，则兵匮。他为此苦心焦虑。几经考虑，他提笔给张居正写信请教。

张居正非常高兴，回信说，你入闽两次给我写信，让我知悉远在数千里外的情况。福建素称难治，赖刘尧诲、庞尚鹏二位先后经理，其风俗稍有改易，但没有根本改变。殷商时期的顽民，经过周公、周公之子君陈及周公之弟毕公三代而后才得以治理。福建风俗的改变，刘尧诲发其端，庞尚鹏又加以调和。你来信说，对这二位试行好的方面加以完善，对他们推行而不尽完善的加以调整，我对此高度赞赏，有了这一思路，福建一定能在耿公手上得以治理。

朝廷有张居正的支持，耿定向心里很踏实。友人把其幕友漳州人陈九叙推荐给耿定向，说他熟悉闽中情况，耿定向很满意，又得到布政使沈人种、佥事乔懋敬等通晓闽情的官员的协助，各项措施很快开展起来。为约束所属、监司及郡县官员，也便于行政、政策运转，耿定向亲自编写《纶简类编》，刊刻下发。耿定向也给张居正寄去一册，以便就福建各项大政进行先期沟通。张居正收到后，再三阅读，因为其中涉及很多国家大政，特别是触及他柄国以来的施政原则——王霸之争，他有感而发，给耿定向回信，表达他的执政理念："我自秉政以来，所做的不外富国与强兵这两事，至今已经七八年之久，而闾里愁叹之声尚犹未息，仓卒意外之变尚或难支，大明朝真的富强了吗？没有！丈地亩、清浮粮，为闽人立经久之计，必须详慎精核，不应草率。"

耿定向召集属下，认真研究清丈办法。福建田地主要有两大类：一类在山谷峻岭中较多，这类田如梯如盂，很少有整片的开阔平原；还有一类是靠近海边、滨临江澳，这类田如沤无常，要方田清丈，比其他省份难上十倍。耿定向想到大明各省的情况也不一样，而刚刚刊刻的罗洪先于嘉靖后期编纂的《广舆图》，却能把全国各省含括无遗，还有漕运、边防等专图，每一幅图还附有简单明了的说明文字。他于是仿照《广舆图》的样式，以方为图，按比例缩小，把福建省的田亩按照八个府，分为八幅，每府各为一图，图中一方计百里。府分所属州县各为一图，图中一方计十里。州县分境内乡区又各为一图，图中一方计一里。州县总绘境内各乡区图，合成后张贴悬挂，大到乡里，小到村户，巨细无遗。既便于州县官员每天跟踪观览，如亲临其地亩，又便于乡里耆老、百姓监督、纠正。

基础工作完成后，耿定向亲自拟定方田八条，开始实行清丈。

福建的清丈与土地所有者应缴纳的钱粮同步展开。为解决赋役不均，庞尚鹏根据他曾在浙江任巡按御史的经验，已经做了一些基础工作。耿定向细致考察，福建田产为主者，缴纳钱粮有三四种情况；官民则有八九种情况，且都相沿已久。清丈后，耿定向定以亩计征，上下均粮，官民统一税则，不为世族阻挠。又通过实行里甲制，使得国家掌握户籍、人口、财产及应承担赋役情况。按照所定八条，耿定向从秋天开始，自兴化府起，历泉州、漳州、汀州四府，至建宁府，就便游览武夷山，拜谒朱文公（朱熹）祠，写下感怀的诗篇，又循延平府回到省城福州，此时已是万历八年三月。耿定向用时八个月，指导完成了清丈工作。如汀州府把田分为上、中、下三则，官田、民田一体纳粮；福州府履亩清丈，均匀摊补，其亩视田高下为差，其则以县原额为定，截长补短，彼此适均。由于瘴气很重，清丈工作又十分辛苦，耿定向有时累得不省人事。

在一年半的时间里，耿定向几乎完成了福建全省的清丈工作。为此，他承受了极大压力，不时遭到言官明枪和世家大族暗箭的中伤。其间，他与张居正就有关疑难问题及人事安排及时交流，他提出重新起用按察使副使乔懋敬。张居正说，耿公向来有鉴识人才美誉，海瑞、王崇古、方逢时、谭纶、戚继光等当代名流重臣都是你推荐的，你提出的福建用人名单，品评精当，全部藏之囊中，次第而用；但用乔副使则无法从命，因为他为福建人所陷害，谤议盈山，如果不是我极力保全，早已被革职了，今始脱出火坑，留他恐终不免。

耿定向还结合福建清丈等事，编写《牧事末议》一册，寄给张居正。张居正爱不释手，认为对指导全国的清丈、一条鞭法都有帮助。万历八年春，他回信给耿定向，大略说：治理国家，再没有比安民更重要的了。嘉靖中期，百姓食不果腹，嗷嗷待哺，当时的景象与汉唐的末世相比，没有什么不同。隆庆年间，百姓始有安定之感，但纪纲不振，弊习尚存，虚文日繁，实惠益少。我出任首辅以来，一切以安民为务，即便有时不得已而用威，也是出于安民的本心。那些奸人不便于己，就讽议朝政苛猛，用以摇惑众人视听，而那些迂腐和高谈阔论的虚妄之士，动辄引用晚宋衰乱之政攻击抵制，无所不用其极。这些做法不但对国家毫无实用，而且足以坏大事而乱朝政。我看你在福建所实行的各项政策措施，肫肫爱民之意溢于言表，以此钦服耿公高识宏抱，非世儒所能及。希望你益加自信而坚持。

张居正与耿定向二人的关系，因同道而远远超越湖广同乡。张居正的志向，以及他所承受的常人不能承受之重，耿定向体会得到，他也愿意与张居正分担，这是最令张居正感动的地方。张居正本想等福建清丈完成，把耿定向安排在更重要的岗位上，协助他推进未竟的改革大业。不幸的是，刚回到巡抚衙署不久，耿定向就收到了八十四岁父亲去世的讣告。耿定向立即向朝廷报假，张居正得报，感同己受，对耿定向说：借重你在福建已及三载，本想调你到都察院任职，以帮助我。忽然听到令先公的讣告，我非常悲伤，并且二三年后，我也将辞职归田，不能为国家早进贤俊，我死有余憾。你遭此大痛，不知身体如何？希望割怀以礼自遣。趁信使回去之便，附上我的吊念，并以薄奠，敬请放在令先公枢几之前。

耿定向归心似箭，想凭棺一恸，但因等待交接，延至八月才离开福州回籍奔丧。九月，接任巡抚劳堪上奏福建清丈田粮事竣。朝廷将福建的做法刊定成书，并造入黄册[*]。

张居正与耿定向最后一次通信是一年后的深秋时节。当时耿定向父亲的恤典已举，耿定向即将守制结束，张居正破例接受了耿定向送给他的一份厚礼，还告诉耿定向，他身体因多年劳累致病，自入夏以来，仍未痊愈，乞归不得，益觉委顿，拟来年皇子诞生后，决计乞骸，或能与好友一起游览于衡湘烟水间。

土地确权，清丈田粮八法

传统王朝的兴衰有一个演进的规律，即当社会财富高度集中在权贵之手，而赋役负担更多由民众承受时，往往会造成社会的极度不稳定。所谓"不患寡而患不均"，是以农立国的封建王朝最重要的危急警示。

福建清丈的成功，为全国清丈积累了宝贵经验。张居正召集内阁成员张四维、申时行，并与户部尚书张学颜商量，取得一致意见后，由户部拟定清丈田粮八条，于万历八年十一月正式向全国下发。这是指导全国清丈的纲领性文件，也是专门为清丈制定的单行法规。

第一条是总纲："明清丈之例，谓额失者丈，全者免。""额失"是指粮额减少。因为税粮出自田亩，田亩没有减少，税粮也不会失额。张

---

[*] 黄册: 全称赋役黄册，明代为编金赋役而编制的黄册，上报的册面为黄纸故名。

居正提出，清丈的目的是民不加赋而国用足，粮不增加而轻重负担适度均衡，因此失额的田地必须清丈，粮额没有减少的免于清丈。因各省粮额都有减少，故免于清丈的范围不大。

第二条是明确清丈的责任人。建立三级责任体系，布政使统管一省钱粮，是各省清丈的负责人，也是责任承担者。具体清丈工作由分守、兵备具体实施。分守是分守道的简称，是布政使的派出机构，由布政司参政或参议兼任，主要职责是负责监督与管理所辖区域的人口赋税等事宜。兵备道是设置在一省重要地方整饬兵备的道员，偏重军事职能，多由按察使副使、佥事出任。府州县官专管本境，是府州县行政层级的负责人。

第三条是关于清丈内容的规定："复坐派之额。谓田有官、民、屯数等，粮有上、中、下数则，宜逐一查勘，使不得诡混。"明朝田土分为两大类，即官田和民田。官田不许买卖，民田可以买卖。田土性质不同，征收课税的标准因之而异。官田征收标准普遍高于民田，这也是官田民田化的经济动因。根据田土肥瘠、位置、地块规整等因素，明朝将田地分为十三个等级，各个等级对应不同的纳税折算率，简单说来，越是上等田，因为产量高，所纳田额也越高，反之亦然。

第四条是清丈后纳税原则："复本征之粮。"如民种屯地者，即纳屯粮；军种民地者，即纳民粮。依据土地性质纳税，而不论土地是由何人耕种。

第五条是对欺隐田土的惩罚："严欺隐之律。"分为三类情况，处置不同。第一类是历年诡占及开垦未报者，自首免罪；第二类是首报不实者，有关人员连坐；第三类是豪右隐占者，发遣重处。

第六条是定清丈之期：规定三年完成。

第七条是清丈田亩计算方法。北方与南方有大亩、小亩之分。此次统一为二百十四步为一亩。具体算出：五尺作为一步，六十步作为一角，四角作为一亩。量尺的长度统一规定，铸成标准铜尺，颁发各州县。

最后一条是清丈费用："处纸札供应之费。"规定纸张、往来公文以及清丈人员的费用，由所在府县承担，从该省常项经费中核销。

户部拟定的清丈八条，简明扼要，易于操作。部分内容参考了耿定向在福建的做法。清丈法颁布后，朝廷又以皇帝名义下达命令，命各直省巡抚、巡按官悉心查核，着实举行，毋得苟且了事，反滋劳扰。

孟子提出，仁政必从正经界开始。清丈土地实际是一次全国土地确权，在确权的基础上，再进行赋役均派。在万历以前，经过朝廷批准，在部分地区也进行过多次清丈，但成效都不明显，主要是受到大地主和富豪的抵制。如正德十六年，江西巡按唐龙奏请清丈，并经朝廷讨论通过，但没有实行。嘉靖六年，顾鼎臣上奏对赋役严重不均的江南进行清丈，经批准后历时四年，毫无进展。嘉靖十五年，应天巡抚欧阳铎进行清丈，顾鼎臣家增赋千石之多，隔年顾鼎臣以礼部尚书入阁，主持清丈，欧阳铎仍任应天巡抚，积极执行清丈的王仪留任苏州知府。有这样一个从中央到省、府构架的清丈班子领导，清丈仍无果而终，原因是苏州官户、大户与奸猾的里书串通作弊，还有原来这些大户官户买民田时，并没有把原田税粮一同过割，他们担心一旦清丈，不利于己，遂百般讪谤，阻挠清丈。

张居正一贯主张法从贵近始，他先从自己家查起。万历九年四月，经过其子张嗣修等查出，自家应免田土七十四石，但县册上却有内阁大臣张某优免田粮六百四十多石，诡寄税粮多达五百七十石。经查，仅这五百七十石诡寄税粮，就有四类情况：一类是张姓族人借张居正名号，一体优免的；二是家僮把自己的私田混入优免；三是有奸豪贿赂该县吏员，把名字窜进去，规避缴纳税粮的；最后一类是有张姓子孙族仆，私自庇护亲故，公行寄受而免于缴纳的。六百四十多石优免粮额中，只有七十四石是本宅户按规定应该享有优免的数额，其余都是他人包免。清查后张居正家人请求，将应该享有的七十四石也与百姓一体当差，即放弃优免权。张居正家带头垂范，试图减少来自清丈的阻力。次年正月，户部把这一做法向全国推广。随后据浙江等处册报，共革过冒免人丁四万三千七百八十，粮六万三千八百八十多石。户部又将浙江清查情况移咨各省抚按，严督所属，将优免定例刊石遵守，仍不时清查奏报。

土地集中的江南，以及分布全国多个省份的王府，是清丈工作难以开展的主要地区。以山西为例，清丈分别由山西巡抚辛应乾和大同巡抚贾应元各自主持，贾应元主持大同府并所属州县、山西行都司并所属卫所，以及就藩大同的代王府的清丈。其余由辛应乾主持。他们整体按照清丈八条，首先公布清丈事例，进行政策宣示，其次先由田户自查，自主申报，填报统一颁发的"供报单"，送给本户所在的里长。第三步按照基层里甲组织，由里长按甲编为一册，名为《供报顺甲册》，呈报县令，作为清丈底据。第四步，选择乡民中素行端谨的二人，带书手、算手各一人，按报册分里，挨段清丈。第五步是州县官亲自核查。最后是重新编造鱼鳞图册和黄册，颁发地亩"执照"，作为执有产业凭据和纳粮依据。

辛应乾主持的清丈，查出首出地（即清丈前已开垦成熟但未载入册籍纳粮当差的地亩）、丈出地（即通过清丈查出欺隐地和首出地之外的新增地亩）、欺隐地（即逃避国家赋役摊派的地亩）共88,546顷，其中新增民田87,414顷，官田增加1,132顷。新增部分占清丈前地亩322,317顷的27.12%。新增部分按五等起科，纳粮112,530石，每亩平均纳粮1.27升。由于全省纳粮总额保持不变，故减轻了原有纳粮地亩的负担。换言之，新增地亩的纳粮额112,530石，用于冲减清丈前原地亩的纳粮总额。

更为重要的是，解除了无地纳粮者的负担37,059石，同时查出欺隐地亩5,182顷。

由于法令森严，一般地主不敢干犯，而王府却百般阻挠，甚至不择手段。山西洪武初年只有晋府一王，岁支禄米1万石，到嘉靖八年，增郡王、镇国将军、中尉而下共1,851位，岁支禄米87万石有零，比洪武时期增加87倍，到嘉靖四十一年，激增到312万石。山西额田，洪武初年41万顷，弘治十五年存额38万顷，减额3万顷，隆庆六年黄册原额减少到368,969顷，万历九年清丈前仅存实在地322,317顷，与洪武初期比较，失额22.2%。万历清丈时，山西主要有三个王府，分别是：就藩太原的晋王府，就藩大同的代王府，就藩潞州的沈王府。山西王府庄田总数约14,087顷。

清丈开始后，饶阳王府镇国中尉廷墣、潞成王府奉国将军俊樗等，因阻挠清丈，万历帝颁圣旨戒饬。但俊樗等人不服，声称赴京城向皇帝陈情，他们四处煽动，竟然违背非奉皇帝命不得出城的规定，擅出镇城，项上插一面大幅黄旗，上有"拦挡者斩"四个大字，招摇过市。潞城王充煜坐视很多宗室出城，置若罔闻，太平王翩铉不行参奏。事情发生后，大同巡抚贾应元、巡按茹宗舜联衔上疏劾奏，户科给事中郝维乔等人也上疏参究。

张居正接报后，感觉事态严重，经万历帝下旨，将俊樗革为庶人，其他人或各革禄米，或罚禄半年；并敕令各省抚按丈田均粮，但有抗违阻挠，不分宗室、官宦、军民，据法奏来重处。一场宗室王府引发的清丈风波就此平息，这对其他省份的王府勋戚也起到了震慑作用。

但王府庄田交叉毗连，其内部也纷争不已。晋王府与宁化王府因争田，各自上奏。山西巡抚辛应乾、巡按刘士忠为之逐一清丈。晋王府庄田坐落太原等处，有实在地7,203顷；宁王府坐落聂营等屯，实在地575

顷有余。古城、大陵二屯，原是宁化王敕赐祖产，仍令永久管业。经部院复奏，万历帝谕允。

万历清丈包括卫所屯田，而有的屯田不但跨州县，还跨省。这需要相邻省份互相配合，以便完善清丈八条，解决跨省、府的清丈难题。

除宗室、勋戚等特权阶层抵制清丈外，一些官员或者延缓观望，或者把原册籍抄写一遍敷衍完事。对这些官员，张居正以考成法严行督查。松江知府阎邦宁、池州知府郭四维、安庆知府叶梦熊、徽州掌印同知李好问等人以清丈田亩怠缓，各住俸戴罪管事。因清丈不力前后处理的官员多达数十名。

山东是全国清丈后第一个完成的省份。这与张居正的多次指导密不可分。巡抚何起鸣多次就相关事情请示张居正。张居正叮嘱他："清丈之事，实百年旷举，应趁我在位时务必做到一了百当，如果草草了事，将来更为难堪，且成为扰民之举；现在已交代户部、户科，凡有违限的官员，一律不再查参，使他们能够便宜从事。日前杨巍给我写信说，清丈之事只应以处理是否恰当论成败，不必论迟速，这是格言。"

山东清丈的阻力主要来自富豪阶层。张居正对何起鸣说，清丈事极其妥当，粮不增加而轻重适均，将来国赋也容易办纳，小民如获更生，你为山东人造福不浅；对于官豪之家，却有不便。齐地风俗最称顽梗，必须借重你的威望。事定之后，也就不会有人说三道四。

万历九年九月，何起鸣与巡按陈功奏报，清丈全省军民屯粮地，民地原额763,858顷，丈出地363,487顷，屯地原额36,915顷，丈出地2,268顷，粮额全部照旧，往日荒地包赔者，以余地均减。

何起鸣因清丈有力升为工部尚书。张居正对接任者的安排非常慎重，他对何起鸣说："我担心接替你的人或者与你意见不同，或者被众议所摇惑，使良法最终不得实行，有始无终，这是最可惜的事情。你调任工部，希望把清丈事完成再赴新任。"张居正慎重考虑，巡抚由杨博之子杨俊民接任。因靖难之功被封为阳武侯薛禄的后裔多占土地，杨俊民不敢擅自处置，向张居正请示。张居正依据大明律法关于功臣田土的规定，指示他：凡功臣田土，属于钦赐的既不纳粮，也不当差；如果是自置田土，自当与百姓一体办纳粮差，不在优免之数；现在南直隶把勋臣地土，除赐田外，其余尽数查出，不准优免。希望你也遵照办理。

自万历九年夏天，张居正抱病在身，时好时坏，但他仍敦促各地完成清丈这件大事。他致信江西巡抚王宗载说：丈田之举，实均天下之大政，但当积弊丛蠹之余，非精核详审未能妥当。诸公宜及我在位做个一了百当，不宜草草速完。江西全省清丈都已近完成，只有五县未完，料想数月之内当全部完成。

张居正最后写给地方官谈清丈事宜的信件，是给应天巡抚孙光祐的，因应天十府大户、富户、官户多，清丈推进稍缓于其他地方。万历十年春天，张居正病得很重，他得知应天清丈已有次第，颇感欣慰。当他发现苏州知府朱文科所开列的清丈册中，只列出超出优免的田亩总数，即查革总数，没有列出革过户名，他怀疑知府徇情有私，只查革那些卑官杂流，曲庇宦族豪右，于是指示孙巡抚彻查，并把顺天府尹曹科所开的清丈册发给应天，令其照此办理，不得蒙混。张居正去世次月，应天完成清丈。

从万历八年开始，由张居正亲自部署、推动、主持的全国清丈，是明朝自洪武后近二百年的唯一一次清丈。至万历十年张居正去世前后，除宁夏、甘肃、云南等偏远省份在次年完成清丈外，全国十三布政使司及南北直隶，全部完成清丈。新增地亩总额1,828,543顷，约占万历六年全国总额7,013,976顷的26％，增加四分之一强。地亩增加，扩大了课税范围，但纳粮总额保持不变，整体减轻了赋役负担。同时而查出王府、勋戚（仅勋戚庄田就查出 22,700 顷）、大户、官户、富户优免范围外的田土，与百姓一体纳粮当差，整体解决了有田无粮、田多粮少和无田有粮的最大不公，促进社会公平的同时，极大减缓了社会矛盾，进而为全面推进赋役制度改革奠定了坚实的基础。晚明史学家谈迁对此给予极高评价，他说：

> 江陵志在富强，当积弛之后，钱谷阴耗不可问，力振其弊，务责实效，中外凛凛，毋敢用虚文支塞。行之十年，太仓之积，足备数载。

因清丈纳入考成法，地方官要成绩，有的地方出现多报、虚报等问题。从山西清丈的情况看，布政使司"干尺"与县令"干尺"，有 0.1875 之差，就一县而言，数额不会差很多，但如果放大到全国，数字就会差很多。

万历清丈用开方法，这是技术性很强的方法，主要包括两种：第一种是在田块内定出一个最大的矩形，其面积由长宽相乘而得，然后补算余下的畸零面积，与这个矩形面积相加；第二种是在田块的外缘套一个矩形，其面积由长宽相乘而得，然后减去矩形以内、田丘以外的边角面积。这两种方法适用于相对规整的土田。但还有大量的土地并不规整，无法用开方法。这部分通常用县署的原册作为依据。以上问题主要发生在北直隶、湖广、大同、宣府，这些地方先后按溢额田增加赋税，致使地方百姓纷纷控告，这也成为反对者攻击张居正的口实。张居正自己也说，这项均天下大政的旷举，是在一百多年积弊丛生的背景下实施的，非精核详审未能妥当。他承认清丈工作与他所设定的一了百当，尚有一定差距。

如何评估清丈的成效？在张居正去世后，许多人攻击清丈大政，而前后两年领衔江西新建县清丈工作的张栋公开上疏，用事实驳斥攻击者。他认为，清丈最大的成果是赋役完纳更均衡。

赋役征解及其弊端

嘉靖二十一年，十九岁的耿定向平生第一次以成丁（古时十六至六十岁的成年男子）的身份，于这年寒冷的正月跟随父亲、叔父等家中成年人，去麻城县承应十年一轮的里甲徭役。天上飞着罕见的鹅毛大雪，他们跬步而行，身体瑟瑟发抖，快被冻僵了，傍晚时好不容易走到姻亲陈家宅院，本想在这里歇一宿，打算次早赶路。可姻亲对几位不速之客冷眼相待，毫无收留之意，言语中满是不屑。耿定向的自尊心顷刻受到极大伤害，年少不更事的他一再催促长辈们继续前行。雪下得越来越大，到河边时已是夜半，父亲、叔父在前面搴裳碎冰，涉水而行，定向跟从在后，知道自己刚刚犯了大错，他不敢正眼看父亲和叔父，旁睨时，见他们肤赭如血，他的心像刀剜一样痛。终于到了县城，吏役们却百般羞辱。耿定向第一次意识到，自己年将即冠（二十岁），不能博一袭长衫佩门户，害得父亲、叔父服劳役，受屈辱。他发誓一定要为耿家挣门户。

传统社会阶层的跨越异常艰难，而通过科举入仕为官几乎是唯一的途径。

光阴如梭，嘉靖三十年秋，二十八岁的耿定向率领族人去麻城应践更役。族人又为市滑所困，对耿定向说："你曾为知县公子课读，去找知县的师爷求个情，免得我们受折辱。"耿定向不屑于此，内心愤愤，说："大丈夫志在康济天下，连一弱族都不能庇护，哪像一个男人！你们代我了此役，我回去修举业！"第二年，耿定向中举，耿家逐渐告别了靠借贷为生，鹑衣菜色的日子。

这位幼年多病善啼的耿定向，七十多岁时以《观生纪》回顾一生，而真正让他刻骨铭心，继而发奋有为的，是两次承役时一起与父辈、族人经历的万般羞辱。

出身寒门的卿相大臣，大多都有耿定向类似的经历。那是他们早年的集体记忆。在改变自身命运，为家族挣门户的同时，他们也在深刻影响着一个国家的命运。

万历元年，首辅张居正向多位封疆大吏打招呼，要启动赋役改革。他说，均徭、赋役、里甲、驿递，乃有司第一议。四事举，则百姓安，百姓安，则邦本固，外侮也就不足为患。

张居正所说的有司第一议的四事，是对明朝赋役制度的概括。至此，五六十年间一直试图解决而未能解决的赋役负担过重和严重不均的问题，正式被推到了最高决策层，从而成为张居正柄国期间最艰难的一项改革，它与全国清丈一样，被载入明朝史册。

中国古代，赋税是一项国家权力，它既是中央集权的主要体现，也是维护这种体制的经济命脉。同时，赋税征收受生产力发展水平的制约，如果超过或无视这个制约，就会出现百姓辗转沟壑、啸聚而起的局面。"迎闯王，不纳粮"是李自成动员广大农民，埋葬大明王朝的最后一幕。黄宗羲在论述明朝赋税政策时，提出民苦暴税已久，有积重难返之害，有所税非所出之害，有田土无等第之害，这是亡天下的根本所在，为此他提出以下下则定税率，以尚未积累之初定税额。但他忽略了官僚机构的扩张、宗室支出的陡增，特别是边费的急剧增长，使得赋税总需要不得不增长的基本态势。

明朝的赋与役是互相关联又异常繁杂的两大系统。赋税沿用唐朝德宗时杨炎的两税法，通常称为夏税、秋粮，夏税以征收小麦为主，秋粮以征收米为主，称为"本色"，米、麦之外，用丝、绢、绵、钱钞等物折纳，称为"折色"。米、麦只是大类，实际包括的要更多。洪武二十六年（1393）定两税税目共有六项，即夏税的麦、绢、钱钞，秋粮的米、绢、钱钞。至弘治十五年（1502），夏税增加到二十四项，秋粮增加到十七种，共为四十一项。万历六年进而增加到五十二项。就一个州县而言，所征收的赋税科目，往往不下二三十种。

赋税征收，因田土性质的区别，又分为官、民两大类。在此区分下，又按照土地的肥沃程度等条件，各分为上、中、下三等九则，再按这些等则（征税标准体系），确定每一种田地山塘的税率高低。官田属国家所有，包括抄没田、各类屯田等，采取租税合一，税率普遍较民田为重，所以设有起征点。民粮不设起征点，赋税基准除苏州、松江一带外，大多数地方维持在5%以下，在历代王朝中并不算高，但因没有税赋起点控制，使得收获非常少的农户也要被课税。这使得田赋征收异常繁杂。如溧阳县官田多达25则，无锡县民田有数十则。湖州府官田自重而轻，多达599则；民田由轻而重，多达2,841则。至正德十四年（1519），都御史许庭光调查，湖州府秋粮科则，竟然多达4,447则。湖州虽是大府，但一府竟有4,000多种税则，弊端由此可以想见。

田赋等各项钱粮又按用途分为存留和起运两大类。存留是供本地支用，大体分为四科，包括供给本地的藩府岁禄、卫所军饷、官吏俸禄，以及补给其他府。起运是解送中央或其他地方，主要分为三科：运南北两京，运各边镇卫所官军，转运内地其他地方。钱粮要到指定地方仓库交纳，距离远、路途困难的称为重仓口，距离近、运输便利的称为轻仓口。又以用途急缓，分别称为急项税粮和缓项税粮，以此定起解先后顺序。起运既有舟车转运耗损，又有搬运、装载等各种费用，往往一石额粮，交纳到指定仓口，其费用是额粮的两三倍或者更高。换言之，某一省除了要完成额征钱粮数目，而且要运送到指定地点，这些费用全部由纳粮户负担。如山东布政司万历六年起运钱粮，要运送到京仓的夏税中，小麦7,929石，派剩折银小麦5,902石，每石折银一两，光禄寺小麦2,350石，酒醋麵小麦2,350石，临、德二仓小麦80,000石内改拨天津仓5,800石，边仓小麦32,800石，丝绵、农桑丝折绢、阔白棉布、红花、棉布等，也分别运送到京库、河间府沧州、静海等库。秋粮也大体如此。每个省按照府分解下去，府分配到州县，州县分配到户。山东密迩京畿，路途并不远，但浙江、南直隶就要远许多。运输成本高，是折纳范围愈加广泛乃至后来一条鞭法折银的主要经济动因。而宫廷、皇室、贵族、官员的奢侈性要求，仅仅用折纳不能完全代替，由此，实物即本色缴纳仍有其存在的基础。

夏税、秋粮只是笼统的说法，此外普遍征收的赋税还有三种。一是户口盐钞。盐铁是人们的日用生活消耗品，自汉朝起，盐铁官营。明初按户口，百姓出钞换官府的盐，每男子成丁、妇女大口，岁纳米八升，官支盐三斤。正德年间，每丁岁征银一分二厘，官府不再支盐。于是，户口盐钞变相成为一种单项税。二是草料。草主要指稻草，料有黄豆、黑豆等，供官府和军卫饲养牲畜、战马等。也根据民田、官田，实行不同科则。料以秋粮折纳，征秋粮时一并征收；马草按田粮征收，是田赋外的加征。三是上供物料。仅此一项，其科目多达数百种上千种乃至更多。它包括上供和物料两大类：供应皇室的贡品称上供，以副食品、服饰、器皿为主，如太常寺牲畜、钦天监历纸、太医院药材、光禄寺厨料等；贡之礼部的称为北京药味、南京药味、段匹；向工部、兵部等提供的官手工业原料和军用物资称物料。如贡之工部的，如胖袄裤鞋、皮张、翎毛、四司。几乎地方所有特产都成为征纳对象，如福建荔枝、龙眼、樟脑、白糖等。在大内服侍皇帝的宫女，衣服都以纸为护领，一日一换，以保持洁净，由江西玉山县提供。水产品、野味、茶叶等都预先由某地岁办，因成为民众额外负担，这部分可以减免一部分税额。其他绝大部分是无偿交纳，或按田粮分摊，或按里甲派征。明初朱元璋兴建南京城，永乐时建造北京城，弘治时有不时坐派城砖等项，嘉靖时更是大兴土木，因而有额办、额外派办等五花八门的名目，虽然不是经常性科目，但事实上也是赋税的加征，都由里甲办纳。

宫廷、中央衙署如此，地方、王府也如此，只是名目不同而已。

赋税与役法虽是不同的两大系统，但又密不可分。赋税征收的是实物或折纳，但起解就成为役法了。同样，役法中的一部分是通过田地实现的。

明朝役法异常繁杂，王朝建立之初，官府需要某项徭役，就编立一项役目，种类之多无法悉数。从性质或课役对象上可分为两大类，一类是对户课役，一类是对丁课役。人一出生即登记在黄册上，女性称口，成年为大口，未成年为小口。男子称丁，十六岁以下为不成丁，十六岁为成丁。成丁开始有役，至六十岁免役。故丁口代表一家男女老少。

课役的大类别，主要有三种。

第一种是里甲役，以户为课役单位，它是徭役的主干，其他徭役都是直接或间接依据它而定，或通过里甲来实现，故称里甲正役。里甲既是基层社会组织，也是田赋和一切役法的主要承担者。不但田赋和一切役法都是通过里甲征收，而且赋役征收采取连带责任制，一户欠收由其他九户补足，一甲欠收由其他九甲补足。洪武十四年（1381）编制赋役黄册时，以地域相邻接的一百一十户编为一里，推丁粮多的殷富十户为里长，其余一百户分为十甲，每甲十户，十户中有首领一人，名曰甲首。每年由里长一人，甲首一人，率领本甲十户应役。如此循环，十年内每里长、每甲首，与每甲人户，都依次轮流应役一年，凡十年一周，曰排年，应役之年称现年。十年后根据各户丁粮消长变化重新编订。

里甲役最初的职责主要有两大类：一是催办本里甲钱粮；二是传办公事，包括管理本里人丁事产，清勾军匠，根究逃亡，拘捕罪犯。里甲役的承担按照户等分派轻重。这是朱元璋建立明朝之初，从普通百姓出发，倾向于民而设定的制度，因此有"一劳九逸"的说法，即在十年一轮中，仅有一年应役，九年休息，史书称赞成法于民颇为安逸。但轻徭薄赋的状况没有维持多长时间，到弘治初年，比景泰、天顺年间，赋役增加数十倍，官府所有需要全部出于里甲。赋役征发的增加，使得里甲役的职能也愈加广泛，包括出办上供物料及官府合用之贡，一切费用都由里甲人户供应，里长、甲首往往因此破产，里甲制受到极大破坏，十年一轮应役的制度也难以为继，建立在此基础上的赋役征解制度，也要求改变。这是一条鞭法产生的制度基础。

第二种是均徭役。它是从杂役演变而来，因各地情况不同，与杂役并非完全分开。清修《明史》的区分是，"以户计曰甲役，以丁计曰徭役，上命非时曰杂役。皆有力役，有雇役"。这个说法并不准确。本来，杂役的编金是根据黄册上登载的各里甲人户的户等，临时点差，上等户派重差，中等户派中差，下等户派轻差。制度设计的出发点也含有体恤普通百姓的公平之意。但点差权掌握在里长手上，于是经常发生放富差贫的现象，为避免这类弊端，正统时期，各地开始服均徭役，它以丁为课役单位，有力差、银差之别：承役人户亲往应役称力差；向官府纳银由其雇人应役称为银差，又称雇役。服务于各级官府的经常性差役，如库子、斗级是重差，难以雇募，是力差；各级衙门的门子、看守监狱的巡栏、狱卒，维持地方治安的巡检司弓兵，递运所水夫、江河渡口的渡夫等常备杂役，也多是力差。均徭应役的次序大多与里甲役同时排定，即十年编审一次，或五年编一次，其服役期间在里甲役歇后的第五年，以保证与里甲役不相妨碍。

第三种是杂役，又称杂泛，是均徭役以外在官府或民间非经常性或半经常性差役的总称；其中很多都是经常性杂役，并非临时性。

各地具有普遍性的杂役有十几种，而以隶卒（隶兵）规模甚大，包括皂隶，看管监狱的狱卒，守卫衙门、维持治安、把守关津渡口的弓兵三大名目。隶卒又分为随从和公使两大类，前者侍候官员个人，后者在衙署执公差。在中央、地方高级衙署的称直厅皂隶。也按各府州县秋粮征缴数额编派，按品级配给，如宰相十五人，从一品十三人，至八、九品两人。如以文武官员数额的均数十倍计，仅此一项，即多达百万以上。

明朝庞大的驿递系统，是通过征发民间徭役实现的。包括：（1）铺兵。洪武元年规定，每十里设一急递铺。冲要处设置铺兵十名，僻路四到五人，负责递送公文。（2）驿夫。陆路每六十里或八十里设驿马站，冲要处每站备马三十、六十、八十匹不等，非冲要处备马五、十、二十匹不等，马匹由驿夫出供。除买马之外，驿夫还要为驿站提供鞍、辔、毡等所有用物。（3）水夫。分水驿水夫和递运所水夫。前者是为普通民众往来服务，正路水驿，设船十、十五、二十只不等，偏路设五到七只，每船用水夫十名，撑船迎送。后者运送官府物资，根据装载货物多少不同，每船用水夫十到十三名不等。（4）车夫。递运所陆路运送官府物资所用车辆配备车辆、车夫、牛只等。以上徭役成为民众极大的负担，张居正整顿驿递，严格限制使用，进行极为严厉的勘合管理，极大地减轻了百姓负担，同时也使得骂名滚滚而来。

驿递设有馆夫。明朝在京城设置会同馆。会同馆以及各地驿馆，均设有馆夫。

差役中还有一大项——民壮。又称民兵，本来是对卫所军的补充，后来成为各州县普遍存在的一种单项役种。

以上里甲役、均徭役、驿递馆夫与民壮，合称四差，四差的征发是民众的巨大负担。张居正在赋役方面的改革，也主要侧重于此。

差役又有轻重之分，它既与劳役强度有关，也与路途远近、应役难易直接相关。一般而言，在县应差相对容易；在府当差，尤其是在省三司当差实为困难。因为在县应差不误农时，不妨碍耕种，而到府特别是到省当差费用很高，不但本人即正身要应役，而且要雇人。杂役一般榜注费用数额，包括丁数和银数，按照榜注金派。杂役中耗费最大、服役路途最远的是解户，即解送赋税中"上贡物料"或将其折纳银的人户。按照规定，解户必须由大户承役。明朝对大户有个标准，即由收头管收支各色钱粮，由解户管领解京各色物米，俱殷实之家金充。简单理解，大户就是上等户中的富裕户。海瑞任浙江淳安知县时，淳安十年轮一次里甲役，十年轮一次均徭役，而有的州县五年轮一次里甲役，五年轮一次均徭役。他特别感慨道：升斗小民口挪肚攒，将四年的所有积蓄，用来应一年重差，当一年重差，得四年间歇。赋重民无果腹之粮，役重民无半日闲暇。这就形成国家对民众的超经济控制，即强制的人身束缚。张居正推行一条鞭法，极大减轻了民众对国家的依赖。

赋役的征收是通过编造黄册和鱼鳞图册实现的。黄册是户口册，每十年修订一次，共制四本，一本报送户部，一本送本省布政使司，一本送府，一本送县，封皮用黄色，故称黄册。明朝按照人户所在的属性，将所有户籍分为四大类，即军、民、匠、灶。册首注明该户籍的属性，然后写明田地、房产、牛只等，并用"旧管""新收""开除""实在"标明变动情况，以确定每户赋役丁粮的多少，作为征发徭役的主要依据。鱼鳞册是缴纳田赋的主要依据，也称地亩册。最初朱元璋派国子监生到各地方，依据税粮多少，定为若干个区，每区设粮长四人，召集里甲、耆民等亲赴田亩所在地方进行丈量，将田亩之方圆绘成图表，写上田主姓名和丈量四至，再编成册，因图似鱼鳞故称。由于民地允许买卖，且交易频繁，因此鱼鳞册也是十年一更新。

赋役的分担，设计之初具有合理性，即总原则是根据各户丁粮多少编派，丁粮越多负担越重，反之亦然。为此，明朝按照人丁和田地多少，把民户划分为上、中、下三等，按照九则（每等分为上、中、下）佥派徭役。上户对应上役（重役），中户对应中役，下户对应下役（轻役）。如山东章丘，下下户一丁纳银一钱五分，每则加银一钱五分，至上上户一丁纳银一两三钱五分。但赋税与徭役，特别是其内各项，各自征收期限不同，掌管征收的人员来自不同群体，有的属于官，有的属于民（里长），这使得制度在执行过程中难以避免各种弊端。而社会经济处于变动不居的状态，过去的良法美意，经过较长时间的运行，却成为病民的渊薮。即以田土而言，官田赋重，不允许买卖，有买卖者受法律制裁，田土归公。但民田赋轻，法律允许自由买卖，为了逃避官田的重赋，许多官田通过各种形式转变为民田。如果按照原来的规定，显然不符合实际。而田土性质一变，科则就会发生变化。加之明朝中叶以来，人户分离已经愈加严重，出现大量的"寄庄户"，也即外来户，使得官府原来的赋役管理系统难以适应新的变化。从买卖双方而言，规避重赋乃至降低或不交纳交易税，又是一种难以遏制的趋利行为。在面对经济变化时，设定的制度又漏洞百出。

正德以前，百姓淳朴，畏法自重，差役稀少，官员只就资产增加或减少旬日立办。嘉靖年间，赋役横出，稍微好点的业户，破产相继。于是狡黠者工其术于诡寄、析分，富裕者结纳请托，每当编审，弊端如牛毛茧丝，即便是廉洁聪察的官员，也无法根究弊端所在。豪吏滑胥，上下拨弄，其门如市。各州县都如此。所以赋役改革的呼声乃至各地因地制宜的尝试，也在嘉靖时期纷纷出现。

古代中国是身份制社会，根据贵贱有别的原则，凡官员之家，全部免征杂役，并按品级免纳额定赋税。明朝对户籍管理，虽分军、民、匠、灶四大类，但在每一大类之下又分为几个小类，如民户下分为儒、粮、医、阴阳等户，军户下分为校尉、力士、弓兵、铺兵等户，匠户下分为厨役、裁缝、马户、船户等；还有盐灶、僧、道等户。户籍的编制是按职业划分的，《大明律·户律》第一条就是人户以籍为定，编订后除非重大特殊理由，不准更改，编入军籍，世代为军丁。科举考试，举子要写明所属户籍的属性。由于优免政策，习惯上分为粮户、官户及儒户，官户按品级优免，儒户以生员群体为主，也享有一些优免权。十七岁的耿定向参加麻城童子试，全县参加就试的人以千记，而他最初发愤考取功名，目的也是为自家门户免除徭役。

问题主要出现在官户、儒户的优免上。优免数额按照品级定：京官一品免粮三十石，人丁三十丁；二品免粮二十四石，人丁二十四丁。以下依次递减，至九品免粮六石，人丁六丁。外官优免额是京官品级的一半。现任丁忧、听用、听调、听降、听勘者，照数优免。致仕者，免其十分之七。闲居，免半。其革职为民除名者，不准免。教官、监生、举人、生员，各免粮两石，人丁两丁。杂职、吏承等免粮一石，人丁一丁。[2]

比官户、儒户优免仍有限制不同，功臣勋戚之家的田土更多，优免范围更宽，凡钦赐田土，全面免征。万历帝赐给他弟弟潞王的田土一次就是几万顷，横跨数省。

明朝优免范围极为庞大，因而予以限定，本身、本家丁粮不足，或无丁粮，不许免及别户。《大明律》户律户役、田宅门共二十六条律文，多是对违犯赋役征收、优免的惩罚性规定。《问刑条例》增加了关于赋役不均、逃避差役的条例，构成完整的法律架构及其实施细则。但这些法律多成具文，有名无实。优免成为破坏赋役制度的腐蚀剂。特权阶层凭借对基层事务的操纵，对优免进行随意的扩大。

而权豪大户通过诡寄与飞洒等名目，引诱、迫使一般民粮户与之勾结，一起逃避赋役征收。诡寄或诡托，是粮户把田土假写寄存在官户、儒户上，享受优免，或逃避赋税，形成庞大的"寄户"。还有一类，如两浙地主，把田产诡寄亲邻佃仆名下，叫作"铁脚诡寄"，普遍成为风气。乡里欺骗州县，州县欺骗府，奸弊百出，称作"通天诡寄"。飞洒又称洒派，是化整为零，与衙门的人勾结，将自己的田土分散写在多个名户上，又称洒田或洒粮，从而逃避赋役征收。此外，还有包荒，即豪猾人买通造册书算手，科粮时作包荒名色，征纳小户。其他如移丘换段等，花样百出。赋役负担采取连带责任制，导致赋役负担更为不均，不堪重负者加速逃亡，形成恶性循环。如云南黔国公沐氏庄田，至嘉靖八年，通过钦赐、垦置和侵夺手段，扩张到8,000多顷，田庄174所。

官员基数的扩大、宗室人口的增加、边费支出的陡增，是明朝赋役负担日益加重的三大主要因素。嘉靖八年，奉命修撰《明会典》的詹事霍韬上奏指出，从洪武到弘治的约一百四十年间，天下额田自洪武初年的849万顷，下降到弘治十五年（1502）的422万顷，失额427万顷。湖广额田220万，现存额23万，失额197万。河南额田144万，现存额41万，失额103万。这些失额多的省份，原因非拨给于藩府，即欺隐于猾民。广东额田23万，现存额7万，失额16万，广东无藩府拨给，疆理如旧，主要是欺隐于猾民。再按天下户口，洪武初年户1,605万有奇，口6,054万有奇。弘治四年（1491），承平日久，户口繁衍日息，户仅911万，比初年减154万，口仅5,338万，比初年减716万。再按天下藩封，洪武初年，山西只有晋府一王，岁支禄米1万石，现增郡王、镇、辅、奉国将军、中尉而下，共2,851位，岁支禄米87万有奇，由1万石增至87万石。山西额田，初年41万顷，弘治十五年存额38万顷，减额3万顷。禄米则由1万石增至87万石，额田则由41万顷减至38万顷。由山西推之，天下可知。再按天下武职，洪武初年28,000余员，成化五年（1469）增至81,000余员，增至近3倍；锦衣卫官，洪武初年211员，现增至1,700余员，增至8倍。再按天下文职，洪武初年官有定额，故数易稽，今冗员日多，职守日紊，数亦难稽。自成化五年，武职已逾8万，合文职计，已逾10万。至嘉靖四十一年，全国诸府禄米达到853万石。隆庆初载入玉牒的有45,000人，现存28,491人，到万历二十二年（1594），玉牒有103,000人，现存有62,000人。据王毓铨先生估算，清朝改明代藩府王庄为更名田，最低数字是20多万顷，实际数字要比之大得多。

　　明朝的财政70%用于维系国家机器的正常运转，30%用于应对军事战争与自然灾害。这种状况至嘉靖朝无以维系。嘉靖十五年以前，各种工程经费多达六七百万。其后增十数倍，斋宫、秘殿并时兴造，全国大的工程同时有二三十处，役使匠人多达数万人，役使卫所军更多，每年仅此工程一项，支出高达二三百万两白银。经费不足，就令臣民献助；献助不已，复行捐纳。自嘉靖二十七年开始到隆庆朝止的二十五年间，财政收入经常入不敷出。嘉靖二十七、二十八年，岁出300多万，超支100多万。嘉靖三十年，因俺答进犯，加强京、边防卫，仅此一项费用高达595万，国家无法正常运转，户部只好在南直隶、浙江等地增赋120万，这是明朝加派的开始。隆庆元年，户部盘查太仓粮银，只有区区135万两，而当年必不可少的支出达553万两，现存银只能支付三个月。改革赋役制度，于国于家，都已迫在眉睫。

整顿江南赋役

张居正对江南倾注心力，一是因为这是明朝收缴财赋的主要地区。南直隶、江西、浙江三省的税额占全国税收总额（米麦）的42.8%。仅应天巡抚所辖的南直隶，税额即占全国总税额的22.9%，人口数量也是全国唯一接近1,000万的地区。但赋重，大户官户多，不能如数征解，欠赋非常严重，致使国家财政受到极大影响。二是因为赋役不均的问题更为突出，虽然历经数十年一直试图解决，但都没有根本改变。与徐阶同时代的家乡人范濂异常失望地说，赋、役两端，乃东南重务，不但国计所关，而且民俗之存亡，皆由于此，在这里担任抚按的官员如果留心民事，何尝不首谈赋役！但"赋日议薄而卒不薄，役日议轻而卒不轻，故积久成疲"，如同患痨病一样难治。他以所在的松江为例说，松江赋税正额，民众已不堪其重，额外又有均徭、练兵、开河、织造、贴役、加耗种种，难以枚举。说自己生于斯、长于斯，目睹百姓流离困苦的惨况，希望将来能有仁人君子，援手解松民之倒悬！[3]

张居正对江南大吏特别是巡抚的选定非常慎重，首先要忠诚承担，正直有为。江南具有举足轻重的地位，也是衡量改革是否成功的关键所在。当年海瑞离任应天巡抚时，张居正对他痛心地说，"三尺法不行于吴久矣"。后来又多次引述在这里任官之人的话，说他们每呼此地为"鬼国"，大意是说对付朝廷的办法花样翻新，层出不穷。尽管朱元璋于洪武二十六年定了一条祖训，即江西、浙江、苏松人不得任户部官吏，但出自江南籍的官员天下三分有二，因此，如果没有担当和定力，容易为浮议摇撼，往往无功而返。其次，张居正选配官员时特别注重前后任有良好的个人关系，以保持政策的连续性，避免新官上任烧前任的火，或者新官不理旧账的情况出现。张居正柄国后，在一年多的时间里把总督、巡抚几乎换了个遍，万历元年他曾当面向皇帝奏报说："今南北督抚诸臣，皆臣所选用，能为国家尽忠任事者，主上宜加信任，勿听浮言苛求，使不得展布。"万历帝深表嘉许，对张居正说："先生公忠为国，用人岂有不当者。"张居正还反复与地方督抚讲这样一个道理，主上信任他，他信任督抚，只有这样才能保证国家重大部署落到实处。

在张居正柄国的十年里，他与江南巡抚信函不断，密切沟通，经常就赋役改革的原则方向乃至具体推进办法发纵指示。万历二年二月，张居正选定他的进士同年，江西永丰人宋仪望出任应天巡抚。三月十三日，万历帝召见这位即将赴任的巡抚，并赐宴于宫廷，还赐给钞币，以荣其行。当然，这一切都是张居正的安排。张居正特别嘱咐他，南畿乃国家根本重地，江洋盗贼纵横，元末之事，可为殷鉴；天下之事，以为不足为虑，则必有大可虑者，希望留意。当年五月，是张居正的五十岁生日，僚属想为相国办一次寿，张居正坚拒。宋仪望以同年的身份撰写《贺元辅江陵张公五十序》，将张居正比作辅佐成王的周公，[4]张居正说奖许过情，实不敢当。宋仪望对江南的弊政了解甚多，他仕途的第一站就是吴县，那是嘉靖二十七年，当时"南倭北虏"之患正炽，因连年用兵，财政不敷，江南欠赋"动至数百万，其在苏、吴十居其五，部使者更至无宁岁，迩又添置藩司，专督逋税，征敛之议，盖猬毛而起矣"。他说知县乃庇民之官，如果置民之疾苦于不恤，又岂能称为县令。鉴于百姓苦于徭役，他设役田36区，130,00余亩，每年收租15,300多石，全部由百姓管理。遇有大役使，由役田之租以代之，民极称其便。[5]此次宋仪望到任应天巡抚后广泛调研，认为田赋不均是江南最大的积弊，也是最难解决的问题。他立志解决。

张居正非常高兴，信笔给他回了一封长信，详细阐发他自柄国以来治理国家的路径和部署，以及遇到的种种阻挠。大意说：

（宋）公大智大勇，诚心任事，不在此时剔刷宿弊，为国家建经久之策，更待何人！诸凡谤议，都不必顾虑。自嘉靖以来，当国者（严嵩）政以贿成，官吏搜刮民膏民脂，以取媚权门，而继其后秉国的人（徐阶），又都实行姑息之政，成为拖欠税粮的庇护者，以此形成富者田连阡陌的兼并之私。私家日富，公室日贫，国匮民穷，病实在此。我的看法是，由贪贿带来的弊政容易整治，而姑息之弊难治。即如宋公信中所言："豪家田有七万顷，税粮仅有二万，又不按时交纳。"国家岂能不贫？！崇尚简朴，杜绝贿赂，痛惩贪污，这是补救贪贿之政所带来的弊端；查刷宿弊，清理欠赋，严治侵渔揽纳之奸，是治理姑息之政。惩贪是为了让百姓足食，清理积欠赋税是为了国家富强即足国。官民两足，所以壮根本之图，建安攘之策。而反对者动辄议论说，"吹求太急，民且逃亡为乱"，这是奸人鼓说以动摇皇上！宋公博览群书，探究古今治乱兴亡的原因，哪里有官清民安、田赋均平而致乱的！仆以一身当天下之重，不难破家以利国，陨首以求济，岂区区浮议，就能动摇的吗？！宋公只管任法兴做，有敢于阻挠公法、伤害为国家任事大臣的，国典具存，必不宽贷。

宋仪望所说的豪家田七万顷，只纳粮二万石，而且还不按时缴纳，似乎是指松江首富徐阶。在明朝江南望族豪富中，徐阶是唯一富至五代的大户，这与隆庆时期张居正的竭力维护有很大关系。此次回信，谈接续严嵩为宰相的一切行姑息之政，是张居正非常罕见的对徐阶任首辅为政的直接批评，这是对宋仪望信中所谈之事的回应。早在嘉靖中期，庞尚鹏、欧阳铎、王仪等在江南清丈田亩，实行赋役改革，徐阶给应天巡抚、巡按写信，明确表示反对，他开篇就讲，听说松江现在实行均粮之举，骚扰百姓，民甚不便，当此灾害之年，百姓流离失所，盗劫时发，应该安静妥处，何必急于此举？他还提出，松江税粮负担，高者一亩五斗乃至七斗，低者仅五升，相差十几倍，却有合理性。他甚至歪曲事实说，缴纳高粮赋的人户，实际收益比缴纳低粮赋的收益还要高。徐阶代表权豪，且以均粮破坏社会秩序相威胁，致使松江等地的均粮改革很难推进，大多半途而废。

此次宋仪望提出在江南解决赋役不均和欠粮问题，徐阶家族仍是绕不过去的一堵墙。有记载，宋仪望行均粮，徐阶家居，田园最广，都是五升粮田，很不乐此举。宋致书张居正，张居正回书说："方今主上幼冲，仆以一身任天下之重，倘若有关国计，而敢于阻挠者，则国法俱在。"宋得书，胆益壮，徐阶慑息，而粮始均。

应天巡抚所辖南畿十府，地域甚广，最初驻扎留都南京。嘉靖三十三年因防范倭寇侵扰，控驭海滨，加提督军务衔，移驻苏州。宋仪望到任之初，御史上疏，称江南承平日久，巡抚职在"拊循怀服，毋烦驰驱"，请还驻留京。宋仪望曾在东南参加平定倭寇之乱，与戚继光一同作战，他上疏请巡抚仍驻苏州，朝廷予以采纳。随着赋役改革的推进，宋仪望感到应天府县长官改政受事，"道里相悬，邮递公移，动稽旬日，卒有奸萌，发觉后期，且地当七省，宾客交驰，抚台体崇务繁，顾日勤酬接，废时损重"。万历二年六月，他题请重新修理应天所属的句容县旧设衙门，作为巡抚驻扎地，春夏巡历苏州、松江等府，以防海汛，秋冬巡历徽州、宁国等府以肃地方。"临制郡县，其于道里往来甚便。"但反对者甚多，张居正对宋仪望予以支持，协调兵部议准。九月兴工，当年闰十二月，巡抚衙署迁移到句容。[6]

随后，宋仪望从里甲、经催、投靠、优免四方面，开始整顿江南赋役。里甲是赋役征收的主要承担者，这是解决赋役问题的总纲。但由于赋役繁重，里甲受到极大破坏，自明英宗时期出现大规模的流民。嘉靖时期江南最繁华地区，也出现一里仅存四五甲，一甲只有一二口的情况。各地裁并里甲，人户大减，赋役无法征收。投靠与寄户相类似，大多是无地或少地的民户，将其户名投靠在权豪门下，其中很大一部分因投靠时间长，地位低下，世代成为奴仆。近代著名学者梁启超考察说，明中叶以后，权珰恣虐，百姓不堪荼毒，唯有自鬻于达官豪宗以求过活，这就是所谓"投靠"，甚至有"带地投靠"者。投靠既多，丁籍益虚，财政收入益窘，则以原额摊派于未投靠之人，未投靠者益苦，则终久亦出于投靠而已。明代江南宦族最多，而蓄奴之风亦最盛，弊实由此。

江南大族，奴婢成群，动辄千指，徐阶等官宦之家大都如此。经催是指征收税粮过程中对纳粮户的层层刁难、克扣、索要，对纳粮户来说，这是正额外的沉重负担。优免主要解决投靠、诡寄等问题。

宋仪望对江南赋役的整顿和改革，是体系性的变革，而重点仍是官宦富户，因此阻力重重，他一时难以承受，向张居正提出辞职。万历三年春，张居正告诉他，不要为山鬼所摇惑，里甲等四事，正是苏松百姓承受积弊之所在，而所以养成此病，以至于沉疴不可疗治，实在是周如斗、陈道基二人留下的祸患。宋公一旦对症下药，那些利益受到损害的人便会像苦口刺肠一样不能忍受。现在经宋公整顿，方可避免陷入如燎原之火不可收拾的境地。近来江南人不独侧目于你，且把根子推到我这里，造为横议，妄想以此摇撼国是，如日前南京户科给事中余懋学上奏所说的，意有所来，故不得不惩创。你请求辞职的事，朝廷不会允准。

通过对照这封信与前信，就会清楚张居正要表达的意思，即嘉靖末隆庆初，徐阶居内阁首辅之尊，毫不作为，一切行姑息之政，而任用官员也多怠政之流，致使问题积累到沉疴不可疗治的地步。张居正还特别提出，姑息之政比贪官之政更难治。

余懋学上奏发生在万历三年二月，他上陈五事，每一件都针对张居正，对治国以严的方略全盘否定，说什么政令依于忠厚，而不专尚刻核。张居正将他革职为民。

周如斗是浙江余姚人，也是张居正的同年进士，嘉靖四十一年五月任应天巡抚，任满三年后，改任江西巡抚，卒于官。

张居正何以把江南的问题归咎于周如斗？他回忆说，嘉靖年间周如斗出任苏松巡按，为博取豪宦之家对他的赞誉，将应征钱粮一概奏请停免，士民很感激他，为他建生祠，奏请留任，于是超升应天巡抚。但巡抚与巡按大不相同，钱粮征发是其首要职责，他不能像巡按那样行宽贷之政，将以前免停逋赋复行征派，于是士民怨恨，毁其生祠，刊布谤书，以前称颂德美者，转而为怨怼愤恨矣。

周如斗调离后，言官一再上疏陈诉苏松钱粮诡寄、花分等弊，应行查革。隆庆初，林润任应天巡抚，极力整顿田粮，查出苏松常镇四府投诡田199万多亩，花分田331.5万亩。直隶巡按董尧封因条上清丈田、定粮差、均粮役、明优免、平均徭、裁供亿、申法守、严责成八议，以为江南立经久之制。这些建议极有价值，如果能够推行，江南的赋役问题会得到较早解决。但首辅徐阶向户部施加压力，以丈量、均赋、私兑烦扰难行，不予采纳。徐阶解职后，高拱重回内阁，张居正与之合力，推动对江南赋役的整顿。隆庆四年在江南实行一条鞭法，将所属府州县各项差役，逐一较量轻重：系力差者，则计其代当工食之费，量为增减；

系银差者，则计其扛解交纳之费，加以增耗。通计一年共用银若干，照依丁粮编派。如有丁无粮者，编为下户，仍纳丁银；有丁有粮者，编为中户；粮多丁少与丁粮俱多者，编为上户。以上俱照丁粮并纳，著为定例。在此前后，海瑞、朱大器相继为应天巡抚，查革赋役不均得以推进。

张居正与宋仪望讲到的陈道基，接任朱大器任应天巡抚，在任虽仅有一年，但一反海瑞、朱大器的做法，停止整顿赋役，并对徐阶加以保护。当时告发徐家不法之事的所在多有。陈道基下发公文，令所司不要受理、处置。隆庆五年十月，御史参劾陈道基，令即日解印，回籍听候处理。

张居正对江南问题的由来进行了梳理，隆庆年间他赞同高拱，肯定海瑞、朱大器，但又受恩师之托，不希望过多触及徐家的利益。

时过境迁，进入万历时期，张居正成为柄国首辅，他要站在更高的视野解决江南问题。万历三年五月，他给宋仪望撑腰说，巡抚保百姓一方平安，宋公为民除害，应该像追食鸟雀的猛禽，有何畏惧？何况现在朝廷明鉴如天，幽隐毕照，流言浮谤在所不行，宋公自然不要畏惧他们。

江南人有对官员为政稍有不满即写谤书的传统。如有作为，谤书会说你乖张，编成七字谣；如果没有作为，就用谚语"猪也糊，木也糊"，形容你昏庸无作为。耿定向于嘉靖末年初任南直隶提学御史，上任之初遣牌往松江，说要观海。徐阶当时是阁臣，耿定向是他的讲学至交，真实打算是借此前往华亭拜徐氏先祠。松江士子造作数语，传之遐迩："名虽观海，实则望湖，耿学使初无定向。"徐阶号少湖，此语望湖是拜谒徐阶先人祠堂之意。

宋仪望既要承受江南官宦富户对他改革赋役的攻击，同时还要完成朝廷赋予他的使命。他把听到的传闻不时告诉张居正。张居正开导说，政府对江南官僚士大夫赖粮深表不满，但并非对宋公不满意。我过去经常听存翁（徐阶）说，他家乡的人最无天理。近来在此前后做官的人每呼为"鬼国"，还说，"他日天下有事，必此中倡之"。这些都是在说朝廷的政令不能行于此地，而人情狡诈，能为人之所不敢为。这些言语，难道也是宋公告诉政府的吗？！希望你秉道自信，不要被流言摇惑，最终完成国家付托。

宋仪望在应天整顿赋役取得明显成效，对张居正推行改革全力配合、支持。他称赞张居正如周公辅成王，"循故事，修法制，稽言考成，综核名实，内外诸臣秉度受成，惴惴焉大惧，无以称塞"，说自己"受兹重地，实专制置，语曰'上行令，臣行意'"，表示一定把朝廷的改革落实到江南。[7]

徽州丝绢大案

就在宋仪望准备在江南全力推行赋役改革时，徽州丝绢大案爆发。此案发生在"均平"改革的关键时期，且在张居正夺情前后发展为"民变"，张居正怀疑背后有人指使，并非仅仅为了区区三千多两银子那样简单，而是地方乡宦想以此动摇他的柄国之位。所以，他的处理态度极为强硬，宋仪望也在这期间调离应天。

徽州府下辖六县，其中歙县是府治所在地，其负担的税粮项下，有人丁丝绢8,700多匹，折银6,100多两。歙县一直认为，该项折银应由包括徽州所属的休宁、婺源、祁县、黟县、绩溪五县一同承担，不应由歙县一县独担。

这场诉讼最早可以追溯到嘉靖十四年，结果是歙县败诉。隆庆四年，江南苏松等地的赋役改革虽时断时续，并受到徐阶等强宗大族的百般阻挠，使得海瑞等很有作为的官员罢官解职，但整体仍在推进。在这一背景下，歙县人帅嘉谟再次提起上诉。

帅嘉谟原籍湖广江夏，后落户徽州新安卫军籍，他在反对者那里被称为"刁军"或"卫棍"。此人立志要掌握一技之长，他发现自己在算术方面颇有天赋，为了验证并提高这方面的能力，他花费很长时间，阅览了全国很多地方的户口和税粮等簿册。帅嘉谟发现，徽州府丝绢负担单独由歙县承担，并不公平。为此，他于隆庆四年二月，向巡按衙门提起诉讼。他开篇用"歙县久偏重赋，民困已极，躬遇仁明在位，备陈情款，肯乞均平"为题，契合当时江南的赋役改革，在援引《大明会典》《徽州府志》所记不同后认为，丝绢人丁，偏累歙县，"赋役不均，莫甚于此"，说先年歙县人程鹏等联名向巡抚具呈，并蒙巡抚批示徽州府"行所属县分，即将各项田地税粮，比照苏松等府改行事例，官民各为一则，毋致偏亏"。为此，他请求"查《会典》并本府新旧二志磨对"，"或遵《会典》均派六县人丁，或照府志原额，均派六县田地，庶赋税得平，民生得遂"。[8]

巡按御史受理了帅嘉谟的申诉，并责成徽州府召集所属六县进行调查答复。绩溪县的答复与帅嘉谟的结论截然相反，依据是，这是明朝开国以来运行二百年的制度，并载于赋税征收的法定文本《黄册》中。因利益纠葛、历史渊源、官员态度等各执不同，案件一年也没有进展。帅嘉谟于是进京上告，其他五县也派人进京反告。为平息事态，地方官将双方进京者予以缉捕。为躲避官府惩罚，帅嘉谟携家逃往原籍湖广江夏，一直到万历三年三月，仍被徽州府通缉在案。

次月，张居正器重的歙县人殷正茂出任南京户部尚书，而应天巡抚宋仪望正全力推进江南赋役改革，"均平"是核心内容。帅嘉谟遂从江夏回到歙县，再次就丝绢人丁负担不公发起诉讼，并迅速得到包括休致在家的著名官员汪道昆、江东之等多人联署公呈，以及更多歙县民众的支持。而反对调整丝绢负担的其他五县，也有很多乡绅参与其中。明初定制，允许军、民上疏言国家之事。案件提交户部，提出四点带有倾向性的疑问，令地方处理，包括：人丁丝绢起自何年，因何专派歙县，其各县有无别项钱粮相抵，今应做何议处，等等。

徽州是应天巡抚所辖南直隶十府之一。户部的意见交由应天巡抚处理。巡抚宋仪望责令徽宁兵备道，转行徽州府查勘的"牌行"公文中称，如果五县没有可抵钱粮，丝绢归于歙县，委属偏累，"况歙民积愤已久，五县纷争亦力，示以均平之情，酌以通融之法，虽有偏心，无可复置私喙矣"。他要求徽州府迅速从公查勘，"前项丝绢作何议处，务要通府士民称便，此系地方重务，该府宜即查行，具由详报以凭施行"。[9]此后一段时间，歙县和其他五县纷纷查证并向徽州府提供各种证据，以支持己方诉求，徽州府一时难以调和，将矛盾上交，宋仪望为此多次敦促徽州府。丝绢案处于停搁状态。直到万历四年二月，殷正茂调任北京户部尚书，僵持不下的局面方得以改变。

明朝洪武年间订立的各项制度、档册文据，均保存在南京后湖，即玄武源。歙县和其他五县都派人到南京查找历年《黄册》所载的原始依据。南京户部批准了程文昌等代表五县提出的查询《黄册》的申请。为示公正，当年七月，徽州府派歙县、婺源县丞，休宁县学训导，组成联合查阅组，共同前往后湖调查《黄册》。帅嘉谟也随即赶到南京。但令他们失望的是，历次编造的《黄册》仅有六县征收各项钱粮的具体数目，并没有关于歙县是哪一年、为何种原因承担人丁丝绢的记载。案件陷入胶着状态。而在长达六七年的时间里，丝绢案的诉讼一直处于理性阶段，这反映了徽州这个商贾之乡的民众具有良好的法律素养和契约意识。

丝绢案急转而下并向法外游弋，源于当年八月户部对户科都给事中光懋条奏徽州人丁丝绢的批复。光懋条陈八事，第五款谈额外之征称，"徽州府人丁丝绢，独累歙县，以致连年告讦"。在明朝的体制中，户科是对户部行使监察权、参劾权的对应机构，与都察院不相统属。都给事中是该科之长。稍早时，首辅张居正提出以安民作为强国之本的主张，经皇帝批准以谕旨下发。皇帝将光懋条奏批旨给户部，尚书殷正茂的处理不能说完全偏向歙县。他提出，徽州丝绢一案奏告已久，户部如果直接按歙县之奏裁断，则五县不从，若按五县之奏，则歙县不从，"告讦日增，终非事体，该科言及于此，诚为指摘民瘼"。他认为休宁、歙县等六县同属徽州府，都称为富饶沃土，每年所办钱粮，不能有过多过少之弊，户部将徽州府原定部颁各项钱粮，通行查出，交给应天抚、按，委派一二名明敏得力的官员，将各项钱粮通行总算，再将该府年例公费由六县所出的总计数量多少，以户部数额、府额二者通行查算，再总算六县丁粮，每粮一石，人丁一口，该派若干，总算总除，照各多寡，均分均派，如果六县照各丁粮，俱已均匀，而丝绢由歙县出的，已在均匀数内，则丝绢应征歙县一县，如果歙县各项钱粮已抵过五县均平之数，而丝绢独累在均平数以外，则丝绢应由六县均摊。

户部的处理意见于八月初九具题，隔日得到皇帝批准。随后，应天巡抚宋仪望行文给徽宁兵备道及徽州府。宋仪望肯定户部的做法，"使赋役均平，人无争执"，并以镇江等府的赋役均平改革作为支持，"今议照依前例查算均派，定为规则，务使六县达均赋役公平，庶小民无偏枯之叹，而官府无独累之政矣"。十月，徽州府按照部额、府额及现在六县缴纳税粮总算，得出"歙县各项钱粮已抵过各项均平之数，所奏丝绢委在均平数外"的结论，但不知当时因何独派歙县，歙民称偏累之苦，而五县执二百年之规，迄无定论，徽州府不敢擅便，禀请上裁。[10] 案件又回到上面。

婺源等五县非常清楚，从中央户部到应天巡抚再到徽州府，一切都在向有利于歙县的一面逐级批示。婺源生员程任卿将该县有名的紫阳书院作为临时指挥所，成立"议事局"，筹措经费，拟定接下来每一步的应对方案。自宋朝起，徽州好讼之风颇令地方官头痛。这一传统无疑在这次诉讼大战中得到充分展示。他们除坚持二百年定制不能动摇外，把矛头对准户部尚书殷正茂的歙县籍身份，并牵连张居正；又从法律上寻找依据，还以动乱相威胁。至此，丝绢案向"民变"方向发展，而时机又恰值张居正夺情前后。由此，"民变"与政治、政局裹挟在一起，在五县与歙县的撕裂对立中，又有了政策的背景和各级权力的介入，丝绢案变得扑朔迷离让人眼花缭乱。

万历四年十一月，婺源、休宁等五县乡宦上了一份"公呈"，以"辩诉均平"做题，开篇用了"豪邑倚势乱制，恳乞奏请究处，以弥祸变以安地方事"作为主旨，详细反驳殷正茂代表户部的议复意见，在援引《大明律》中"若官吏人等挟诈欺公，妄生异议，擅为更改，变乱成法者，斩"的吏律条文后，又援引"后湖严禁减除粮额"罪所不赦，称朝廷之上有建言变乱祖制，其罪由谁任之？又说，朝廷法令规定，苏松江浙人不得出任户部官员，因为赋税主要出自这几个省份。而今户部尚书是歙县人，丝绢是歙县承担的课税，这是"以户部私计而市私恩，以尚书大臣而变乱成法，以国家版籍而视若故纸，肆无忌惮，悖逆莫甚"。[11]

宋仪望对徽州府的不作为，致使六县颇为不满，纷纷上控，并向民变进一步发展。他说这是"欲以徽人挟制之风，恐吓当事，如此则未免角气而不角理"，他的解决思路发生变化，既规避五县"祖制不可动摇"

的诉求，又通过调整杂派"均平"，解决歙县偏累的实际问题，为此他要求兵备道仍行原委官员，务必查实，"凡系黄册开载者不必更动，惟将历年杂派银两，务使六县一则均派，以服其心，事理既定，本院惟知有法耳"。兵备道即交徽州府，并委太平府推官、宁国府推官在太平府会议，其间，巡按御史又委派推官舒邦儒携带文卷、册籍到太平府会同查议。

他们经过反复核算发现：如果不包括丝绢银两，按照巡抚宋仪望批示的，"通以近日条编之法"均平六县，歙县实多26,00多两；如果将丝绢银均派六县，歙县多银3,300两，故此丝绢银单独由歙县承担，偏累更高。其会议结果是：按照均平办法，歙县减少3,300两之外，将尚多出的2,300两分别由五县增加，其中休宁增加1,619两，为最多。[12]为处理丝绢案，各级官员可谓绞尽脑汁。巡抚宋仪望据此提出，丝绢一节，相沿已久，很难即时更改，按照近日实行条编的办法，在各项均平内，歙县丝绢已多3,300两，均平又多2,600两，与五县丁田相比，约多纳银5,000多两，应在歙县各项均平之内，共减银3,300两，以补足原来所少的数额，在五县各项钱粮之内，即行加银3,300两，以抵歙县原多之额。如此办理，则歙县虽未减于偏累之丝绢，而已减于岁办之均平，五县虽量加于可增之均平，而实未改于百年之丝绢。随即上报户部。[13]

户部认为按照均平法，虽然规避了歙县与五县各自执持的"证据"，但也符合国家正在推行的一条鞭法，与赋役改革的均平原则相一致，但具体落实到各县，又苦乐不均，特别是休宁县，比原来增加1,600多两，恐怕未必帖服。况且，以杂派而均平，又给各县纷争留下口实，将来必然"衅孽愈滋，而争端何时可息？"据《大明会典》载，全国只有顺天八府和徽州一府有人丁丝绢，而前者是分派各县，殷正茂因此阐述道："自法纪而言，则《会典》之开载甚明，顺天等府之实征可据，而歙县之奏既为有词；自人情而言，则洪武黄册至今二百余年，久则难变，而五县之奏，亦为有词。"最后裁定：人丁丝绢折价银6,145两，照应天抚按抽出3,300两的数额，加派到休宁等五县，确定数目多少，递年派征，其余2,845两，由歙县派征。

万历五年四月初五，殷正茂向皇帝奏报。隔日，经皇帝批准，此裁定办法从而具有最高法律效力。由此，旷日持久的丝绢诉讼大战，似乎结束。[14]

宋仪望在此关键时刻，调离应天巡抚，出任南京大理寺卿（多种文献记载宋仪望是万历四年十月调任，实际离任时间是次年五月）。《明史》本传说，宋仪望是因举荐张居正所不喜的人而离任。真实原因是，他提出以杂派均平的处理方案被户部否决后，他认为将人丁丝绢摊派到五县会引起更大矛盾，为此他存有保留意见，并向户部以咨文回复。户部题复不准。在丝绢案向民变演进前离开应天，对他个人仕途生涯而言，也算不幸中之大幸。

宋仪望在南京大理寺卿任职时间很短，不久被参劾回籍。此后张居正一直与他保持联系。张居正肯定宋仪望是倜傥高明之士，说二人同年，关系最厚，还破例把自己守制、朝廷夺情的奏对稿寄给他，宋仪望希望刊刻留传后人。不幸的是，宋仪望于万历八年去世。张居正对他蒙垢以殁颇为伤感。接任应天巡抚的胡执礼为宋仪望题请祭葬，张居正说这是厚道之举，公论难泯，谅无人反对。当年十二月，赐大理寺卿宋仪望祭葬如例。

万历五年五月中旬，经皇帝批准的户部裁定，没有以移文应天抚按的惯常形式下发，而是把丝绢银两数目分派各县，直接行文到徽州府。徽州府发出告示，于六月十一日到婺源县进行张挂。这如同重型炸弹，引爆了民众蕴积已久的不满之情。恰在此时，帅嘉谟从京城回到家乡，歙县人像对待从战场凯旋的英雄一样，绅民出动，"花红迎导"，压制五县，这无异火上浇油。

婺源是反抗将丝绢银加于五县的核心，程任卿等人强占紫阳书院，成立议事局后提出，五县每粮一石收银六分，作为议事局的活动经费，他唯恐各县不交，倡言道："丝绢原系歙县办理，今如何让我五县代赔。但有里排一名不出，我等赶上其门，有一县不来，我等赶入其县。"他将此倡言遍传乡镇，一时间五县人聚集起来。他们还派出代表前往各县，约定时间竖起"激变"旗帜，蛊惑各县躁动。程任卿与汪时所各造大旗一面，上面写道："以户部而操户权，以歙人而行歙私"，然后将旗竖立在县市大街，又写了一百多张小帖，上写"英雄立功之秋，志士效义之日"，并在各集市张贴。代理婺源县知县的徽州府通判徐廷竹当时准备离开婺源，前往北京呈送进贺表文，数千婺源民众将他围住，强迫他回到县衙，要求向上代呈停止加派的呈词。他们还把婺源县丞强行带到紫阳书院，并要求其必须答应所提条件。还扬言，欲挖殷正茂祖坟、烧毁其老宅，一时聚集数千人。

除歙县外，休宁距离徽州府最近，又是此次加派额最多的县，在婺源的支持、指导下，休宁成为又一个民变中心。前去接署婺源知县的徽州府推官舒邦儒经过休宁时，全县数千人出动拦住其道路，呈上"歙逆恃户部而变户法，以歙人而行敛私"的批驳户部的文书，文书还有如果有权势者阻挠，不念百姓疾苦，"万民宁死必不顺从"的极为危险、极具煽动性的语言。他们竖旗鸣金，敲锣鼓噪，围住舒邦儒，要求他转达，同时还殴打、辱骂随行书吏。绩溪民众也向县衙提交申文，有"与其苛征遗患于后世，孰若披情尽死于今时"的恐吓之语。五县士民纷纷罢市、罢耕，公赋也不输纳。人情汹汹，一场民变即将爆发。在婺源乡居的原任尚宝司卿汪文辉向署理婺源知县舒邦儒呈送揭帖，忧心忡忡地说，婺源士民终日叫嚣，几致变乱，一夕九惊，唯求将其迫切之情通达于皇上。他担心朝廷明旨在前，万一户部以此上奏，朝廷据此处分，则民情愈激，溃决不收，百万生灵，肝脑涂地，误国误民，不知其祸何所终结。舒邦儒接到揭帖后，急招汪文辉一起商议处理民变。他随即向上呈报，认同汪文辉所说的民变由来，是因为户部尚书殷正茂议复应天巡抚的意见时，"径改杂派而摊丁丝，不由抚按，而出部议"，他希望不要"穷究五县首事之人"，否则"民心愈忿而愈不平，新安之区，将为戎马之场，而大祸不可言矣"。[15]

明朝赋予地方官较大权力，文法牵制及程序性约束远不像清朝那样。因此民变发生后，从县到府到道到省，各级官员处置险情整体上是及时而妥当的。他们纷纷出安民告示，承诺将五县诉求向上转达并力求解决，同时明令各安职业，言明如果继续喧闹，法律定会加身而不容宽贷。

徽州民变把殷正茂推到了舆论讨伐的最前面。南北两京言官纷纷上疏，指责他处理失当。殷正茂为此承受极大压力，他在自陈乞休疏中，讲述对丝绢事处理的来龙去脉和良苦用心，最后，他为自己的裁定进行了辩护：

> 均平赋役，臣之职也；务绝将来争端，臣之心也。里巷亲邻，呼号偏累，虽欲避之而不得，臣之责也；憨直寡谋，计是非不计利害，事虽确守典章，迹有似私于歙者，臣之罪也。至于激成啸聚一节，衣冠文物之区，古今未有之事。况通计公私丁口，一人一年不满一分，遂有拥众逼挟至于如此，在地方小民所必无有者，其中必有蛊弄愚民，摇动视静，以希胁从番（翻）异钦依者，非愚民之过，亦非臣之过也。[16]

殷正茂不愧惕厉中外的大臣，也不愧张居正对他的器重，这位进士同年有干济之才，文章功夫也了得。这篇短文堪称范文。自陈书中的点睛之笔是"胁从翻异钦依"的"衣冠"人物，从而把百姓和他本人脱然事外，并为此后的追责刑罪指出了方向。皇帝没有令他回乡，圣旨说：这事情已有旨了。卿宜安心供职，不准辞。

张居正从多个信源得到徽州民变的报告后，异常震惊，也感到非常愤慨。他立即从两方面应对：一面令应天巡抚、巡按查先年派额，从公商议开豁，务令轻重适宜；同时明令对为首倡乱者尽法重处，以振法纪。

应天巡抚胡执礼慑于地方各方面的压力，建议从轻处理闹事者。张居正显然不赞成，他认同殷正茂提出的"衣冠士族"在背后怂恿、蛊惑乃至使事态扩大的判断，对士子带头闹事极为气愤，给胡巡抚的回信令人不寒而栗，充满杀气，他说：

> 徽州丝绢事，明旨处分已尽，抚按诸君奉而行之可也。此事虽因殷石汀（殷正茂）议处欠当，但既奉钦依，则令由上出，乃不行申诉，辄纠众鼓噪，是抗王法也。此而不惩治，则天下效尤，渐不可长。当事者动以激变为言，挟众以胁朝廷，非所以佐天子振纪纲而齐海内也。且以北虏之强，南夷之犷，朝廷折棰而制之，皆反手挚颈絷致阙下。彼素称衣冠文物之区，渠敢反乎？有以待之，不足畏也。[17]

自此开始追查乡宦在民变中的罪责。殷正茂作为歙县的高官，他不断得到来自家乡的密报。他认为必有蛊惑愚弄者，虽然没有明指，但与张居正都心照不宣，认定余懋学在其中作用甚大。余是婺源人，他因在南京户科给事中任上，奏请行宽大之政，反对张居正改革，被革职为民，回到婺源后，正赶上丝绢案民变之发，张居正拟旨索拿主使者。

巡抚胡执礼、巡按耿鸣世按照朝廷要求，行令兵备道并徽州府捉拿要犯，但因惧怕豪右宦族，日久未报，后仅抓获数名，又不具详，为此于闰八月十五日出"查豪右牌面"，明确开具三款：丝绢原派若干数，做何处分；为首倡乱若干名，引何律例；豪右宦族若干名，某应请旨拿问，某应径拿问，要以遵明旨、排浮议、正纪纲、治横乱为主，限三日回报，毋得顾忌迟延。但三日之后，徽州并没有上报。故闰八月十八日，又行牌面，限三天回报。[18]

随后，张居正父亲病逝，朝廷因首辅夺情事波澜骤起。追拿徽州民变案中的豪右宦族陷入停止。巡抚胡执礼为此"行牌不下十数次矣，该府不速报，该道不转呈，违明旨而长乱萌，此殊不可晓也"。兵备道与徽州府态度的转变乃至消极抵抗，是否与庙堂之上的夺情风波有关联？虽无明证，但张居正备受指责的局面，显然给了道府官员抵制的底气。为此，胡执礼于当年岁末的最后一天，直接发出《再访豪右宪牌》，限定五日内开报，如果正月初十申文不到，先提首领官重究，各县知县观望依违，不着实遵行者，该府指名申参，该府如再故违，本院定行参论，此奉钦依紧切，见今考成事理严速、严速。[19]

徽州知府徐成位向婺源知县赵崇善、休宁知县行文，令其呈报豪右宦族姓名。但二县坚称首事要犯已经查拿，并无豪右之人主使，无凭开报。徐成位据此于万历六年正月初八回复巡抚说，徽州所属山川峭激，人民负气得于天性，今数犯已经拿究，倡乱渠魁已无漏网。[20]

因丝绢人丁而引发的民变案，后经胡执礼等题奏，刑部议准，婺源县民程任卿监候处决，生员汪时等十五人判处发遣、发落。

对此案的处理与民变事实的判处相比，属于轻判。因为张居正正因夺情风波处于极为不利的舆论风口，他不想扩大事态，以招致更大的反对；加之有人从中斡旋，故得以轻判。王锡爵、陆光祖、李世达等人都给胡执礼写信，劝他从轻处理；巡按御史耿鸣世从一开始就不主张重处。张居正去世后，据余懋学讲，民变发生后，都御史王篆曾给巡按御史写信，说他得到张居正书信，指余懋学与洪垣是婺源、休宁之乱的幕后操纵者，要严厉处置；殷正茂也直接给张居正写信，说婺源之乱是"二少年为之"，指余懋学与汪文辉为祸首。余懋学还在京城李世达处看到张居正的手书。

万历六年六月，张居正安葬父亲回到北京后，殷正茂致仕回乡。次年三月，经江南抚按官会议，徽州府人丁丝绢仍归歙县交纳，但歙县均平、岁办银等2,530两中，令歙县纳530两，其余2,000两由休宁、婺源等五县认纳，不必另行加派，由徽州府每年剩余军需银1,949抵解，所少50两并歙县均平、岁办银530两，由兵饷扣抵。自本年为始，明载《赋役全书》，永为定规。至此，这场持续多年的丝绢案画上各方都接受的休止符。

歙县虽然仍承纳丝绢人丁银，但事实上从均平、岁办银中减少了2,530两，五县名义摊征2,000两均平、岁办银，保全了朝廷令出法随的面子，实际由军需银抵消，五县纳银数额并没有事实上的增加。徽州府出了2,000两银子，维护了国家的权威。而被判处死刑的程任卿并没有被执行死刑。他在狱中写了一本书——《丝绢全书》，详尽记述了本案的经过。张居正去世十年后，经时任户部侍郎余懋学奏请，程任卿减刑戍边，程文烈、汪时等放回故里。时间仍是最后的审判者。

丝绢案对国家政策的走向颇有影响。胡执礼是陕西永昌卫（今甘肃永昌县）人，二十一岁中嘉靖三十八年进士，也是敢作敢为的官员。张居正重用他，既要保持江南政策的连续性，又要稳妥推进赋役改革。胡执礼在任三年，吸取了宋仪望的教训，做事更讲究方法策略，张居正对其予以肯定，说吴中乃国家财赋之区，一向苦于赋役不均，致使官民两困。此前宋仪望稍为整顿，谤议四起，但我对他更加信任。现在宋公经理的各项事业，赖胡公得以最后完成，希望益坚初志，以获永功。

明朝对江南的控制与反控制，是个颇有意义的大问题，可以从多重视角来探究。解决赋役不均，本有很强的民意基础，但在江南一些大府，权豪力量异常强大，他们能够影响乃至左右地方大政，又打出民意的旗帜，说"士"也是四民之一，岂能有怨不申！徐阶的同乡、华亭士人林景旸上疏胡执礼，申诉更定徭里贴役后，松江百姓役银负担过重，说如果真想利民，应从减少官吏费用上着手，而不应增加民众的供应。

万历七年十月，胡执礼处理完徽州丝绢案，升任户部侍郎。

承继隆庆时海瑞、朱大器的基础，经过宋仪望、胡执礼、孙光祐三任应天巡抚持续八年之久的江南赋役整顿，至万历初取得明显成效。万历九年，经孙光祐奏请，应天的做法被刊刻成文，同时在浙江等地推广。

便民利国第一事：一条鞭法

明朝的赋役改革，一方面来自中央的主动作为、引导及推动，另一方面也来自地方民众的要求和官员的实践，开始在个别地区以解决某项或某几项赋役问题为突破点，逐渐扩展，形成上下联动，最终通过张居正全面推动的一条鞭法，大收其功。

因明朝通常将赋役内各项名目称为条款，故一条鞭法的首要含义是合并赋税与徭役条款，化繁为简，用同一个或相近的标准编派赋役。有些地方难以做到统为一条编派，而用几条编派，故又简称条编（鞭）法。一条鞭法最初也是由地方相互仿效而逐渐推广的一种制度，它的名称有多种，内容也不尽相同。万历时山东人于慎行总结说：

> 条鞭者，一切之名，而非一定之名也。为粮不分廒口，总收分解，亦谓之条编；差不分户则上下，以丁为准，亦谓之条编；粮差合而为一，皆出于地，亦谓之条编；丁不分上下，一体出银，地不分上下，一体出银，此地之条编。[21]

于慎行概括了四种类型的一条鞭法。第一种是征收、解运上的合并，第二、三种是差役的合并，最后一种是赋与役的合并。著名经济史家梁方仲先生，综括各地一条鞭法的实施，将其分为四大项，而第一大项合并编派是其核心内容，它包括三个子项：一是各项差役合并（部分合并与全部合并）；二是各项税粮合并（田地种类及其科则合并，每一项税粮内各条款的合并与各项税粮的合并）；三是役与赋的合并，又分为役部分摊入赋内，役全部摊入赋内，随田地面积、粮额、粮银摊派役银。第二大项是合并征收，包括：征收期限合并，征收上管理的合并。第三大项是用银缴纳。第四大项是征收解运制度上的变化，从过去民收民解（由里甲征收、解送）改为官收官解。[22] 如此定义一条鞭法，凡属赋税科目的合并、徭役科目的合并，以及赋税与徭役各科目之间的合并，及征收方式的合并，都属于这一范畴。此赋役改革最初的出发点是解决役法繁重，赋役不均，民众无力承担的问题。

一条鞭法最早见于记载的是嘉靖九年，由大学士桂萼提出，经过户部讨论实施。嘉靖十六年，应天巡抚欧阳铎发现苏松地区田土差别不大，但征收的税负却相差二十倍，为此他实行统一税则，让税负差降下来，重的减耗米，征折色，轻的加耗米，征本色。嘉靖三十八年，潘季驯在广东巡按任上，将州县的地理位置、富庶程度作为里甲繁简的标准，令百姓按照丁力向官府交银，遇有各种差役，官来发银，由吏胥、里老承买，甲长止于在官勾摄公务，甲首全部放回归农。稍后，庞尚鹏任浙江巡抚时，改变过去粮、役分别征用的办法，实行统一征收。

张居正出任内阁首辅前，一条鞭法仅限于在个别省域试行，并没有在全国推广。张居正柄国后，他首先要改变国家财政入不敷出的状况，同时还要为王朝长治久安谋划部署。在他的观念中，社会财富是一个定量，私门日富、公家日贫的主要原因，是赋役制度在运行过程中出现的极有利于权贵阶层的偏向，如果不加以解决，必定引发更多威胁国家稳定的重大社会问题。与清丈田地相交错，一条鞭法在他的有序推进下得以在全国展开，至万历九年基本完成。梁方仲先生对一条鞭法进行了二十多年的研究，他的结论是：一条鞭法的盛行，自隆庆六年六月神宗即位，至万历十年间，也即张居正执政时期，有了长足的进展，当时河南、山东、湖广、北直隶等处都推行了一条鞭法。这种制度的建立是和张居正整顿吏治、锄抑豪强、编查户口、清丈田地等措施相配合的；并称张居正是推行一条鞭法最有功的人。在各省推行一条鞭法最有成绩的几个封疆大吏，都是张居正得意之人：早期一条鞭法创办人之一，于万历初年在江西积极推动一条鞭法的潘季驯；先在浙江后在福建等地推行一条鞭法最有名的庞尚鹏；由张居正擢用的应天巡抚宋仪望。

与清丈田地不同，一条鞭法不单是赋役制度的改革，更是一次社会各群体与国家权利义务关系的重新调整和确立，是对原有社会产品集中分配方式的改革，是一套整体系统。它直接涉及国家、土地所有者和民众三者的关系，与每个社会群体的利益息息相关，而不同的身份地位、家庭财产、劳动力状况的群体，对其认识、承受能力乃至反应也不一致；同时，明朝时期中国各地区发展很不平衡，南方与北方差别很大，对赋与役乃至各自不同科目的认识及承受程度，都会有很大差别。这也是一条鞭法实行过程中充满争议的社会经济背景，所以改革很难求得所有社会群体的满意。由此，张居正没有像全国清丈那样，制订带有强制性的"八法"，给出明确的时间表，并纳入官员的考核中，而是通过对一些省份在实施一条鞭法过程中所遇到的各种问题、疑难，提出带有全国意义的指导意见，从而体现了原则性与灵活性的协调与统一。江西与山东，一南一北，张居正都倾注了极大精力，这两地堪称一条鞭法落实的典型。

隆庆初，江西开始试行一条鞭法，由巡抚刘光济创议。他赴任前，徐阶对他说："江西父老为役重而苦久矣，莫如行一条鞭法更为便利。烦请你为朝廷试行。"刘一入省城，就令群吏讨论如何实行，但旬日已过，竟没有一人应承。恰巧此时，新建知县王以修自京城返回，去抚衙拜见，刘光济对他说："百姓困苦已极，一条鞭法，可以纾解民困吗？"王应声而答："此乃便民第一事。"刘巡抚担心知县有意迎合他，故意设题考察他是否真有灼见，说："那请你讲一讲，何以有这样的说法——一条鞭法利于民而不利于官，利于巨室大户而不利于升斗小民？"王以修撩起衣服，振振有词地说："过去征敛无穷，费出多门，民众以此甚苦；新法得行，则费用减省，在上者不用频繁下令，百姓也只对一知县负责，这是对民众有利。过去政绪如毛，群奸四出，官也以此为苦；新法得行，则案牍少而事务减，知县执一以御百，这是对官有利。以往征税将期，竞趋为便，富者货迤，豪者贿书吏，而巨室病；新法行，则征有定算，狡猾的吏掾也不能上下其手，田连阡陌者可坐收其利，这是巨室之利。过去巨室以计规免大役，势必派及百姓，后者变卖家产也不足以承担大役的十分之一，而小民病；新法行则赋役承担相差无几，百姓安枕而卧，这对小民有利。"听了这番话，刘光济下定决心，对王知县说："新法已在我的目标里，需要你为此尽心。"刘光济想，如果豪右不想实行，府吏胥徒因新法断了舞弊生财的路，也不欲行，新法就会胎死腹中。他去守制里居南昌的万恭家拜访，二人进行了如下对话。

万恭："一条鞭乃良法，与父老休息，尽格不得行，奈何？"

刘光济："督征粮储的说，'吾负责征收赋税，但每年都有欠赋。实行一条鞭法，如何能够征到役钱，又不妨碍赋税征收？'因此官吏讨论的结果，是不便于实行。"

万恭："如此做法，诚然不便。分开征收是否可行？令里甲催征者督赋，由粮储道主持；而当年督征役钱，由州县官主持。"

刘光济："善。旧法管仓库的人，都是令富民负责，由他们掌管出纳，富有的人不堪负担，甚至把仓库的储物拿到集市去卖，官府也不管。按照现今的办法，令等待缺位的吏掾替代富民，吏掾为此极为恐惧，竟然有上吊自杀的。吏役讨论的结果，也是不便于实行。"

万恭："如此诚然不便。你可以反过来体会吗？吏掾都是岁役而给报酬，富民都是罢役而输纳缗钱。官员依靠吏掾的效劳酬谢，这是按规矩行事，因而即速赏之，缺掾即等同于归市。"

刘光济："善。只是赋役绝大多数都是向官府输纳，奸猾之吏在此舞文弄墨，账册版籍无法一一核查，不可核查就让官员感到弊端重重；再者豪右宦族向官府输纳往往不按时，而且也不足额输纳，势必不得不先迫使贫弱之户输纳，而后才涉及豪右宦族，如此则病民。吏议不便。"

万恭："如此诚然不便。不如制作格册，把丁税全数列在上端，而把赋役输纳数额撮于下方。里胥执持格册征收，主管官员就按照格册来比对查验，吏掾不敢上下其手，官员看民众是输纳还是欠缴，一目了然。"

刘光济的所有疑惑顿解，于是召集抚州同知包大燿、南昌府推官张守约、吉安府推官郑恭、新建知县王以修等七八人，将他们封闭在一个院落里，历时两个多月，由包大燿汇总，共拟二十四议呈给巡抚，巡抚将其又驳二十四议返回，并令包同知每天回报一议，巡抚每天批答可否。完成后，巡抚悬挂在衙门内署壁上，每天仰而读，俯而思，历时一个月，于是选定南昌、新建二县试行一条鞭法。此时，刘光济已为此事鬓发加白。万恭说："为我江西父老鞠躬尽瘁，刘公受苦了。今年姑且由二县试行，如果成功，明年在全省七十多县全部推行，如何？"经过在首县南昌试行八天，裁革冗繁数百役，节省耗费银7,000两。但诋毁包大燿的谤书充满大堂，诬告信堆满几案。刘光济不为所动，于是下令说：江西父老不苦于赋税而苦于徭役。赋税全部照旧不改，难的是在徭役，小民把所有应出的徭役折算成钱交纳给官府，官府拿这部分钱再向小民雇役。如此一变换，小民即便老死，也不需要自己亲身到官府服徭役。对于那些鳏寡孤独、羸弱无力的，将他们应输纳的钱附于里胥上，称为"带输"。统合起来为四差。以银输官的，南昌27,000两有余，新建12,000两。身一丁，征一钱四分；税一石，征一钱八分。自此小民再没有亲身投役之苦，没有被迫变卖家产的忧虑，民间也没有愁叹哀苦之声，也没有贿赂侵渔之患，父老全都脱于水火。

第二年，一条鞭法大定，南昌知府丁应璧请求在首府试行。包大燿也在府一级考核中取得第一，升京辅少府。隆庆四年，全省推行，江西七十州县划一而办。万恭向刘光济道贺，刘答说："尚未完成，此所以安农村也，正在筹划如何在城镇推广。"于是又创行坊甲条鞭法。其法一如里甲法，尽输钱，尽雇役。百姓说："二百年民不聊生，刘公现在救了我们！"他们扶老携幼，前来抚署感谢的人有上万。刘光济说："尚未完成。我再筹划如何在边远地方实行。"于是创禁约铺行法，乃火牌列籍，官与民平价交易。商人说："二百年不帖席，今生我，生我！"

万恭总结一条鞭法在江西开始试行，刘光济落落寡合，官吏都断定必不可成。第一年试行，肯定的仅十分之一；第二年，赞成者居一半。第三年，朝廷允其议，吏民乐其便。而此时主持朝政的是高拱、张居正。故史书记载，内阁大臣高拱、张居正会同户部一起商议讨论，让一条鞭法在全省通行，海内至今遵守。

隆庆四年户部题准：

> 江西布政司所属府州县各项差役，逐一较量轻重：系力差者，计其代当工食之费，量为增减；系银差者，则计其扛解交纳之费，加以增耗。通计一岁共用银若干，照依丁粮编派，开载各户由帖，立限征收。其往年编某为某役，某为头户、帖户者，尽行查革。如有丁无粮者，编为下户，仍纳户银；有丁有粮者，编为中户；及粮多丁少与丁、粮俱多者，编为上户。俱照丁、粮并纳。编为定例。[23]

万历《会典》在以上文字后加注："此一条鞭法之始。"

江西实行的一条鞭法，第一是役法的合并，过去十年一轮的里甲正役已不复存在。虽然里甲役有"一劳九逸"的说法，但一劳足以导致家破人亡。有人形容说，一年重役如举万钧，民力已竭，不如将万钧分在十年，一年举千钧，虽无九年之逸，但也无一年之毙命。第二，纳银由官府雇役成为普遍形式，使得里甲人户从超强制劳役的束缚中解脱出来，当时人形象地说，其银一完，一年无官吏追呼之扰，四民得以各安其业。同时，过去因数十户朋为一役，募役则给登记赋税数额的票据——由帖，取讨工食，穷乡僻壤之民，不能抗积滑，户户被扰，鸡犬不宁。通过这次役法合并，以上弊害完全革除。第三，课役的主要对象向资产（即土地）转移。在户等的划分中，人丁已退居次要地位，而地粮上升为主要地位。第四是役的编征方式，由过去以粮区的计算方法，代之以州县作为统一的编征单位。

江西的一条鞭法仍有缺陷，即赋税仍单独征收。即便如此，每有大吏更代，势豪即以病官劳富而民安逸欲行改复。父老担心刘光济离去，而一条鞭法解散，里粮匍匐阙下，纷纷疏请留任。隆庆四年六月，刘光济升为南京户部侍郎。他离开江西时，数万百姓手执旗幡，遮道号泣相送。父老为他建造青云楼，绘制肖像、泥塑祈祷。民有疾苦，奔来祷之，以求应验。

万历元年，凌云翼接任江西巡抚，势豪故伎重演，百姓汹汹不安，凌云翼令属官将一条鞭法定例案牍抱来，说："江西父老苦役苛法久矣，即便已过去多少年，可知莫如一条鞭法更合宜，今后敢有言改变的，罪无赦。"他沿用刘光济之法，由官雇役，百姓只持一钱，获一年之安；富室大户，只输官银，无破产之忧。

南昌知县林云原任首县已四年，凌云翼上其功于吏部，南昌父老舍不得他，说："一条鞭者，是大中丞刘公之良法，吏胥恶其不利己，数欲变易，吏意若猬，侯守如山。四年官无积逋，民鲜追呼，今去矣，孰有为我布法如侯定者？"

至万历五年，江西又不能守一条鞭法，数议变更。百姓愁苦，莫必旦夕之命。奸猾与吏因缘为非。张居正亟请潘季驯巡抚江西。次年，定一条鞭法，严保甲，清驿传，把驿站银合并到一条鞭法里征收，从而开启赋与役合并的进程。他还疏通万历制钱。江西也成为较早完成一条鞭法并坚持不变的省份之一。百姓对新法非常拥护，为之编歌谣传唱：

鞭法便天下，

保甲甲天下，

驿传传天下，

钱法法天下。

　　张居正在江西，重在保持政策的连续性，他选定的巡抚等主要官员，都是坚守、推进一条鞭法的能员。万恭后来记述说：继刘光济为巡抚的徐栻、凌云翼，全都遵刘光济条鞭法，守而勿失，父老愈加安宁如一。再加上后来的杨成巡抚，三人诚意爱民，施仁政而不以因袭前官为嫌！其后还有潘季驯等一长串官员的名字。在新官上任三板斧的古代，固守前官所定之政，不折腾百姓，何尝不是最大的仁政啊！万恭说，我之所以不厌其烦——记录他们的事迹，就是要告诉当政者，必须心存敬畏，敬畏人心所向乃是施政的着力点所在，且以观察以后的风气啊。

　　梁方仲先生还特别注意到，推行条鞭法最有功绩的几个重要人物，都是来自国际贸易较盛，有大量银圆输入的南方沿海各省，如蔡克廉是福建晋江人，潘季驯是浙江乌程人，王宗沐是浙江临海人，周如斗是浙江余姚人，刘光济是常州府江阴县人，庞尚鹏是广东南海人，海瑞是琼州府琼山人，而反对一条鞭法的多数是北方人。

　　由此在北方推行一条鞭法，将面临更大的阻力。山东是张居正倾力推进一条鞭法的省份。嘉靖中期，山东赋税收入仅次于南直隶，排在全国第二位；又因其密迩京畿，税粮起运涉及在京很多衙门，除京仓外，还有光禄寺、神乐观、训象所等数十个衙署、地方的承应；又是漕运里程最长、闸河最多、需要大量人夫驳船挽运的有漕省份，修筑河工的经费、人夫，乃至官员的精力，多半灌注于漕。张居正自入阁后，对山东大吏极为在意。

　　山东试行一条鞭法，在嘉靖三十年以后既已开始，并从赋税科目和均徭役法合并两方面着手，但时行时止。现存《山东经会录》保存的嘉靖后期至隆庆时山东各项赋税、劳役的由来及变化，以及一条鞭法试行的情况非常详细。据肥城知县万鹏程等呈，嘉靖四十二年，夏税内农桑折绢、税丝、本色丝、丝绵四项共银25,148两，每年俱在一条鞭之外各另派征，他请求与其余钱粮俱为一条鞭，每石折增不过分厘，不唯便民，抑且革弊，况上年已试行一次。就赋税与均徭合并而言，因岁岁不同，虽官府也不能纤悉查算，小民无从知悉，又黄蜡、柴炭、颜料之属，原来派于均徭，逐末者也应有分，今入田亩中，富商大贾脱然无与，而农家之苦又增一倍。但山东巡抚等主要官员意见不一，且山东籍官员反对尤多。隆庆元年四月，山东德平人、户部尚书葛守礼上奏提出，一条鞭法以田地承办徭役，使土地负担增加，而又不对工商业者实行，必将使百姓弃本务末，故不适宜在北方实行：

> 今不论籍之上下，惟计田之多寡，故民皆弃田以避役，且河之南北，山之东西，土地硗瘠，岁入甚寡，正赋尚不能给，刻复重之以差役乎？往臣在河南，亲睹其害，近且行之直隶，浸淫及于山东矣。山东沂、费、郯、滕之间，荒田弥望，招垦莫有应者。今行此法，将举山东为沂、费、郯、滕也。……一条鞭法不论仓口，不开石数，止开每亩该银若干，吏书因缘为奸，增减洒派，弊端百出。……且钱粮必分数明而后稽查审，今混而为一，是为那移者地也，不惟不便于民，抑不便于官。宜敕所司查复旧规，其一条鞭等法，悉为停罢，庶税额均而征派便矣。[24]

葛守礼是嘉靖八年进士，为官清廉正派，在朝中极有威望。当时畿辅、山东出现大量流民，他的上奏是针对整个北方地区。户部是掌管国家钱粮之所在，朝廷采纳了他的意见，"兹所奏，悉举行"，这是北方第一次全面叫停一条鞭法。

北方编差是以门、丁、事、产四种作为标准，"事"与"产"相当于动产和不动产，与丁构成门的等第，因此，门代表一户的财产状况和社会职业的位置。北方通常将田地包括在"产"这一项中，不再独立提出，在上、中、下三等户的划分中，田产远没有南方重要。地域的差别由此显现，吴、蜀以雇役为便，秦、晋之民以差役为便。上等户即富裕之家，以直接当差为病；而贫困之家，一身以外别无长物，出力为便，如果定要征银，只好逃亡。

葛守礼在户部尚书任，时间不足一年，就以乞养母亲为名回乡了。其后，山东一些州县又开始试行一条鞭法，但又遭到巡抚等地方大吏的反对。梁梦龙是北直隶真定人，张居正的门生，隆庆四年接任山东巡抚，也极言一条鞭法之害，说均徭正额，派入地亩，偏累农家，抛荒流徙，就是因此之故，请仍旧编派。事情闹到中央，户部尚书刘体乾题请，咨行山东巡抚、巡按，严行司府州县掌印官，务要查审迩来一条鞭法，如果于民无便，即便虚心酌议停止。以后两直隶、十三布政司府州县官，不许擅将成法变易，如果有十分利弊，所当兴革者，亦须申呈抚按，奏请定夺，违者在外则抚按，在内则该科及本部，参究治罪。[25]以上记载，未见《实录》等官书，说明一条鞭法于隆庆四年在全国暂停，并将此项赋役改革纳入中央权限，而非由地方试行。当然，已经实行的南方并未完全停止。次年十一月，梁梦龙调任河南巡抚。

隆庆年间对北方一条鞭法的争论，以及朝廷数次明令叫停，对张居正有重要影响。万历二至五年，陕西泾阳人李世达任山东巡抚，因南方多省已实行一条鞭法，山东也开始试行。东阿知县白栋是陕西榆林人，隆庆五年进士,出任东阿知县后,于万历二年在该县推行一条鞭法,具体做法是:编徭之时,核定该县在册丁地,及一年赋役,每地一亩,征银一分一厘,差银九厘二毫;每人一丁,征银一钱三分,而夏税秋粮、均徭里甲之额数,全部包括在内,实现赋役合并,并实行官收官解;又把力差全部改为银差,使得民间最苦的大户、头役全部免除。但这一做法遭到反对。

万历五年正月,户科都给事中光懋上疏,说嘉靖末年创立条鞭法,不分人户贫富一例摊派,不论仓口轻重一并夥收,其至将银、力二差与户口盐钞全部合并于地亩征收,而丁力反不在其中,致使商贾享逐末之利,农民丧乐生之心,然其法在江南犹有称其便者,而最不便于江北。如近日东阿知县白栋行之山东,人心惊惶,欲弃地产以避之。请敕有司,赋仍三等,差由户丁,并将白栋记过、劣处。户部采纳了光懋的意见,请今后江北赋役,照各旧例,在江南者,听抚按酌议。[26]

此时的户部尚书是殷正茂,他与张居正是进士同年,又坚定支持改革。但对北方实行一条鞭法,他仍持反对意见,并说"各照旧例",即不改变原来的赋役征收制度。张居正派人调查,得知白栋为官素来很得民心,不希望北方再次叫停一条鞭法。于是拟旨:法贵宜民,何分南北?各抚按悉心计议,因地所宜,听从民便,不许一例强行。命白栋照旧供职。

张居正拟旨保护白栋,并反复与山东巡抚李世达交换意见,李世达复信,历数白栋为官深得民心。张居正颇感欣慰,复信说:一条鞭法,近来朝廷降旨,已包括各种情况、事理,其中有说不便的也只有十分之一二。法当宜民,政以人举,百姓如果认为适宜,又何必分什么南北?白栋县令访知他为官素有善政,故以特旨保留原职。你来信为他申辩昭雪,非常契合公论的期待,遗憾的是你没有向朝廷公开倡言,而单独给我个人写信。天下至大，非一手一足之力所能成。"仆今不难破家沉族，以徇公家之务；而一时士大夫，乃不为之分谤任怨，以图共济，亦将奈之何哉？计独有力竭而死已矣。"[27]

张居正的担当、坦诚，深深打动了李世达，他深自引咎，向张居正表态，一定锐意有为。张居正复信说，人不激不逼，岂能有所建树！我日前回复你的书信，也是诚然有激于内心啊。至于你说的现在国家财赋并非因国用繁多而困窘，而是因士大夫奢侈放纵、毫无节制而亏缺。这真是为膏肓之症开出的药石良方。以下奉上是臣民的职分所在，而士大夫又是朝廷用以治民的人，现在却损公肥私，岂不令人感叹。只是积习沉痼已久，非严厉惩治不能挽回。为国家振久颓积习，建百世之利，现在正当其时。

在张居正的保护下，白栋在东阿县继续推行一条鞭法。一年后，从四处逃回、迁移及自首归业的，有一万一千多家，百姓为白栋建生祠，每年按时祷祀不绝。"后司国计者以为便，遂著为令甲。山陬海澨，罔不尽然，一囊于此法。"[28]白栋实行的一条鞭法在山东全省逐渐推广开来。

曹县的情况与东阿县类似。一条鞭法实行前，吏胥征派徭役时，下乡需索，往往把所有值钱的搜刮一空，称为"攒回流"，百姓不胜其扰，故有"家有二顷田，头枕衙门眠"之谣。万历三年，知县王圻到任后，实行一条鞭法，一切照丁地征银，官府出钱雇役，百姓颇以为便。但因得罪权贵，不久贬官而去，当地百姓、里老三千多人，前往巡抚、巡按衙门恳请留任，以使一条鞭法得以实施。巡抚李世达为王圻展限九个月后再转任。王圻于是从万历四年开始，就一条鞭法的所有疑难问题，向上司逐条申详，等到允许实行的批复下来，已经是十二月底了。一条鞭法实行后，曹县百姓"始有其身家。当是时，里无追呼，号称极治"。编纂于清初的《曹县志》评价说，自王圻在曹县实行一条鞭法后，"至今七八十年，时势虽极多端，而户田、税粮、徭役、里甲、岁办诸政，犹以王圻为准，不能更张易治也，则其法可知也"。顾炎武在《天下郡国利病书》中，全文收录了王圻于万历四年十月申详上司的《平赋问答》，为深入了解一条鞭法在山东实施之所以纷争不已，提供了不同视角。该问答以解惑答疑形式呈现，语言简练，浅近易懂，大意如次：

问：一条鞭法，革除大户，禁止打讨，民称其便，并且把审核户则、编派徭役的旧规全部去掉，会不会出现乖张悖谬呢？

答：户则的高低，不外于丁地，以赀（资）产而论的，仅有千百分之一二。现在户则虽然不再审核，而计丁计亩征银，丁地多者出银多，丁地少者出银少，户则高下，已实际包括在其中了；虽然不再编派徭役，而用征解的银两雇人应役，成规井井不乱，哪里会有乖张悖谬呢。

问：如果确实如你说的这样，这确是宜民之政，那么，为什么还会有诋毁反对的？

答：说一条鞭法并无不便的都是穷乡细民，没有积蓄的人户。说一条鞭法不便的大约有四类：一是上户地多，无路诡避；二是各项应募，无计多取；三是积年里书，无名需索；四是市井棍徒，无缘包揽。因此故意诋毁，倡为它说，以图阴坏此法。作为亲民之官，只应庇护细民，不要被群小的訾议所摇惑了。

问：一条鞭法在其他地方也能通行，这方是良法。照此道理，这个州县既然说没有窒碍，那么，其他州县应该也没有说不便的。但现在的情况却是，有人认为曹县可以实行，其他州县不可实行，这又是什么道理呢？

答：山东州县有贫富，地里有广狭，而额派粮差全都如此，并无不同，岂有适合于此，而不适宜于彼的道理？！富庶的州县可以实行，而贫瘠州县的审编，难道单单不以地亩来划定吗？！地域宽广的州县可以实行，而狭小州县的粮差，难道能够单单舍本州县而到别处去征派吗?! 虽然说门丁有银，户则有银，而门丁、户则的高下亦不过根据地亩而划分等次啊。大体说来，打讨之法，便于募人，便于里书，而不便于小民；平赋之法，银有定数，差有定额，便于小民，而不便于官府，不便于里书与募人。这就是对一条鞭法纷纷论争而意见不一的原因。现在曹县的士人和百姓对一条鞭法没有异议，就可以在曹县实行，至于在其他州县便与不便，为什么要考虑呢!

问：据你所言，一条鞭法果然可以实行了，如果没有善后之策，又将奈何?

答：苛索有罚，包揽有禁，征收有时，出纳以公，又勿轻于加派，一条鞭法虽然世代遵守，也完全可以；否则，朝令而夕改，就会出现很多弊端。以后出任曹县知县的人，要谨记于此。[29]

山东全省推广一条鞭法，乡官也有反对的。杨巍是山东武定府海丰县（今山东滨州无棣县）人，张居正的同年进士，为官正派，万历二年回到家乡。万历五年，山东正在全面推行一条鞭法，杨巍给张居正写信，说一条鞭法只对士大夫有利，对百姓不利。张居正向他耐心解释朝廷的初衷，说一条鞭法有极言其便的，有极言其不便的，有言利害相半的，我的思考是，政以人举，法贵宜民，执此例彼，俱非通论，朝廷制定政策的出发点，只是想爱养百姓，使之省便，岂能为一切之政以困百姓! 如果真的像杨公信中所说的，一条鞭法只有利于士大夫，而对小民有害处的话，这岂不是与朝廷厚养百姓的初衷相违背! 杨公既然灼知一条鞭法不便于百姓，自应告知山东抚按等当事官员，遵奉近旨停下来。至于我本人，对于天下所有事情，则不敢有一毫先入为主的成心，可否兴举，顺天下之公而已。

一条鞭法除了合并赋役征收科目及其程序，将部分丁银摊入地亩征收外，还有一项重要内容，是将力差全部改为银差。因为土地收入在北方占比少，力差改银差后，每一人户都要出银由官府雇役，这就使得他们要把谷物等农产品拿到市场上出售，换取银两向官府缴银。有人认为这是对农户的双重盘剥，上疏反对。万历五年十一月，给事中郑秉性奏称：实行均徭的好处，在于十年一编，调停贫富差别，而其不好处在于，执行均徭的人把富户放掉而派差贫户；一条鞭法的好处，在于革除库子、斗级、里长支应，而其不好处在于全部征银，贫富没有差别。他建议恢复银差和力差，审户等以定则，银差则编上户以至上中，力差则编下户以至中下，仍十年一轮，以恢复祖宗的旧制。郑秉性并非"守旧派"，他认为富裕的上等户不愿亲身应役，由他们出银雇役是恰当的，而对贫困的中下户，他们没有积蓄，只有劳动力，因此把力差派给他们是适宜的。户部尚书殷正茂议复时，肯定郑秉性的上奏，说条鞭一例征银，使下地与上地同科，贫民与富民同役，法之不均，莫甚于此，请把郑秉性的条奏交各省地方官讨论拿出办法，报请中央。

户部的做法，极有可能使赋役改革回到原点，一条鞭法有搁置的危险。张居正推行一条鞭法的原则是，允许各省试行，不强制推行，让时间和百姓给出答案。但他意识到，如果交由各省大吏讨论，会让政策摇摆不定，造成对新法的冲击，最终还是要民众为其反复买单。故此他拟旨：条鞭之法，前旨听从民便，原未欲一概通行，不必再议。

江陵是张居正的家乡。知县朱正色是万历二年进士，北直隶人，万历四年到任，试行一条鞭法，同样遭到反对，湖广巡按向程把意见反映给张居正。张居正肯定朱正色均差之议，称赞他是良吏，并说一条鞭法近来也有称其不便者，而我认为执行法令关键在人，又贵在因地制宜。

在张居正的推进下，南方所有省份，北方的山东、山西、北直隶都在万历十年前实行了一条鞭法，赋役制度改革取得了极大成功。赋税的合并，改变了过去夏税、秋粮每年两次征收的方式，合并为一次完成征收，极大简化了征收的手续，而且，赋税从此以货币白银作为主要征收对象。就徭役而言，一条鞭法实行后，里甲正役不再区分名目、用途，统一征银，编审期限由原来的十年一编，缩短为或五年一编或三年一编，甚至每年一编；同时，力差、银差虽然保留名目上的区分，但已没有实际差别，全部统一征银；再者，里甲与均徭合并征银。[30]自此，除苏松嘉湖杭等仍然以本色（实物）供应漕粮外，其余田赋、丁役等所有项目一律征银，不但基本实现了赋役合并，而且扩大了赋役征收中货币的比重。自此，束缚民众几千年的"役"，其原本之义已不复存在。尽管自明英宗正统时期银已广泛使用，但以银为本位的货币制度的确立，是从全面实行一条鞭法开始的。这既是商品经济发展的产物，反过来又极大促进了商品经济的发展，积极意义巨大，影响深远。

张居正去世后，一条鞭法虽有争论，但其推行有极为广泛的民众基础，因而至万历二十年以前，几乎推行到全国，其地位再也不能撼动，以后的问题便不再是存废的问题，而是如何将其巩固的问题。[31]

魏源是清朝嘉道时期著名的思想家，也是最早开眼看世界的人。他提出"变古愈尽，便民愈甚"，认为与古代的做法脱离得越彻底，就越有利于百姓，即使圣王重新兴起，也不能舍去一条鞭法而回到两税法。他对一条鞭法给予极高评价。事实上，清朝康熙末年把丁银数固定下来，以后"滋生人丁，永不加赋"，雍正时又把丁银全部摊入地亩征收，带来清朝的极盛，论其基础，仍是张居正万历初期在全国推行的一条鞭法。

整顿驿递，为民减负

万历三年初，应天府江东马驿一片忙乱，一个官员模样的人在多名随从扈从下，从马驿起马，一路向西，经河南、陕西，沿途在数十个驿站换乘驿马，并有上好招待，历时三个多月，于四月中旬到达甘州（今甘肃张掖）。

由于嘉峪关通往西域的七卫或陷落或内迁，甘州成为明朝九边重镇甘肃巡抚所在地。数月前，因巡抚廖逢节多次拒绝蒙古开市的请求，致使俺答一再向宣大总督方逢时告状，张居正认为廖巡抚不达事变，拒绝开市不过是推诿避患，并非为国家考虑，遂向万历帝推荐应天府尹侯东莱接替他。或许皇帝听到了关于侯东莱的非议，没有当即谕允。数日后，张居正得知，人们说侯某人好以智自免，是不肯任事的人。如此的话，更换巡抚大员就不能取得效果。但张居正对识人颇有自信，在他的坚持下，侯东莱从应天府到任。张居正接连给他写了三封信，一再强调西凉重镇、蒙、番杂居，措划稍有差池，便坏边事，必仰仗雄才，方得治理。

此次从应天马驿出发，骑行数千里到甘州镇的人，莫非有什么军国大事？并不是。更不可思议的是，他们携带的是一本假勘合*。而何以一本假勘合能够畅通无阻，经过数十个驿站都没有被发觉？是否另有图谋？侯东莱没有迟疑，立即将此事向朝廷上报，同时把假勘合一并呈上。五月二十三日，张居正以皇帝口吻拟了较长的条旨，命经过地方通行查究。

尽管公驿私用早已司空见惯，但从南京到西北，跨越四五个行省，

---

* 勘合：用来查验的符契，上盖印信，分为两半，使用时出具，由过往关卡查验。

经数十个驿站，历时数月，这份假勘合竟无人发觉。此事在皇帝谕旨下达追查令后，引起不小的震动。

多少年来，王朝的行政运转严重依赖以上督下。六月初三，山西又发现窜改勘合、捏造封号、增添件数的事情，缴至礼部后，尚书万士和请把这个案子交回山西，提究原领勘合官张贤。张居正对礼部的做法颇为不满。这次拟旨更加严厉，不但令巡抚将勘合官张贤提捕，并把以前各起所犯置之重典，且把问题的症结指向了礼部：

> 奸徒作弊惯熟，你部里积年书吏，未必不与通同，今后著照前旨，严加访察，有稔恶不悛的，即便擎送法司，从重问拟，无得曲徇，自损名节。[32]

驿递勘合涉及军国要政，归兵部管理，它的意义绝非简单的驿站所能含括。尚书谭纶是坚定支持张居正改革的朝廷重臣，他反应极快，当即拟定了十几条整顿驿递的意见，呈交朝廷实施。二十七日，自大明开国以来最严格的驿政新法正式启动。皇帝下旨，内容主要有四项，前三项压缩使用范围，严格执行使用标准，最后一项是落实责任：

一、今后官员人等，非奉公差不许借行勘合；

二、非系军务不许擅用金鼓旗号；

三、虽系公差人员，若轿杠夫马过溢本数者，不问是何衙门，俱不许应付；

四、抚按官故违明旨，仍蹈前弊不着实清查的，你部里并该科，务要指实参治，庶题奏不为虚文，疲民得沾实惠。若部、科相率欺隐，朝廷别有所闻，定行一体治罪，决不轻贷。

随即又修改刑法。对违反驿递使用的处以刑罚，包括多乘一船一马，杖八十，每多一船一马加一等；指称勋戚、文武大臣、近侍官员、姻党族属家人名目扰害驿递，及希图免税，诓骗违法者，枷号充军；出使人员强索廪给以枉法论赃定罪；等等。

与此同时，扩大驿传官员的权力范围，依照提学兵备等道事例，在大明历史上第一次给各省驿传道专制关防的权力，同时赋予他们举报监察权和处置权。对勘合的编发也严格控制。万历三年定，分发巡抚、巡按等衙门勘合，不过二十五道，总兵等官不过四五道。其勘合行使入境，悉听抚按挂号，据法减革。严格规范勘合使用：改用大小勘合，公差官员例该给付廪给、夫马、车船者，照旧填写大勘合；经过镇城，由驿传道查验，自京城出发的，回日赴部投缴，年终按类汇缴，自外入京者，也相应查验、汇缴；直隶地方由抚按亲验无伪，方准挂号应付，沿途由兵备官验发，即在勘合空白处填写。除大勘合外，还置长单，自起程至公干地方，各经过官署，填注供应数目在各项之下，用印加盖，俟类缴之日，兵部委派主事同兵科查对，有违例者指名参奏。

史家把驿递新政概括为"官吏非奉公遣不许乘驿传"。如此一来，官员大呼不便，说公卿群吏与商旅无别。驿传新政发布两个多月后，给事中萧崇业为官员发声，朝廷将他罚俸半年，重申今后勘合凡系公差人役，必须全部实填职名，不许假借。

张居正一贯秉承"为政必贵身先"的原则，他给江南北、家乡湖广等大吏普遍打招呼，凡是以张家名义招摇撞骗使用驿递的，不管真假，一律严惩。

当年冬天，张居正遣仆人回老家为老亲祝寿，不敢与沿途官员打招呼，仆人身负仪物，策蹇而行。次年，张居正的小儿张懋修回籍，参加丙子科乡试，自行雇人。万历八年，张居正的弟弟张居谦在北京去世，被送回湖北安葬，保定巡抚张卤送给勘合，乘坐公家驿递，张居正得知后自己出钱补足。张家有个顽仆,擅自行飞票,骑坐官马,张居正得知后将其送到锦衣卫拷打一百,同行者全部发往原籍重究。张居正对张卤解释说,自己忝列执政大臣,为朝廷行法,不敢不以身作则。保定乃南北往返孔道,以后希望理解鄙人的意图,凡属家人往来,有非法使用勘合的,立即擒治,不要曲徇其请,以重仆违法之罪。

张居正唯一一次没有处理的是伴送母亲进京沿途骚扰驿递的家奴。张居正回乡葬父后,其母奉皇太后慈命,自家乡荆州进京。因高年体弱,走走停停,有时走水路,有时走旱路。万历六年秋,一路到高邮。此时知州吴显正奉命在高邮所属的孟城、界首两驿,令手下盘查非法使用驿递的人。此时朝廷厉行驿禁,首辅母亲过州治,竟然动用驿夫八百余名,吴显执法,大加裁减。相府家奴入署责骂,随后又徐徐引诱吴显上了他的船,喝令几个婢女把吴显的州印夺去,吴显被激怒,气愤地说:"我奉你家相君之法,为何难我也?!"州府官员急忙向监司求救,监司急驰解劝,家奴才罢休。柄国宰相家奴大闹州署的事情,一路传得比驿递还快。张居正得知后,以孝母为由,竟也不问。

为顺利推动驿传新法,皇帝也做出表率。万历大婚后,两年多尚无子嗣诞生,这牵涉皇嗣绵延的问题,引起朝野关注。万历七年,皇太后遣皇亲去武当山为皇帝祈嗣,竟不敢乘驿传,往来皆宿食旅舍。

明朝自京师达于四方,设有驿传,在京称"会同馆",在外称"水马驿",并递运所,以便公差人员往来,其间有军情重务,必给符验*以防诈伪,至于公文递送,又置铺舍以免稽迟。使用驿递分为勘合、符验、

---

* 符验:又称符节,一种纸制的证件,上面多加盖"制造之宝",载有固定的制词,如"皇帝圣旨:公差人员经过驿站,持此符验,方许应付马匹。如无此符,擅便给驿,各驿官吏不行执法、徇情应付者,俱各治以重罪,宜令准此"。下载有年月日、使用马匹数额及到达地点等内容。

火牌*、马票**四等。由此，驿传具有传递国家公文、军报，转运军需物品，以及方便官员往来三大主要功能。

对于幅员广阔的集权制国家而言，驿递是构成统治基础的重要一环。兵部车驾司是其主管单位，设有郎中、员外郎、主事等官。地方由布政使、按察使兼管，驿传道由专职负责，府州县设有驿丞。京师会同馆共设九馆，北馆六个，南馆三个，馆夫四百人。自京师至十三布政司皆有发达通畅的驿路，北京至南京、浙江、福建，至江西、广东，至河南、湖广、广西，至陕西、四川，至贵州、云南，至山东、山西，是六条主干线。而京师至每一站距离皆标有准确里程。全国设驿站一千九百多个，每个驿站设有马匹、人夫、车船，依据位置冲要，每站备设马匹三十到八十匹不等，船十、十五、二十只不等。所有夫役、供应全部来自民间，称佥编夫役。由此驿夫成为徭役的重要科目之一，并列四差之一。其钱粮皆出于随处丁亩，冲繁之地由附近州县协济。

洪武二十六年定驿递使用范围，即应合给驿例非常有限，仅有六项：传递皇帝诏旨制谕；飞报军务重事；奉特旨差遣给驿者；亲王进贺表笺及差人赍王奏本赴京奏事；钦差各部官、监察御史往各处追问等项；公侯、驸马、都督将带从人一名。但后来使用范围极为宽泛，至嘉靖三十七年定应给勘合例，竟以"温、良、恭、俭、让"五字号编勘合，合计五十一款。乃至泛滥到山林术士皆得乘驿传，不符合乘驿的，十人次中竟有八九；乃至天下之人，无不得乘驿。超规定、滥用驿递，严重破坏了国家交通秩序，无名之手本，泛滥之关文纷至沓来，岁无虚日，一官或轿子六七顶，扛至三四十抬，夫至数百名。官员除有超规定使

---

* 火牌：专门为传递军情而用的一种凭据。

** 马票：专门使用驿站马匹的一种凭证。

用驿递，私自转让勘合，利用驿递偷运违禁物品，规避税款等种种不法行为外，还向驿站索要折干银*。至嘉靖、隆庆之交，驿递系统出现十夫九逃、十马九缺、十驿九闭的濒临崩溃状态，致使国家正常公务大受影响。而从民众征收的随粮交驿款，即站银一项，每年额定费用高达313万有余。在冲要地方，财赋丁力全部为驿站所耗，仅河间府所属，一年实征站银18,746两。一府财政不足，需要其他地方协济，如河南开州一年协济银2,230两。有些驿夫不堪其重，铤而走险。

张居正入阁之初，福建、广东接连发生驿丁骚乱事件，他致函浙江巡抚谷中虚，说驿递骚乱，祸患将殃及浙江，预防之策，兵饷为急。驿递成为国家和民众的沉重负担，也是腐败蔓延的重要场所，因此，驿传新法既是纾解民困，保障国家军政事务良好畅通的必要途径，也是赋役改革的重要一环。

遗憾的是，驿递新法颁布两年，官员仍虚应故事，并不认真查实。山东巡抚李世达告知张居正，驿递官不敢得罪地方高官，对来自中央的官员更不敢查实。张居正对他说，近来驿递困敝至极，朝廷三令五申，但仍没有效果。近来圣旨明确，只要没有勘合的，皆不准使用驿传，如果执行得好，民之疲困方得以缓解。驿传官员职位不高，岂敢与大官相抗？驿传新法能否落实，全在抚按。而抚按官员习于故常，又为私意所牵制，责成他们令驿传官员奉法令、抗大官，势必有所不能。今后倘若抚按有犯，必治以抗命之罪。

由于严明驿递新法，有犯必惩，在近京的畿辅地方成效显著，驿传使用量减少了百分之六七十，官员往来最初也觉得不便，后来也相安无

---

* 折干银：驿站为使用驿马的官员等过往人员配备草料等必需品。不使用驿站提供的用品，而收取银两做抵，称为"折干银"。这里指变相勒索。

事。而在江南仍阻力重重。万历四年，张居正致函应天巡抚宋仪望，希望他加快推进，说节省的驿传钱粮如果贮积甚多，将来可以裕国足民。他由此满怀信心地说：

> 以今全盛之天下，为国者肯一留意于此，时时修明祖宗法度，精核吏治能否，由此富国富民，兴礼义、明教化，和抚四夷，以建万世太平之业，诚反手耳。大抵仆今所为，暂时虽若不便于流俗，而他日去位之后，必有思我者。[33]

张居正说得没错，他做的每一件事几乎都不便于流俗，但他出于对国家长治久安的考虑，认准的事情就坚定做下去。在他的教促下，宋仪望将应天所属驿递钱粮，较原额减少十分之一。张居正认为与北直隶相比，相差甚远，命提交兵部讨论。兵部详细解释各地裁省此项钱粮所以相差悬绝的缘由，但也指出，南京兵部及督抚、总兵部属各差，使用勘合不严，以后必具本题请方准给发，填用已尽，造册缴报，其经过官员私用传牌者宜参究数人，以示惩创。张居正对此颇不满意，拟旨申饬。

自万历六年起，查处违法使用驿递的事例明显增多，上百官员因此受到革职、住俸、降级等处罚，其中数十名知府受到处罚。这说明驿递新政得到切实推行。万历六年四月，因隐匿妾媵娶妻，听奸人改勘合，宁化王府镇国将军被革职。次年三月，甘肃巡抚侯东莱之子侯世恩，僭用勘合轿伞旗吹等项，被劾革荫。这是非常严厉的处罚。侯东莱先已具疏引咎乞休，张居正以其并不知情，令罚俸供职。万历八年二月，山西巡抚高文荐纠弹临洮知府曹时聘、密云游击魏孔与河南都司金书崔景荣，冒禁使用驿递。曹时聘被革职为民；魏孔被革职，与崔景荣俱下抚按勘问，并行令各省抚按官员，核查朝觐官员遣牌驰驿者，一体参处。

五月，都察院复山东巡抚何起鸣、巡按钱岱劾奏江西布政使吕鸣珂、浙江按察使李承式、严州知府杨守仁、淮安知府宋伯华、宁州知州陆宗龙违例驰驿，吕鸣珂、李承式各降三级，杨守仁、宋伯华各降六级调用，陆宗龙革职为民。经过有司驿递，阿奉者抚按官提问具奏。

在嘉靖三十七年所定应给勘合例中，温字号五条是关于衍圣公赴京进表朝贺及颜、曾、孟家五经博士赴京进表的规定。孔子第六十四代孙，衍圣公孔尚贤每年借朝贡之名，骚扰驿递，走私夹带，远远超出规定。万历九年，其庶母郭氏奏孔尚贤滥用女乐，贿通船户，及岁贺入京骚扰驿递等诸多不法事项，案交山东抚按勘覆。张居正处理颇为慎重，他与巡抚何起鸣反复沟通，定以后衍圣公同三氏（颜、曾、孟）子孙，由每年入贺改为三年朝觐时入贺。

张居正清楚，惩罚违法用驿不是目的，而是手段。因而他自万历八年以后，对驿传新法有所调整、完善。

明成祖永乐四年，设置北直隶、辽东、平凉、甘肃四苑马寺，后革北京寺并入太仆寺。正统时革甘肃寺。苑分三等，上苑牧马万匹，中苑七千，下苑四千。各寺分设卿一人，少卿一人，寺丞无定员，各辖六监二十四苑，督各苑养育马匹，听命于兵部。太仆寺乃掌马政的最高机构也听命于兵部。这两个机构与驿传职能多有交叉。万历八年，朝廷命各省巡抚、巡按严查朝觐官员违法使用驿递。顺天巡抚张梦鲤上章参劾多人。七月，以违禁骚扰驿递，降苑马寺卿赵焞为本寺少卿，按察使汤仰、参政李良臣各降三级，知府王修吉、王任重、王元宾各降六级，副使李时渐、行太仆寺卿武尚贤、知府熊炜革职闲住。此事引起极大反响。太仆寺卿罗闻野给张居正写信，太原知府向都察院等上控。张居正委曲处理，他致信顺天巡抚张梦鲤，说日前朝廷降旨，所查的仅限于朝觐遣牌驰驿人员，你所参劾的苑马寺卿、太原知府二人，虽不在查勘范围，也进行了处理，但如果将所有人都查勘一遍，我担心会有很多人受到误伤，因此这次姑且包涵，以后如果再犯，即使达官显贵也决不稍有宽贷。旧染颓俗，久难骤变，那些顽梗玩肆的人，以为新法虽然严厉，未必会实行，这次酌量处罚几个人，以示大信于天下，这也是对顽梗玩肆之人的一种警示，使他们有所忌惮而不敢冒犯。现在的言官，因多次受到皇上严旨切责，常常顾虑无法奉行明诏，如果搜得一事，如获奇宝。至于都、布、按三司官，在本省地方使用夫马粮食并不为过，只是出本省之境则不可。至于像宣、大之于蓟、辽，地隔两镇，各有军门统属，自难以相通，如果是奉了敕谕，则不在此例。

张居正既要保护官员对违法使用驿传的参劾的积极性，又要避免吹毛求疵，殃及无辜。他随即给按察使副使吴哲致信，说顺天抚按奉旨查核遣牌驰驿的有十多人，而吴公在其列。我知道事情的委曲经过，大多予以宽宥，只酌情处理数人。我记得吴公昔日道别时，说自行雇募，不烦扰有司，这次却又为言官所揭举，不知是何缘故？朝廷法在必行，望以后谨慎自处。

太原知府被处分不服，向兵部、都察院上诉，称是巡抚派人护送，所以在省外使用驿站。都察院接报后，欲并山西巡抚一起参劾，张居正立即制止，随即回信给巡抚高文荐，严肃批评：各抚按司道公然违背明旨，而以驿站送人情，以此避怨而施德。今既不见德于人，而又有累于己。你曾经对我说：现在朝中纪纲政事已觉振肃，而外之吏治民风，尚未有根本变观，原因是地方大吏不以实奉行。我深以为你说得很正确，现在却发生这样的事。以公之高明强毅尚且如此，何况其他人了。事情已经发生，就不再追究了，但我们都要担起责任来。

张居正奏请皇帝调解此事后，又回信山西布政使贺邦泰，说日前朝廷颁布明旨，只用迎送一节作为州县官之罪，并不深究迎送驰驿的人，这样处理也是出于保护你的考虑。况且领有敕书的官员，符合使用驿传，于法例并不违背。你提出要追寻过去的事，似属过疑。他话题一转，劝慰说：

> 宦海茫茫，萍踪偶值。或顺而交合，或递而相撞，亦适然耳，久之皆成乌有矣，何足为欣戚乎？君子履信思顺，平心率物而已。其于世有合与否，命也。若如执事追往虑来，冰炭满腹，宇宙虽大，何以自容？[34]

张居正劝他心胸开阔，不要计较，更不要怀疑太原知府与之有什么过节。而宦海茫茫，何尝不是他对仕途生涯的总结。

驿传新法在整顿驿递的同时，更侧重从制度上减少民众负担，其中合并、裁撤不合理的驿站，压减站银，将四差之一的驿传合并到一条鞭法中，堪称是最重要的制度性成果。经过合并、裁撤，万历十年前后，全国驿站压减到1,036处，递运所146处。同时完善、加强对东北、西北、西南、东南等驿路的管理，以便有效控制边远地区，加强中央政令的畅达。站银核减，自万历五年六月全面展开，兵部奏驿站减编事宜四款：一是核节省之实以定站额，二是议减免之实以恤民困，三是稽供应之实以恤站役，四是清征纳之实以恤逋负。各省核减站银随即全面展开。当年经各省核减，免编952,304两，以后又有未完成核减的省份陆续奏减。仅此一项，每年节省最少超过百万两以上。

由于合并、减省驿站，压减站银，从而保证正额征解，因此各地多有积蓄余银。张居正将余剩银两充抵下年正额，并形成定制，无形中减轻了民众的负担。截至张居正去世前，不但将驿传一差全部实行折银代役，而且将征收的站银全部纳入一条鞭法。万历四十八年（1620），给事中应震肯定清驿递以恤民劳是张居正的一大功劳，说从来驿传困民无能厘革，而张居正当国，官僚士大夫没有用驿凭证，虽然一切准备停当，整装待发，连有劳所在地方准备一点干粮都不敢。两都大臣、诸方面赴任，乃至于要租赁百姓舟车，在旅店住食。[35]

张居正柄国十年，通过清丈土地，实行一条鞭法等诸多政策措施，使得明朝财政收入大幅度提高，并达到历史的峰值。万历四年正月，总督仓场户部侍郎毕锵奏报，太仓老库掌收储、外库专掌支放，嘉靖二十三年，老库余银113万两，历隆庆三年，才100万两，而至万历三年，新旧合703万两。当年六月，张居正自豪地说，京通仓米足支七八年。张居正去世前后的一段时间，每年国库存银都在六七百万两，足支三年有余。粮食储备达1,300多万石，足够支应十年。全国丈量土地，清查漏税田产，到万历八年统计，查实征粮土额700万顷，比弘治时增加近300万顷。万历八年十一月，户部奏造黄册，将专督理、核田数、清户口、严里书、发寄庄、别飞诡、慎推收、均里甲诸项刊刻成书，颁布天下府州县，著为法式，从而奠定未来十年的基础。

通过考成法、清丈田、追逋赋、严驿递等多措并举，夯实国家财政基础的同时，为蠲免钱粮、惠济民生创造了前提条件。张居正去世前的几个月，经他奏准，将全国带征钱粮100余万、苏松两府逋欠71万，淮扬等府24万余两，山东33万余两，兵部带征未完银30万两，未题拖欠银16万两，湖广等处拖欠南储钱粮本折银27万余两，一体蠲免。仅此一次蠲免钱粮达300多万两，加之万历四年蠲赋234万两，张居正柄国十年间，蠲赋最少在600万两。《明神宗实录》评价说，这远超过汉朝所下的蠲租之诏。这也是明朝历史上最大数额的蠲免。

时间是历史最好的老师。当张居正柄国时，官僚士大夫对他最多的负面评价是执法苛刻、为政操切。及张居正去世后，形成一股席卷全国、蔓延数载的清算逆流，也让张居正付出了破家沉族的惨痛代价。与大明王朝的没落相伴，当年受到惩治、整饬的官僚群体也年老神衰，人们对张居正的评价也愈加客观，"救时宰相"的桂冠也戴到荆州那个进士的头上。大明只有一帝——太祖，大明只有一相——张居正，这是对张居正的最高评价。

注释：

1.耿定向.耿定向集.傅秋涛，点校.上海：华东师范大学出版社，2015：225—226.

2.耿定向.耿定向集.傅秋涛，点校.上海：华东师范大学出版社，2015：655—656.

3.范濂.云间据目抄：卷四.

4.宋仪望.华阳馆文集：卷四.济南：齐鲁书社，1997：639.

5.宋仪望.华阳馆文集：卷六.济南：齐鲁书社，1997：674.

6.宋仪望.华阳馆文集：卷六.济南：齐鲁书社，1997：680—682.

7.宋仪望.华阳馆文集：卷六.济南：齐鲁书社，1997：682.

8.程任卿.丝绢全书：卷一//续修四库全书.史部政书类.上海：上海古籍出版社，2002：252—253.

9.程任卿.丝绢全书：卷二//续修四库全书.史部政书类.上海：上海古籍出版社，2002：267.

10.程任卿.丝绢全书：卷四//续修四库全书.史部政书类.上海：上海古籍出版社，2002：311—314.

11.程任卿.丝绢全书：卷四//续修四库全书.史部政书类.上海：上海古籍出版社，2002：322—324.

12.程任卿.丝绢全书：卷四//续修四库全书.史部政书类.上海：上海古籍出版社，2002：325—327.

13.程任卿.丝绢全书：卷六//续修四库全书.史部政书类.上海：上海古籍出版社，2002：349.

14.程任卿.丝绢全书：卷五//续修四库全书.史部政书类.上海：上海古籍出版社，2002：328—330.

15.程任卿.丝绢全书：卷五//续修四库全书.史部政书类.上海：上海古籍出版社，2002：321—342.

16.程任卿.丝绢全书：卷六//续修四库全书.史部政书类.上海：上海古籍出版社，2002：356.

17.张舜徽.张居正集：第二册.书牍.武汉：湖北人民出版社，1994：697.原记为"答宋阳山"宋仪望，此时宋已不任应天巡抚，应为答胡执礼。

18.程任卿.丝绢全书：卷六//续修四库全书.史部政书类.上海：上海古籍出版社，2002：362.

19.程任卿.丝绢全书：卷六//续修四库全书.史部政书类.上海：上海古籍出版社，2002：370.

20.程任卿.丝绢全书：卷六//续修四库全书.史部政书类.上海：上海古籍出版社，2002：371.

21.兖州府志：5//梁方仲经济史论文集.北

京：中华书局，1988：243.

22.梁方仲经济史论文集.北京：中华书局，1988.

23.申时行，等.明会典.北京：中华书局，1989：134.

24.明穆宗实录：卷七.

25.香港中文大学历史系.山东经会录.济南：齐鲁书社，2018.

26.明神宗实录：卷五三、五七.

27.张舜徽.张居正集：第二册.书牍.武汉：湖北人民出版社，1994：648.

28.榆次县志·赋役//梁方仲经济史论文集.北京：中华书局，1988：315.

29.顾炎武.天下郡国利病书：卷三.上海：上海古籍出版社，2012：1674—1675.

30.黄阿明.明代货币白银化与国家制度变革研究.扬州：广陵书社，2016：113—131.

31.明代一条鞭法的论战//梁方仲经济史论文集.北京：中华书局，1988：317.

32.明神宗实录：卷三九.

33.张舜徽.张居正集：第二册.书牍.武汉：湖北人民出版社，1994：594.

34.张舜徽.张居正集：第二册.书牍.武汉：湖北人民出版社，1994：956.

35.董其昌.神庙留中奏疏汇要：卷二五.

下篇　破家沉族

第八章

忠孝相值难两全

　　有人说张居正自以为掌权时间久了，恐一旦离去，他人将会图谋翻他的案，加害于他。这不是张居正夺情的根本。人总有撒手人寰的那一天，如果张居正真的担心他人谋己，最好的办法是无所作为。徐阶这样做了，张居正之后的申时行也这样做了，如果明朝人没有是非，历史总该有是非。一心要江山图治，何必为俗论所羁绊！

　　惧怕就不是张居正。不错，有许多为国家策励前行、勠力做事的人，生前他们都不为世人所认可，但圣贤之道，知而不悔。如果有利于国家，人臣杀其身，则无所逃避，又岂能在乎訾议非毁！

张父病逝，创"在官守制"

家有大故，子在外而心不安。

万历五年的春夏之交，张居正在喜忧交加中度日如年。这是他自从结束山中休养，告别双亲，重新投入惊险纷呈的朝政中，十九年来从未有过的心境。三月，他的次子嗣修取中一甲第二名，俗称榜眼。五月，第四子简修世袭锦衣卫正千户，张居正命他回家完婚，儿媳是原刑部尚书王之诰的千金。王之诰是荆州石首人，两年前以奉养父亲为由致仕回乡，张、王两家是世交，又是小同乡，也算门当户对。张居正的母亲向来不管事，家里的事交由张居正的妻子王氏来管。张居正请王之诰多费心儿女的婚事，说老母高年，内人又不知礼节，倘有不周之处，万望海涵。

就在这时，张居正的父亲张文明得了重病，虽经多方治疗病情稳定下来，但动履艰难，出入需人扶掖。桑榆暮景，风烛高年，张居正为此十分牵挂。他想向皇帝告假一个月，只为能回家看父亲一眼，但朝廷正在筹备皇上大婚的事，他难以启齿，连续多日黯然神伤，有时一人偷偷落泪。张居正告诉亲家：皇上大婚后，他定会告假起身，探视双亲，皇上的婚期是来年三月，告假应该在夏初。遥望此期，以日为岁，奈何奈何！

张居正清楚地记得，隆庆元年他入阁，父亲不知有多高兴，写信勉励说，你平生总以古人自期，现在遇到明君，要竭尽心力辅助英主，不要忘记夙心。

人生七十古来稀。万历元年十二月十五日，是张居正父亲的古稀寿诞。一时缙绅大夫争先恐后想到江陵为老人祝寿。父亲早早嘱咐张居正，四方之人不得入楚。在朝的一些好友如总理河道万恭、同年进士陆光祖都提前祝贺，张居正也一概拒绝，他解释说："我现在身处多惧之地，承当至重之任，敢不畏乎！"到江陵来的人，老人又多迟疑徘徊，谢不敢当，未经允许而登门的，十人中没有一二人。

张居正的进士同年有十几人，皆身当要职，他们中有的早年与张家交往颇多，以父事封翁*，私下相约为寿。老人盛情难却，在落成不久的大学士府招待客人。汪道昆年齿居小，又三度仕楚，众人公推他写幛词为寿，他回顾了两次接待张文明的往事，寿序有"海内颂相君功德，必本之乎先生（张文明），此则夫人能知之，夫人能言之矣"，据说这句话深得张居正之心。汪道昆赞赏封翁无成心、无德色、无溢喜、无私忧，有子得君而相之，泽被天下，而不以为惠。把老人家的诞辰提升到"社稷之寿"的高度，难怪张居正对其另眼相看。为官之人，常以不能亲奉高堂为憾，张居正说人生最难值者是忠孝两全。有人提出，如果张居正的父母被奉养于京城相府，有家大人朝夕相伴，相君也就免去却顾之虑，又能倾心国事，事君与奉亲两全其美。汪道昆不以为然，他理解封翁，张文明不到京城团聚，就是希望作为柄国宰相的儿子，能够把全部身心倾注到国家的事业中，只有他身强体壮了，张居正才能安心于社稷之事。所以汪道昆说："吾知先生之神愈王，而相君之在事愈安。"[1]

戚继光一直对相国的爱护、栽植心存感激，他无以为报，请好友王世贞写寿词。王世贞欣然应允，表达了同样的意涵，并把这件事提升到"君臣父子交相安"的高度：

　　兹何以祝翁，曰翁第安里，相君当自安；相君安于国，

---

* 封翁：古代把因子孙显贵而受封典的人尊称为封翁。

百辟兆庶安，远近而夷狄亦安。八荒之外，夫翁能无意乎加
匕箸哉？有如一日念相君，俨然而造朝，天子方修养老礼，
袒割而问政毕，而与相君交贺于室曰，吾不去父归也，此所
谓君臣父子交相安者也。[2]

张居正的这位同年以为相国安则天下安，天下安则封翁每日都会加
餐，身体也会更强壮；倘若有一天，父亲想念儿子，皇上也已成年，张
居正完成了柄国事业，再回到家乡奉养双亲，岂不更美。

有一段时间，张居正劝父母到京城，但父亲以儿子应专心国事而坚
拒，故张居正以不能朝夕奉侍年迈双亲为一生之大憾事。

万历即位后，出任湖广巡抚的赵贤（河南汝阳人）曾任荆州知府，
他是荆州张居正老家为数不多的常客。他不时到江陵看望二老，张居正
的母亲总是拿出上好的厚味酿酒，亲自烹饪新鲜的蔬食招待客人。封翁
喜欢热闹，因为儿子柄国，他不知谢绝了多少登门造访的人，但赵贤来
了，他总要一起小酌。有一次二人喝得高兴，赵贤到次日天亮才告别。

张文明性格任真坦率，与人相处，不分贵贱贤不肖，都平心相交，
没有戒备心，不记仇怨，人也没有怨恨的。曾诵邵雍的诗："平生不作
皱眉事，世上应无切齿人。"他评价自己就是这种人。他喜欢饮酒，善
于谈谑，里中宴会，只要封翁到场，终席尽欢。自缙绅大夫以至齐民，
无不爱敬。有佳酒一定请他去分享，或载酒至张文明家一起就饮。他很
节俭，每餐不过二器。张居正进入内阁后，逢年过节总不忘孝敬父母，
父亲每年寿诞，张居正千里迢迢派人奉上鲜美的食物，张文明才动了几
下筷子，就藏起来不再享用。所用的服食器物虽然破旧了，也不分给诸
子。张居正曾劝父亲："大人老矣，何自苦如此？且今藏之，不过留给
后人啊。大人且不敢用，我们做子孙的又有何福可以消受？！"张文明

却说:"我天性就是这样,哪里是为后人计?!且令后世效法节俭,也算我留给你们的家风。"而他周济贫困,救助艰急,又毫不吝惜。

张居正的母亲赵太夫人,比封翁小两岁,生日是孟夏之月。万历三年七十诞辰时,王世贞也作了祝寿文,说相国方柄天下枢机,是皇上的老师,勤劳王事而无法亲临荆州为母祝寿,太夫人又岂能忘膝下之恋!张居正对这位同年心存感激,致谢说,前次老父诞辰已承蒙惠赐大作,这次老母七十寿诞,复拜雄篇伟作,不知如何感谢。因不能参加母亲的七十寿诞,张居正思念双亲,致容颜消瘦。细心的皇上问身边近侍:"张先生连日貌若有大忧,若是因国事操劳,现已初成,莫非是想念家中二老?"近侍叩头而对:"正是如此。张先生父母年纪都已古稀。"万历帝当即赐大红蟒衣一袭,银20两;皇太后赐玉华坠七件,彩衣纱六匹,派家僮亲往赍送。皇上手书谕张居正:"其为朕致先生父母。"张文明捧读圣谕,叩头而拜,感动得一直流泪,说:"臣文明死无以报,愿借手臣子以报陛下。"每当乡亲问儿子归期时,父亲总是回答说:"吾儿已非吾有,他乃国家之人。"皇家越是恩礼隆异,张居正越不好开口回乡省亲,心里也越放心不下。他给两个弟弟居易、居谦写信,想把父母接到京城奉侍,但父亲态度坚决,给张居正写信,语气严正剀切,大意说:

> 肩巨任者,不可以圭撮计功;受大恩者,不可以寻常论报。老人幸未即衰,儿无多设不然之虑,为老人过计,徒令奉国不专耳。[3]

"圭撮"是容量单位,六粟为一圭,十圭为一撮,与寻常一样,这里指多少。"不然之虑"是指没有发生的事,这里是指年老体衰不久于人世。父亲告诉张居正:我现在还没有衰老,不要为我做将来的打算,以至于令你不能专心为国家做事。

张居正在朝中有作为，父亲心情舒畅，七十岁的人看上去只有五十多岁。但老年人的身体变化很快。知子莫若父，父亲体会得到儿子的孝心和牵挂，虽已年迈，还是每天让家僮抬着一顶轿子，带着一壶酒，与两三个旧识老翁徜徉山水间，有时故意登上崇高峻岩，与壮夫没有两样。为故意显示身体强壮，甚至做出一些年轻人才能做出的矫捷之事。这段时光，连接父子二人的信使是从江陵来京的家乡人，或是在湖广做官回京的人，张居正总是向他们询问父亲的身体，来人总会告诉他：阁老父亲的身体很好，能吃饭。在我们先民的认识中，能吃饭是最朴实、最直接的健康指标。对于年老的人，更是如此。"廉颇老矣，尚能饭否？"只有到了一定年龄的时候，才能体会这句话的无奈与辛酸。可怜天下父母心，一个七十多岁的老人为了不让儿子分心，把身体有恙故意掩饰起来。病中的父亲还挣扎着，派人将亲笔信送到京城。每次写信都不忘咐说："我并非不想念你，但人臣之义，鞠躬尽瘁，更何况你受先帝顾托之重，皇上眷倚之隆，我们张家老幼，千指之众，皆受国恩，你不捐糜此身，何以为报？我身体尚好，不用挂念。"但他私下想起儿子时，总是暗中流泪。

荆州古城东南角的公安门上，有一处名胜，当地人称"王粲楼"，离张家很近，封翁不时到这里寓目赏景，回顾他在这里教幼时张居正读书的情景。王粲是建安七子之一，太尉王龚的曾孙，少有才名，他见长安局势混乱，危邦不入，放弃在京城的要职，南下追随荆州牧刘表，想有一番作为，但也未能如愿。后来丞相曹操南征荆州，他归服后劝曹操重用聚集在荆州各地的有才之士，以与冀州袁绍抗争。为纪念王粲，北宋宰相陈尧佐坐镇荆州时，取梁元帝萧绎《出江陵还》一诗"朝出屠羊县，夕返仲宣楼"，合王粲名篇《登楼赋》，将望沙楼改名仲宣楼。

张居正乡居养病期间，王粲楼是他经常流连的地方。他的《登仲宣楼》二首，最得父亲夸赞：

> 一楼雄此郡，万里眼全开。
> 孤嶂烟中落，长江天际来。
> 看题寻旧迹，怀古寄新裁。
> 不见操觚者，临风首重回。

> 百雉枕江烟，危楼倚碧天。
> 望随云共没，心与日俱悬。
> 柳暗迷通浦，沙明辨远川。
> 登高愧能赋，空美昔人贤。

父亲似乎感觉自己来日不多。九月十一日大清早，他让家人用肩舆将自己抬到王粲楼，挣扎着要寻找儿子十九年前乡居时在这里留下的旧迹。

九月中旬的江陵已至深秋时节，早晚温差很大。张文明早晨登上王粲楼，坐的时间久了些，被风吹着，落下了凉症，而后卧床不起十一天，于九月十三日撒手归西。弥留之际，他频望北阙。

二十五日晚上的京城上空，彗星出西方，长亘五七丈，末指斗、牛，其光红白，闪烁摇动，令人可畏。钦天监占验曰："按天官书，斗，丞相之位，彗星出斗、女、牛，主大臣移徙，天子愁，兵起，天下受怨。"又占："主除旧布新。"礼部题奏，奉旨修省。

正当人们为彗星议论纷纷时，自荆州到京师的信使经过三千多里的长途跋涉，携讣告于二十五日晚上抵达京城宰相私第。张居正悲恸欲绝，哀毁异常，家人连忙布置灵堂。

第二天，张居正按例向吏部咨请守制。内阁次辅吕调阳和阁臣张四维题奏，说内阁首臣，关系甚大，数年以来，纪纲振兴，诸司守法，万民乐生，四夷宾服，古称社稷之臣，臣居正足以当之。臣等凡庸，忝与同列，实不能助其毫末；圣龄方茂，万几至繁，臣居正有不可一日离者。二位阁臣还援引内阁辅臣杨博、金幼滋、李贤夺情起复故事，请皇上谕留张居正。从《万历起居注》的记载可见，二位内阁大臣是最早为张居正奏请夺情的人。万历帝以张居正"非寻常辅臣之比，亲受先帝付托，佐朕冲年，安定社稷，一身关系，委为至重。况有往例"，命"以朕为念，方为大孝"。

同一天，万历帝从派往张居正家中内侍得报，元辅哀毁过甚，气息几绝，于是又写亲笔手谕给张居正，内容与他给内阁大臣的谕旨整体一致，但没有夺情之旨，因为这是君臣私人之间的问候，与颁布的谕旨不同，且张居正刚接到讣告，正在哀毁深痛中，此时皇帝手谕夺情，也显得不近人情。

手谕由司礼监太监李佑恭捧到张居正私第。张居正哀毁昏迷，不能措辞。此时，朝野都劝张居正不能顾个人之私，同时担心皇上批准张居正守制的请求，故此唏嘘叹息。因彗星久而不散，皇上更为惊悸，诏命吏部谕留张居正。

二十七日，万历帝、两宫太后遣官颁赐财物，为张居正治丧之用，有白银一千五百两、钞三万贯，彩币、白粲、麻布、香蜡、薪炭等无数。张居正疏谢。

当日稍晚，吏部题报大学士张居正闻父丧，奉圣旨：

朕元辅受皇考付托，辅朕幼冲，定安社稷，朕深切倚赖，岂可一日离朕？父制当守，君父尤重，准过七七，不随朝，照旧入阁办事、侍讲读，待制满之日随朝。你部里即往谕朕意，着不必具辞。[4]

与前一天内阁大臣"得旨"慰留不同，这是皇帝首次就张居正去留发出正式而明确的夺情谕旨。时任吏部尚书张瀚，事后回忆：张居正闻丧的隔天，"传谕令吏部往谕皇上眷留意"，张居正自己也写了非常简短的咨文给吏部，内容是"某日闻讣，请查照行"，暗示吏部上奏请留。吏部司官手持张居正咨文，请示张瀚议复。张瀚装作不明白张居正意图的样子："此事应该咨请礼部，查照历年阁臣丁忧恩典，从重优恤。何关吏部！"这时又有部院官员劝张瀚上疏留张居正，张瀚说："今日夺情之事，唯皇上可留，或相君自留，吾辈安可留也！"

张瀚于万历元年由南京工部尚书升任北京吏部尚书，虽是皇帝钦点，但还是张居正的作用，后来朝廷实行考成法等改革，张瀚全力配合；刘台攻击张居正，张瀚也在被攻击之列。在朝野眼中，他是宰相的人，因此多次受到攻击，每一次都是张居正出手救护。一些记载把张瀚此次不疏留张居正，说成是维护纲常伦理，真实情况是，张居正最初也想守制，张瀚本意成全，没想到张居正隔日改变主意，弄得张瀚当面责问张居正"为什么自相矛盾"。促成张居正在两天之内做出改变的，恰是他最信任的同年挚友兼亲家李幼滋。

李幼滋以户部侍郎调任南京右都御史，尚未离京就任，恰好张居正父亲去世的信报到京。他到张居正宅邸吊唁时，见张居正神情迷离，劝慰说："皇上冲年，不能亲理万机，天下一日不可无相公，何忍舍之而去？"张居正犹豫不决，但已动心。

明朝故事，首辅离任三天，次辅迁坐左，即按次序坐首辅之位。按照规矩，这一天翰林院所有僚吏要穿红色官服集体拜谒新首辅，以示祝贺。张居正闻讣第三天，翰林院的僚吏果然穿着红色官服，一字而入。次辅吕调阳反应迟钝，他参不透张居正的心思，虽然没有迁坐左，但也没有先期制止僚吏拜谒。有人把此事告诉张居正。张居正颇为不满，说："我尚未离任，就毫不顾忌。一旦出宫门，岂能还有望回来？！"遂将其夺情本意暗示给冯保，请万历帝慰留。夺情正合冯保的心思，他感激张居正驱逐高拱，几年来二人配合默契，凡事无不桴鼓相应。张居正如果奔丧守制，他孤掌难鸣，凡事难以撑持，此事二人一拍即合。在取得皇帝、太后支持夺情后，张居正先后于十月初三、初五、初八连上三疏，请求守制。因为他担心，万一请求守制为皇帝允准，就会弄巧成拙，因而三次上疏行文语气，都不坚实。

第一疏说他受非常之恩，宜有非常之报，非常者，非常理之所能拘也。他援引历史上人臣以忠诚结主上的事例，包括成汤之于伊尹，成王之于公旦，刘备之于诸葛亮等之后说：未有谦抑下巽、亲信敬礼，未有如我皇上之于臣，若是之恩笃者，此所谓非常之恩也。臣于此时，举其草芥贱躯，摩顶放踵，粉为微尘，犹不足以报答于万一，又何暇顾旁人之非议，徇匹夫之小节，而拘拘于常理之内乎！接下来，他侧重申说忠孝相遇不能两全时，应权衡尤重者而行：

> 今臣处君臣父子，两伦相值而不容并尽之时，正宜称量而慎处之者也。况奉圣谕，谓"父制当守，君父尤重"，臣又岂敢不思以仰体而酌其轻重乎？！[5]

第一份《乞恩守制疏》把忠排在孝之前，也即他所说的"酌其轻重"之重者。因此，后面所说"臣今犬马之齿才五十有三，古人五十始服官政，而本朝服制止于二十七个月，计臣制满之日，亦五十六岁耳。此时自量，精神、体力尚在强健，皇上如不以臣为不肖，外则操戈执锐，宣力于疆场；内则荷橐持筹，预议于帷幄。远迩闲剧，惟皇上之所使，虽赴汤火，死不敢避"[6]云云，就显得无足轻重，更像是一种"例行表态"，做样子以塞反对者之口了。

万历帝表示，朕"顷刻离卿不得，安能远待三年？且卿身系社稷安危，又岂金革之事可比？"命勉遵前旨，勿得固辞。

张居正已吃准皇上令其夺情态度坚决，因而第二次奏请感情真挚，但最后表示："君臣之义，无所逃于天地之间。君之于臣，欲其生则生，欲其死则死，命之进则进，命之退则退。臣岂敢以区区蝼蚁微情，仰于大义之重？"强调忠君死上是人臣的第一职分。

第三疏还大讲朝堂之上人才济济，何必专任他一人，只要皇上将圣贤道理、祖宗法度二者兢兢守之而勿失，天下就会治理，臣虽离去如同未去。

万历帝在张居正所上第三疏的当天，对张文明的丧礼做出安排：遣司礼监官同张居正子张嗣修驰驿回籍营葬；命事毕即迎张居正母亲来京侍养。还对吕调阳、张四维二阁臣代首辅所上守制奏请，传圣意说：虽上百本，亦不能从。

在给张居正的手谕中，给出了离不开元辅的充足理由，并把圣母挽留的"底牌"亮了出来：

> 朕学尚未成，志尚未定，一日二日万几，尚未谙理，若先生一旦远去，则数年启沃之功，尽弃之矣。先生何忍？……务要勉遵前旨，入阁办事。岂独为朕？实所以为社稷、为苍生也。万望先生仰体圣母与朕，惓惓恳留至意。[7]

对张居正夺情，最后拍板定案的还是万历的母亲李太后。所谓"学尚未成，志尚未定"算不上张居正不能离开的硬理由。"一日二日万几"语出《尚书》，言当戒惧万事之微，与"尚未谙理"，构成不可无张居正的硬理由。其后"一旦远去"一句，乃发自内心。

皇家态度坚决，朝中又有潘晟、陈三谟、曾士楚等接连疏请慰留，形成"舆论"的支持和配合。至此，张居正夺情之事已成定局。

或许为减轻那些儒家教义派对他不孝的攻击，张居正于十月十三日提出"在官守制"：候七七满日，不随朝，以青衣角带入阁办事、日侍讲读；以在官守制，所有应支薪俸全部辞免，一切祭祀吉礼不敢参加；出归私邸，仍以缞服居丧；凡章奏应具衔者，容加"守制"二字；其父坟地正在建造，预计明年春天三四月可以竣工，届时乞假归葬，迎母一同来京。万历一概答应。

"在官守制"是张居正的独创。在他看来，这是把守制搬到京城宰相私邸。但在百官看来，守制与夺情泾渭分明，并不存在所谓在京守制这个蒙混的独创。

阅尽世间百态的张居正，对人生有特别的体悟，他常以为人生不可必者有三事，其最难值者一：聪明才惠，而老寿不可必；夫妻偕老，而贤不可必；老且有子，又能大其家声不可必。张居正的三不可必，大概就是好事不能一人占尽之意。何谓最难值者？人有贤子，或离亲远宦，为国事烦劳，不得日侍双亲左右，得晨夕之欢：此又最难得者也。

张居正写这篇极富哲理的文字是嘉靖三十五年，即他受父命重新踏上仕途的时候。他一再玩味《诗经·魏风·陟岵》中行役者在外思念父母亲人，一叹三咏，睇云而思亲。二十年过去了，当年他发出的最难值者——忠孝两全——恰巧在万历五年那个难熬的秋季相遇。

张居正体会得到父亲的心，他为国家担当，又何必顾忌旁人非议。

有人说张居正自以为掌权时间久了，恐一旦离去，他人将会图谋翻他的案，加害于他。这不是张居正夺情的根本。人总有撒手人寰的那一天，如果张居正真的担心他人谋己，最好的办法是无所作为。徐阶这样做了，张居正之后的申时行也这样做了，如果明朝人没有是非，历史总该有是非。一心要江山图治，何必为俗论所羁绊！

　　明朝人的血液里流淌着激情。而这激情中夹杂着矫情、偏激、争兢和戾气，从积极方面理解，也有自我意识的觉醒。按照礼制规定，父母之丧是大丧，闻丧即报，开缺守丧三年，这源自儒家的伦理。《论语》有"子生三年，然后免于父母之怀"的记载，据说是三年之丧的由来。宰我向他的老师请教父母之丧时，孔子回答说，三年之丧乃天下之通丧。汉朝以孝立国，三年之丧逐渐纳入法律。明朝沿用唐律，匿丧不举要承受刑责。但法律也有救济条款：夺情起复者，不拘此律。

　　夺情官员在明朝前期司空见惯。宣德六年（1431），苏州知府况钟因丁忧去职，百姓遮道请留，皇帝令夺情复任。景泰、成化时期，夺情颇为泛滥，仅据《实录》统计不下数十人。这些夺情案中只有个别人担任要职或军务紧要，更多的是州县官。乃至出现一种风气，官员闻丧，即奏请夺情。景泰二年（1451），礼部郎中章纶因近年内外官员多夺情不奔丧，奏请今后除在京公卿、守边重职不可离者可以夺情，其余不分官职崇卑，一体守制。皇帝为此颁布谕旨予以限制，但效果有限，乃至出现"目夺情起复者为能官，笑终制者为不职"的咄咄怪事。在明朝数百件夺情起复案中，只有极少的案例引起反对。真正改变夺情风气的是嘉靖帝，他即位之初，命自今有亲丧者皆不得夺情，著为令。故以后夺情甚少，但也并非没有，如大学士郭朴于隆庆初因父丧夺情。

　　张居正的门客宋尧愈是徐阶的同乡华亭人，他上疏张居正，陈明去留的利害，时间是十月初三，即张居正第一次上疏请求守制的当天。他提出相公留，对天下苍生幸甚的观点，说近年民和年丰，国无灾害，两宫以和不以离，主上以德不以邪，内侍忘奸，百姓忘惰，相公如果留在朝廷，自今以往，将三王不足拟，五帝不足方，此所谓相国留则天下苍生幸甚也。

接下去，他又从功成名遂，身自可退，欲留者情，必去者礼，提出相公去，天下万世幸甚的主张。而最令人震惊的是他的结论：

> 即不幸身去而谤讪风起，先皇之命在耳，两宫之口足徵，主上之鉴如日，老臣之迹可按也，亦何借要津利器以防民之口哉？故当去而去，即受祸祸轻；欲去不得去，即祸不及身，其祸重。抑人有言，择祸莫若轻，愚恐初丧之乱在方寸而惑在深眷，不忍以礼决也。故敢以书告。[8]

这个门客极有见地，他告诉张居正，现在以礼守制，为天下人做出表率，是改变风气的关键，且受祸也轻。如果初闻告丧，方寸已乱，而为皇上、皇太后之深眷所惑，则将来即便祸不及身，其祸更重。后来的事情，果然不出这位门客所料。

蓟镇总兵戚继光是张居正的爱将，他也劝张居正服丧，还建议召徐阶柄国，作看守政府，因为徐阶老矣，俟服阕，彼不难把相印交还。张居正叹息道："大将军良爱我，前几天宋生也提出类似建议，原来人心是这样的啊！"冯保以徐阶年老，格其议。

在改革大潮推进的关键时刻，张居正做出了"在官守制"的特殊的安排，这也是在忠孝相遇两难全的背景下，张居正不得已做出的选择。他再三陈请守制，更多的是为了减缓来自反对者的压力，为接下来的反击寻求理由。此时的万历帝刚过十四周岁，虽大婚在即，预示即将成年，但"圣龄方茂"，还在成长中，而万机至繁，阁臣委婉表达的是皇帝还不能完全驾驭大明帝国。万历的母亲也就张居正是否夺情有过精细的考虑。张居正第三次请求守制，皇帝的手谕反映了万历母亲的真实想法：朕在冲年，学尚未成，志尚未定，万机尚未谙理；而国家重务，与常时不同。挽留张居正的这个理由真实存在。从后来皇太后希望张居正辅佐皇帝到三十岁的话推断，万历母亲是坚定支持张居正夺情的最终决策人。当然，皇帝母子关系的慢变，特别是首辅去世后万历母亲的突然"变脸"，都在十四岁的少年天子心中埋下了怨愤的种子。

明暗交汇，企图拉张居正下马

"在官守制"并没有取得更多人的谅解，张居正再多的血泪也无法化解人们对他的攻讦，这攻讦与其说是对他个人而来，不如说是对他不遗余力推进改革的集中声讨，这也侧面反映了时人对张居正所推行的新政存在明显的利益纠葛和认识偏差。如果说，一年前刘台以门生攻讦张居正是一次预演，那么这次则是因改革持续五年之久而受到整饬的这股力量的一次集结和动员，它以捍卫儒家纲常伦理为旗帜，如同占领了道德的制高点，具有更强的凝聚力和蛊惑性。除公开的集中声讨外，更有潜藏在暗处的激流涌动，这两股力量逐渐汇聚，是要借此把张居正拉下马，赶回荆州。他们手擎人伦法宝，像手持一把锋利无比的利剑，让张居正无所遁逃，刺伤他的心脏，让他流血。

张居正闻丧伊始，京城士大夫都在传抄罗伦的《扶植纲常万言疏》，此现象一度导致洛阳纸贵。而反对张居正夺情的声讨风暴，显然受到罗伦万言疏的影响，很多论断也出自这篇名疏。那是宪宗成化二年（1466）三月，内阁首辅李贤的父亲去世，朝廷援引杨溥故事，夺情起复。宪宗允许李贤回河南邓州老家葬父，并派宦官监督，以确保他在葬礼结束后返回朝廷。罗伦是江西吉安人，是当年的新科状元。有人怂恿他："李公乃一代伟人，却有夺情之事。你若能论其非，则大魁之名庶为不虚。"罗伦果然中招，上奏《扶植纲常万言疏》，说什么为万世开太平，必须从正纲明伦开始，而正纲明伦莫先于孝，国而非此不可以为国，家而非此不可以为家，人而非此则禽兽，中华而非此则夷狄。他还说贾似道起复为平章，生灵以之而困，天下以之而乱，社稷以之而倾，贻祸于当时，遗臭于后世，这是因为君不教其臣以孝。在舆论压力下，李贤三请终制，说古大臣若房玄龄、张九龄、寇准、文天祥，虽皆夺情，而人不非议者，因其才足以胜重任而有益于国家天下，如臣不过寻常之流，不可夺情。但宪宗坚令李贤夺情，并以狂妄轻浮将罗伦黜为福建市舶司副提举。

罗伦的万言疏，如同埋在各处的暗雷，随时等待引爆。张居正的眼线遍布朝野，他密切关注，说罗伦是不经事的少年，他的奏疏应该投到茅厕中。而那些蠢蠢欲动的人，如同精算师一样，等待着最佳时机的到来。

十月十四日，因吏部尚书张瀚奉命谕留张居正，未能及时回奏，大拂张居正之心，科道官相继论劾，令张瀚致仕而去，侍郎何维柏、陈炌罚俸三月，该司郎中降俸三级管事，不许升转，其余官员各罚俸半年。

张瀚离京前看望张居正，毕竟在一起共事五年之久。他颇为动情地对张居正说："顷某滥竽重任，幸佐下风。见公闻讣哽咽，涕泪交横，谓公且不能旦夕留。区区之心，诚欲自效于公，以成公志。讵谓相矛盾哉！兹与公别，山林、政府，不复通矣。"张瀚的话让张居正汗颜颡泚，嗫不能声。过了一会儿，张居正缓过神儿来对张瀚说："公去，我的心愈苦、事愈难矣。"张瀚拂衣而归，公卿聚在都门外一起给他送行。太常寺卿孙鑨以诗相赠：

去国一身轻似叶，高名千古重如山。[9]

随后，都察院左都御史陈瓒，也驰驿回籍。

张瀚相信钦天监降旧布新的占验，说诸公卿不附张居正者，一时尽更，天象不虚，不是偶然！他在家乡度过了十七年的乡居生活后，于万历二十二年（1594）去世。

张居正夺情时，官方《实录》多次记载星变。至十七日，星变仍未消弭，皇宫又起大火，万历帝和他的母亲徼惧不宁，谕礼部自十九日起，在朝天宫大醮三天，仍遍告各宫庙、百官修省，同时停刑、禁止屠宰。

这些"天变"为接下来的驱张风暴积累了足够的素材。张居正的两个门生，翰林院编修吴中行、检讨赵用贤商量一起上疏，但觉得还是单独上奏更有声势。吴中行遂于十八日开了第一炮。他说夺情之举，乃万古纲常所系，四方观听攸关，即便有往例可循，也是三年守丧未满，而不是一日不离开朝廷之谓也。皇上"若有大政事、大谋议，或实封上奏，或遣使就咨，不然，则容其给假营葬，竣事趋朝，暂往还来，以副倚注"[10]。

吴中行是江苏武进人，隆庆五年进士，张居正是他的座主。疏上后，他抄写一份报老师，张居正愕然道："疏送进了没有？"中行答道："不送进不敢向老师报告啊。"

吴中行上疏，理智、平和，对张居正柄国也多有肯定，末节讲皇帝给假营葬再起复，以往多认为如果张居正采纳，当是一种最好安排，张居正也不会冒天下之大不韪，把自己置于人伦辇毂之下，为世人所唾骂，招致身后破家沉族。这种想当然的历史假设，脱离当时的客观实际，因为张居正一旦离开京城，即存在诸多变数，皇帝在朝臣的奏请下，他最大的可能是服丧期满，而在此三年，朝局翻覆，完全不在他的掌控之下。

第二天，赵用贤上疏，提出按先朝杨溥、李贤故事，听张居正暂还守制，刻期赴阙。与吴中行所奏，总体相差无几。

二十日，刑部员外郎艾穆与主事沈思孝联合上疏，意味已大变，不但奏请守制期满，而且抄窃罗伦的纲常利器，向张居正发起总攻：

> 陛下之留居正也，动曰为社稷故。夫社稷所重，莫如纲常。
> 而元辅大臣者，纲常之表也。纲常不顾，何社稷之能安？ [11]

四人上奏时间的把握，堪称精绝，是在皇帝下诏修省以回天变的三天中。按照明朝制度，京朝官奏事封送会极门，由司礼监文书房收进，直接呈送御前。但自嘉靖时起，由于皇帝多时不朝，章奏多拆封后送达皇帝，再由皇帝交内阁票拟，进入决策程序。冯保把四人所奏，一概留中不发，他要等待张居正如何处置的意旨。

亚里士多德说，人是一种社会性动物。当一个人在极度悲痛中，又面临非此即彼的两种截然不同的选择时，就会出现"认知失调"，这种情况，会极大降低一个人的理性，处于下意识的本能动作，做出不理智的行为。而在人类的经验中，政治人物对失去权力的恐惧，反应常常过度。特别是这种权力的失去或获得不是通过正常的程序时。张居正没有采取和缓的态度处置上言者，而是以威权劫天下。艾穆是湖广岳州府平江人，多少年来在官场有一个习惯，不弹劾同乡、房师。一年前，刘台以门生弹劾张居正，让张居正备受摧残，此次艾穆又以同乡相弹，张居正对此耿耿于怀，说："过去严分宜（严嵩）当政时，也未有同乡攻击的，我比不得分宜矣。"他要对艾穆下重手。

礼部尚书马自强亲自到张居正私邸，劝他不要严处。张居正状态很糟糕，他跪下来，用一只手撩起自己的胡须说："马公饶我，马公饶我！"内阁学士王锡爵约申时行等十几人一同到张居正丧次劝解，申时行清楚，这个时候不可得罪张居正，他不附和。王锡爵无奈，独往相劝，张居正不知所对，一边哭一边作揖说："皇上发怒，不可救解。"王锡爵说："即便皇上大怒，也是因为相国啊。"话音未落，见张居正勃然下拜，索刀作刎颈状，说："皇上强留我，而这些人全力逐我，我如何处？给我一把刀子，我自刎算了。"王锡爵大惊而出。

王锡爵此次劝谏，为其日后入阁打下伏笔，张居正去世六年后，他谈及皇帝所以用他为大学士的原因时说，实以先年张居正为夺情迁怒言官，臣于其时号能出头，责问张居正，回护言者，以此张居正败而臣得进用。据王世贞讲，张居正临终前举荐若干人可大用，而说奸佞之人不可用的仅有一人，即王锡爵。就此看来，万历帝当时对张居正没有守制，内心是何等痛恨。

对上疏的四个人进行廷杖，是在三天修省期后的二十二日集体执行的，取的是未经内阁拟旨的"中旨"。锦衣校尉数十人，将四人押至午门前，此时阴云忽结，天鼓大鸣，惨黯者移时。京城有上万人聚集在长安街。羽林军环列廷中，里一层、外一层，把四人围了三四匝。校尉手执戈戟杖木，林林而立。六科十三道侍立于旁。这时，司礼监大珰数十人捧驾帖而来。前首一人大声喝道：带上犯人来。一喝则千百人齐喊以应，声震宫阙。初喝跪下，宣驾帖。先杖吴中行、赵用贤二翰林，命着实打六十棍，解发原籍为民，永不叙用。接着杖艾穆、沈思孝二人，命着实打八十棍，发极边卫所充军，遇赦不宥。

这应该是明朝士大夫继谏诤武宗南巡、世宗大礼议之后，关于廷杖的又一次难以忘却的集体记忆。受杖完毕，校尉用布帛将吴中行、赵用贤二人曳出紫禁城，将二人抬到门板上，当日驱出长安门。当时中行气息已绝，中书舍人秦柱挟医生急至，投药一匕乃得苏。因无法行走，他在都门外租民居暂住，故人偶尔有前来看望问候的，在房舍外巡逻的士卒一一登记在册。厂卫命其即刻裹疮而行，南行路上，他昼夜呻吟，大腿上剜去数十片肉，大的足满一尺，深入的超过一寸，竟然把一条大腿剜空。赵用贤身体本来很胖，腐肉溃烂后剥落得像巴掌一般大，他的妻子用盐腌而藏之。赵用贤有个女儿，已许嫁御史吴之彦的公子吴镇。赵用贤上疏后，吴之彦害怕祸及己家，将这门婚事退掉。

许国当时任日讲官，他为吴、赵二人饯行，并携带刻有铭文的玉杯、犀杯作为礼物。玉杯是送给吴中行的。杯上的铭文是：

斑斑者何？卞生泪。英英者何？蔺生气。追之琢之永成器。

犀杯是送给赵用贤的，杯上的铭文是：

文羊一角，其理沈黝。不惜剖心，宁辞碎首。黄流在中，为君子寿。

艾穆、沈思孝二人廷杖后打入诏狱，三日后发配。艾穆的遣戍地是凉州（今甘肃武威），因创疮重不省人事，隔日复苏。出京时他在数十位押解官和厂卫面前，大骂张居正、冯保不绝口，并赋诗曰：

> 病向西风一促装，寥寥征雁塞云长。
>
> 流沙万里无愁远，去国孤踪信若狂。
>
> 楚客江鱼身可葬，汉臣马革骨犹香。
>
> 青山到处皆吾土，岂必湘南是故乡。

沈思孝是嘉兴人，隆庆二年进士，他的遣戍地是广东高州神电卫。出京时赋诗，有"满箧匡时草，携归覆酒樽"之句，表达不能匡救时弊的悲哀。广东巡抚刘尧诲促其速来，并有过期一日逮杖之令。沈思孝到恩平时，病不能前，县令也来催促，他从袖中拿出一把匕首，说："巡抚一定要杀我，我与之同归于尽。不然，即伏尸军府中，令天下士大夫皆知巡抚杀我。"刘尧诲闻之不敢加害。到戍所后，沈思孝讲经授徒，知府蔡懋昭为他建借山亭，使其安顿居住。

四人上疏前后，刚考中进士的邹元标在刑部为观政进士，他也写好了奏疏，装入怀中入朝，正赶上四人廷杖，他在一旁观看完毕，从容地把奏疏交给执行廷杖的宦官，说这是请假疏。

邹元标是江西吉水人。他以《亟斥辅臣回籍守制以正纲常疏》为题，指斥张居正柄国无一善政，说张居正才虽可为，学术则偏，志虽欲为，自用太甚。诸所设施，乖张者难以数举，其最著者有四：一是进贤未广，如限定郡县进学名额不得过十六七人，迄今怨号之声遍于江南；二是决囚太滥，限各省决囚有定数，以致滥及无辜；三是言路未通，如有建白不先禀命，今日陈言而明日罹罪；四是民隐未周，水涝旱灾有司不以奏闻，恐干大臣德政，以致百姓居无定所，辗转沟壑。

邹元标全疏颇长，而以离间君臣借题发挥，并用"窥窃神器"这类谋逆之事入文，堪称绝无仅有：

> 皇上以英明之资，御历五稔，人皆曰将兴尧舜之道、三王之功矣，以居正而在京守制，天下后世，谓陛下何如主？纲常自此而坏，中国自此而衰，人心自此而弛。居正一人不足惜，后世有揽权恋位者，辄援居正故事，甚至窥窃神器，贻祸深远，难以尽言者矣。[12]

疏文离间君臣，潜台词是即便将来真的有三王之功，也是张居正之功，所谓"陛下何如主"，分明是说万历是傀儡皇帝。而"窥窃神器"又是篡夺江山的代名词。如此，倘若张居正夺情不去，长久柄国，他将承担不能承受的"大逆"之罪。

疏入，张居正颇为感动，称此人不怕死，是真奇男子。邹元标被廷杖八十，行刑当天，他把右腿放在左足上，因此止伤其半，出去后剔去腐肉，用黑羊割下的前肢，傅在臀部上用药缝裹，始得再生。被发配到贵州都匀，极边充戍，徒步过岭南，血流不止。每到阴天，骨头隐隐作痛，直到晚年仍不能曲伸。

都匀在万山之中，是少数民族聚居区，异常荒僻，他到戍所后，处之怡然，究心王阳明心学，学以大进。都匀知府段孟贤为他建造读书楼作为起居之所。他朝夕课诸生，暇则游览龙山、盘谷等名胜，几乎忘记自己是万里之远的戍客。一天，他的夫人酿酒尽赤，说："吾家乡谓酿赤为'红娘子'，主大吉利事，黔也有此语，吾夫妇可幸生还也。"不久，果然召为吏科给事中。离开都匀后，门人思念他，在他讲学之地建南皋书院祠之，至民国时仍不衰。

再说邹元标发配都匀途中，过京口时，宁国府生员吴仕期从家乡一路奔走数百里，在镇江迎接他心目中的这位大英雄，二人握手相对，慷慨激昂，泣数行下。吴仕期为诸生时就侃直负气，有古丈夫风。他见过邹元标回到家乡后，奋笔疾书，写了一份万言书，历数张居正的种种"罪行"，派遣家奴千里跋涉到京城直接上疏，但为有力者隐匿，不得上达。此事随后为张居正所知，大为愤恨。

恰在此时，江南有好事之徒，打着海瑞的名号写了一封奏疏，参劾张居正，伪疏还仿照内阁体式，虚拟皇帝谕旨，罢免张居正，令其回乡守制，并且在南都刊布、流传。江南人一时不知真假，但道路纷纷传闻，举手相庆，说朝廷已备好车驾，召海公做相国了。

不久，太平府同知龙宗武，查知伪造海瑞奏稿的是芜湖县生员王律所为，将其抓捕到案，并立即向操江提督胡槚报告。胡槚是湖广人，张居正素所亲信。他把这件事私下向张居正汇报。张居正怀疑奏疏是吴仕期所作，担心胡一旦上奏又会兴起大狱，于是把奏疏拦了下来，并致信胡槚，大意说，诈传诏旨，律有明条，他自投法网，谁也不能赦免其罪行。但我详细阅览伪疏之意，不过以海君为举世瞩望之人，故假托他的大名，以暗中蛊惑异类，窃窃虚名，而不知自己先陷于死罪，所谓血口喷人，先以自污，求名而不得，可恶也可哀啊。近年以来，人心不正，邪说横行，包藏祸心，欲伤害良善正直者，不知有多少起，只是此人不幸败露。我担心大疏一上，皇上一定震怒，根求党羽，那时治罪的人恐怕不止他一人虽然说是群小自作孽，但毕竟有伤宇宙太和之气。胡公如果不告诉我，死生唯命，不敢与闻。今既然我已知道，希望宽宥处理。

胡槚于是把伪疏案交由龙宗武查勘审理。龙宗武知道吴仕期上万言书的事，于是穷治王律，暗示他海瑞伪疏乃吴仕期所作，王律不肯，于是严刑拷打，王律被逼妄承，最后坐吴仕期假捏圣旨律论死。有记载说，此案审结后，胡槚揭报张居正，张居正回信有"廉实杖毙"之语。龙宗武遂以操江提督的名义用片纸写了一份红帖，欲杖打吴仕期一百棍，使人让吴仕期看，并对他说："尔郡中缙绅有得罪时相者，如果牵连到，你的罪就会宽大处理。"吴仕期抗言说："我自陈其冤状不得，奈何复转为他人冤，男儿死则死，不能枉害忠良。"龙宗武所指牵连的人，是宣城沈懋学，也是张居正愤恨的人。龙宗武见吴仕期不肯攀诬，于是将他押入大牢，令狱大断绝吴仕期的饮食七天，吴饥饿难忍，把自己的衣絮咬食殆尽，仍不死。吴仕期知道自己难逃一死，写了一篇自祭文，随即死在狱中。

沈懋学是宣城人，著名剧作家汤显祖曾与他一同游芜阴，客于郡丞龙宗武。张居正的叔父也以举子客龙宗武，三人很相得。万历五年，张居正请教他的叔父："叔父在举人中，是否有特别了解的，有雄骏君子如晁错、贾谊这类人吗？"叔父回答说："在我的眼里，没有超过汤、沈两生的人。"张居正一心想让自己的儿子在科举中一甲，因此网罗海内名士。他通过叔父延请沈、汤两生。汤显祖拒绝前往，而沈懋学遂与张居正之子张懋修一起中第。[13]

张居正堂堂一国首辅，为什么要与儿子张嗣修的进士同年过不去？原来，夺情之议起，沈懋学作为该科状元（此时是翰林院修撰），三次写信给张居正之子张懋修，大讲经权忠孝之辨，内容有"师相之留为世道污，诸子之疏为世道计，奈何视为狂童、斥为仇党乎？"他还写信给李幼滋，说什么"师相之归宜决，台省之归宜止"，言甚切直。李幼滋回答说："你所说的都是宋儒迂腐之论，这就是宋朝弱弱不堪的原因。现在师相不奔丧是圣贤之道，直接征诛揖逊而得其传者。你小子安能理解？本朝唯有王守仁可与语。罗伦不达此耳。"

伪疏案牵连海大人。海瑞早在隆庆四年罢官后，久已回到广东琼山。张居正明知此事与海瑞无关，但还是不放心，授意广东巡按，使他渡海侦伺。海瑞家乡居于深山，房屋只有几个椽子，当时正炊黍饭客，巡按故意询问朝廷事，海瑞一概不知，且不知张居正有父忧之事。巡按回报，张居正怒解。

以上记载扑朔迷离，多有欲加之罪。现存张居正书牍记载非常明确，他指令胡榄宽处王律。张居正死后的万历十三年六月，万历帝下诏，将胡榄、龙宗武处以永戍之罪。此时升任大理少卿的王用汲不肯署名，上疏说龙宗武合依"听上官主使律"，与胡榄以主使律各处斩，中使持王用汲疏至内阁商量。辅臣附奏说，内阁大臣三人中有二人不从，并言现在岂能因王用汲一人而废三法司之议，乃始论戍，万历帝亲自在发配边卫下加"永远"二字。

彗星即百姓俗称的扫帚星，自十月初五这一天，从东南出，经月而灭。时有匿名谤书，贴满两京大街小巷，传言张居正将要反。种种迹象表明，似乎有人在呼应邹元标上疏所说的"窥窃神器"。

天象与天灾似乎有意配合。扬州遇到了罕见的大灾。漕运总督吴桂芳惊惶之下奏请赈灾。张居正致信不要惊慌，并说他曾从学天官氏（钦天监）考其占验，都是茫昧之事。百姓遇有饥溺，朝廷自然应当拯援，即便没有星变，也岂能宁视不管，不要牵合事应过为惊惶，以致摇惑众人。

二十三日，京城汹汹不安，如有大事变。这些连续性动作的背后，似乎有一只巨大的黑手在操纵，目的是把张居正赶回江陵。在迫不得已的境况下，张居正亲自拟旨，又经冯保请万历帝视朝，以安抚人心。在敕谕文武群臣时，针对邹元标上疏离间君臣等种种，以及京城汹汹不安的气氛，万历帝强调说，朕受天明命，为天下君，进退予夺，朕实主之，岂臣下所敢专擅？元辅张居正，身任社稷之重，岂容一日去朕左右？且纲常伦纪，君臣为大，朕恳切挽留，群臣都助朕留贤，才是同心为国。怎奈群奸小人藐朕冲年，忌惮元辅忠正不便己私，乃借纲常之说肆为挤排之计，欲使朕孤立于上，得以任意自恣，殊为悖逆不道，倾危社稷，大伤朕心。兹已薄示处分，凡尔大小臣工，宜明大义，恪共职业，如或党奸怀邪，欺君无上，必罪不宥。

自此，街贴渐次消散。

这是张居正柄国五年以来，第一次强烈地感受到灾难将会降临。连续三天，他在极度恐惧中惶惶不可终日。二十六日，他上疏请求宽宥言官以保全国体，其中，"君臣猜防"是他无法回避的重点。在反驳强加于他的"欺藐君父"一节，张居正说：

> 使君父挟见欺之心以临臣，而臣下蒙欺上之罪以事主，臣主之间，猜惧互起，情悃隔阂，议论滋多，则安静和平之福，必不克以终享，此臣所为深惜也。今言者已诋臣为不孝矣，斥臣为贪位矣，詈臣为禽兽矣，此天下之大辱也。然臣不以为耻也。夫圣贤之学，有遁世不见是而无闷者；人臣杀其身，有益于君则为之，况区区訾议非毁之间乎？！苟有以成臣之志，而行臣之忠，虽被恶名，不难受也。臣之所惧，独恐因是而益伤皇上之心，大亏国体之重，凿混沌未萌之窍，为将来无穷之害耳。[14]

君臣猜忌，互起疑心，这是张居正最担心的。以往改革之难，难在众口难犯，难在人心玩愒，难在触犯利益群体，但这些都难不倒"以其身为蓐荐"的张居正。现在张居正感到害怕了，内心恐惧了，因为一旦失去皇帝的信任，他做任何事都会被加上"欺君罔上"的罪名。

惧怕就不是张居正。不错，有许多为国家策励前行、勠力做事的人，生前他们都不为世人所认可，但圣贤之道，知而不悔。如果有利于国家，人臣杀其身，则无所逃避，又岂能在乎訾议非毁！

周虽旧邦，其命维新。在几千年的国史上，像张居正这样为国家、为改革冒死不辞而甘之如饴的，恐怕找不到第二个。万历帝谕旨安慰，说"这厮每（们）明系藐朕冲幼，朋兴诋毁，欲摇动我君臣，倾危社稷，卿虽曲为解说，于法决是难容"[15]。

张居正决定反击。十一月初一，因星变考察群臣，实是一次严厉的清算。科道官以前经多次整饬，几乎没人敢公开与他对立，而此次参劾他的四人都是翰林院、刑部官员，故这次考察的重点是部院中下级官员。因疏救吴中行等人，相继迁谪、发配、冠带闲住、被黜为民、称病而归的官员多达数十人，包括翰林侍讲赵志皋、张位、于慎行，修撰习孔教、沈懋学，内阁学士王锡爵、南京浙江道御史朱鸿谟、南京都察院右佥都御史张岳，原任河南道御史傅应祯，等等。有人劝张居正借此收拢人心，不宜以威权劫天下，张居正明确反对，说："当大过之时，为大过之事，未免有刚过之病，然不如是，不足以定倾而安国。"

晚明史学家谈迁认为，张居正身后破家沉族之祸，于此酿成：

> 管仲夺骈邑三百，没齿无怨言，终古仅仅。于以卜江陵之不终矣。[16]

回籍葬父，"夺皇家风水葬地"

由夺情引发的攻讦浪潮，让张居正的身心受到极大摧残，他用不幸中的大不幸来形容，说自己伤痛之余加以震惧，形神俱瘁，病势转增，奈何奈何！为了让更多关心他的人了解这场朝局之争和他的苦心，张居正把夺情以来的奏疏辑成《奏对录》寄给好友。耿定向捧读数过，情不能已，致信张居正，说他经常思考，伊尹毅然以先觉觉后自任，初不解所觉者何事。读过《奏对录》，对照近来朝廷发生的事，才明白"挞市之耻，纳沟之痛，此是伊尹觉处"。由张居正的遭际，耿定向回想起二十多年前的一件事，他猛然而觉。那是张居正乡居离京前写给徐阶的一封信，规劝恩师要勇于承担，徐阶让他的门生故吏看此信，士绅大夫都艳慕称叹。耿定向也向张居正道贺，没想到张居正愤愤然，说："此余生平积毒，偶一发耳！"耿定向大惑不解。他想，世人都说这是张太史（张居正时为翰林院官员）忠告良谟，而江陵为什么说这是"积毒"？为此"积疑者许年"。时间过去了二十年，直到耿定向看到夺情后张居正所经受的"挞市之耻，纳沟之痛"，他才豁然明白"伊尹之觉，而后知阁下（张居正）之所谓毒，其旨深也"，他说：

> 今士人自束发占毕以来，便惟知以直言敢谏为贤，而其耻、其痛不切君民，则世所谓贤，非毒而何？！某非阁下之觉，亦终蒙毒以死矣。[17]

耿定向是张居正的知己，是最理解江陵的人。明朝养成的士人敢言直谏之风，如果从江山社稷观之，这些举朝为之近乎癫狂的行为又岂不是"毒"？而张居正自《陈六事疏》以来，不正是为自己敛怨积毒吗？

特别是柄国以来的五年多，他推动改革的每一举措几乎没有不在风浪中前行，在士人的集体反对中踯躅而进。当张居正蒙受"恋权忘亲"的攻击时，耿定向致信表示，"恋之一字，纯臣所不辞，今世人臣，名位一极，便各自好自保"。希望张居正不为众口所惑。张居正大感安慰。

在张居正的心中，徐阶是如父一样的恩师。徐阶闻讣后，先是手书安慰，随即又亲写祭奠文章，张居正跪而读之，涕泪横流。他说人一生最大的事莫甚于亲人之丧。居正不睹先人之面，已一十九年，一旦阴阳两隔，抱恨终天。乃乞归未允，反而遭受恶言。进不成报国之忠，退莫展奔丧之礼，内忧外困，交集于身。今虽勉强应召而出，然精神困惫，形容摧朽，"宇宙间悲苦蕴结至极而难堪者，无如不肖孤矣"。倘若不是老师抚育培植，恩深义重，谁又怜之？今拟皇上大婚礼成，即请回乡葬父。行前驰使以报，祈求恩师教诲。

痛苦的时间显得格外漫长。万历帝大婚前后，张居正开始考虑他暂时离开朝廷的人事安排，他觉得爱将戚继光的建议有道理，于是想请徐阶出山。徐阶婉言谢绝，说他天性庸懦，原非任重之材，近年疾疢频侵，形神支离，知虑昏塞，已不复能勉强策励，如果冒昧妄动，不独隳误国事，重遗公他日正救之忧，亦恐困毙道途，反负公向来怜念之厚，此决非所敢闻。希望居正一意以天下自任，勿更相念也。

张居正只好作罢。

万历六年二月二十九日，皇帝大婚后的第十天，张居正奏准回荆州为父亲入葬。三月三日，他以给假回籍，提出只有吕调阳、张四维二位在内阁，经他推举，增补礼部尚书马自强、吏部侍郎申时行为内阁大臣，万历帝命随元辅等在内阁办事。

吕调阳是广西桂林人，万历即位之初，问张居正："孰可与卿同事者？"张居正以吕调阳对，随即入阁参与机务。张居正陈请守制期间，吕调阳因病肺复发，又新患足痿，九疏乞休未允。张居正葬父回京后，吕调阳致仕，万历八年卒于家，享年六十四岁。张居正为他写了长篇墓志铭，对他肯定有加，也从侧面为自己"专权擅政"做了某些委婉的解释，他说吕公为人，外表温和而心中有是非，内心刚毅而面貌和蔼，决断大事，言语不多，不轻易可否，与人相处，谦恭谨慎，不苟为异同。"自余柄政，与公共事者六年，内奉冲圣，勤缉熙，外赞密勿，定计画，莫逆于心，莫违于口，六年如一日也。"他曾说过：大臣同心协力，苟利社稷，嫌怨共之，内阁乃中枢之地，又岂能以日事争辩为称职？读书人每每鄙薄曹参而低看丙吉，不知庙堂之上，同寅协恭，大业乃成。[18]

马自强出身陕西同州大族，其弟马自修是远近闻名的大商人，他与张四维是亲家，其子马慥娶张四维之女为妻。夺情事起，马自强因救吴中行、赵用贤二人而忤逆张居正，自己揣度，不敢奢望入阁。张居正为收拢张四维，举荐他入阁，人们以此称赞张居正。遗憾的是，他于当年十月去世，在内阁仅半载有余。

申时行对张居正夺情，采取静观其变的策略。史书评价此人素蕴藉，不为张居正所忌，由此得以入阁。他为官颇有一套。江南大才子钱谦益曾以词林后辈身份到苏州向他请教，阁老坦言，他为官有二十字箴言。钱谦益前席而听：

安分身无辱，闲非口莫开，温柔终有益，强暴必招灾。

后来辗转相传，为清朝的曾国藩手书为条，悬挂居室，朝夕省览，奉若金科。

申时行是苏州府长洲县人，祖父徐乾原姓申，因幼年过继给舅家改姓徐。父亲徐士章是庠生。徐时行出生于嘉靖十四年，十二岁时生母王氏去世，他少年生活拮据，嘉靖四十一年高中状元。三年后提出归宗，改名申时行。此事轰动苏州，成为街谈巷议的话题。后来有人以此为背景，创作了一部家喻户晓的长篇弹词——《玉蜻蜓》，影射的就是申时行。说苏州南濠巨富申贵升与原配张氏不睦，外出虎丘偶遇法华庵尼姑王智贞（志贞），二人私通，张氏得知后多次搜捕，申贵升受到惊吓，死于庵中。智贞产下遗腹子，以申贵升遗物玉蜻蜓扇坠为表记，题诗于衣，又托庵婆深夜送子归还申府。婆婆路上受惊，将幼子遗弃，为路过此地的豆腐店店主朱小溪抱回抚养，朱小溪后因生活困苦，将孩子卖给苏州离任知府徐上珍，徐为之改名徐时行，又按徐氏排行，取名元宰。十几年后，徐时行将赴京殿试，徐上珍将其母智贞所书血书和玉蜻蜓扇坠交给徐时行，并告诉其身世底细。徐时行庵堂认母后，于嘉靖四十一年在殿试一举夺魁，点了状元后，向申氏族人请求归宗认亲，更名申时行。此剧因为有"私通"等伦理丑事，申、徐两家向官府交涉，请求禁演，但一直到清朝仍无法禁演，徐氏后人多次请禁，官司一直打到民国。

隆庆、万历皇位交替，申时行受命起草诏告劝进笺表，张居正一向以文字自诩，一般文人他从骨子里看不上，却对申时行的文字功底肯定有加，称其文稿不求工而自工，真经世文章。申时行入阁时，年仅四十三岁。

明朝中期以来，内阁虽有首辅、次辅之分，但属于内阁集体负责制。万历三年八月，是张居正任首辅后第一次增加内阁大臣。万历帝命他举荐堪任的来看。当天，张居正推举詹事府掌府事吏部左侍郎兼翰林院学士张四维、吏部左侍郎兼翰林院侍读学士马自强、詹事府少詹事兼翰林院侍读学士申时行三人。万历帝升张四维礼部尚书兼东阁大学士，并亲批"随元辅"三字，令其入阁办事。自此，张四维如张居正的属吏一般，不敢以同僚自处。内阁体制俨然一变，成为首脑负责制，成员也更像张居正的属吏。

离京前增补阁臣，是平衡权力，互相牵制，但张居正还不放心，他以身远阙庭，或于四方事情有所闻见，或于朝廷政务有所献替，奏请给勘合数道，以便不时奏闻。万历帝赐"帝赉忠良"银记印章一颗，若闻朝政有阙，可即实封奏闻。

三月十一日，张居正启程前，在文华殿西室与万历帝面辞。他不放心已是成人的皇帝，在御座前奏说：皇上今大婚之后，起居食息尤宜谨慎，这一件是第一紧要事。臣为此日夜放心不下。又数年以来，事无大小，皇上全都委派给臣，今后皇上却须自家留心，各衙门章奏，皇上一一省览，亲赐裁决，有关系紧要者，还召内阁诸臣与之面相商榷。万历帝嘱咐张居正长途保重，到家不要过于哀痛。张居正伏地痛哭，皇上哽咽流涕。张居正叩头退后，万历帝对身边近侍说："我有好些话，要与先生说，见他悲伤，我亦哽咽，说不得了。"万历母亲得知后，口传慈谕给张居正："先生既舍不得皇上，到家事毕，早早就来，不要待人催取。"

张居正出发的隔日，万历手敕谕旨给阁臣吕调阳等人："朕以冲年践阼，凡事都赖张先生公忠辅佐，卿等所知。今虽暂准给假，不久便来。一应事务，都只照旧。若各衙门有乘机要行变乱的，卿等宜即奏知处治。大事还待先生来行。"吕调阳等回奏道："首臣张居正，忠义才略，委过人远甚，我皇上自践阼以来，虚心任之，臣居正殚竭心力，不避劳怨，孜孜夙夜，赞襄化理，于今七年，百度皆已就叙，无容变更。臣等才虽不逮居正，而奉国之心则靡有二，百司庶府，奉法惟谨，当亦无敢或乘机变乱者，如果有之，臣等即遵奉明谕，奏知处治，以杜奸人窥伺之端。遇有事情重大，费处分者，亦先奏闻皇上，待臣居正至日，定议请行。"[19]

这些表明，张居正不必为他离京期间朝局翻覆而担心。他虽不在朝，但仍牢牢掌控大明，皇帝也一如既往地信任他。

张居正于十三号启程回籍，皇上派司礼监太监张宏郊送。爱将戚继光想前途迎送，张居正告诉他，途中仍行奔丧礼，不见宾客，不敢烦劳旌节。居正从戚将军派来的军兵中挑选了矫健的鸟铳手、箭手五六人，以壮声势，其他人一概遣回。他特别叮嘱爱将，要与蓟辽总督梁梦龙协调好关系：蓟事已全托付给梁梦龙，他是我的门生，与我关系最厚，谅他必不负我。自任总督以来，听他的议论，看他的志向，视蓟镇如家，士大夫有说足下坏话的，他全力辩护、解释，由此可知他对足下用意深厚。希望足下自处，务从谦抑，凡事关利害，应直抒胸臆，虚心商榷而行，不要定执己见，不要心口异同，与人争体面，讲闲气；南北军情，务须调适，法行一概，勿得偏重；凡浮蠹冗食之人应全部裁汰，蓄之无用，徒招物议。处置属夷不可视为细事，务必恩威互用，使之知畏且怀，为我外藩可也。边疆事重，孤虽去，不敢须臾少忘。顷奉上谕，凡机密重务，许以不时奏闻。阃外之事，部署已定，希望足下倍加审慎，不要以我暂时离去而改变思虑。

戚继光的弟弟戚继美时任贵州总兵，寄来锦帐为张居正母亲做寿。

张居正是奉旨回籍葬父，他的步辇是真定知府钱普所造，广一丈四尺，深一倍有余，前重轩，后寝室，以便起卧休息，旁翼两庑，各站立一个童子，而左右侍从为他挥扇、炷香。它由一百二十人抬，用马三百匹。全用白绫鞍鞯，随行的人也是一身素白。张居正腰绖素冠，日行二百多里，见星而行，见星而舍，经良乡、涿州、定兴、白沟河、保定、定州、真定、赵州、顺德，十九日到邯郸，十驿七天，行走一千余里。张居正在邯郸修整了一天。他在这里给工部尚书李幼滋写信，告诉他虽驰骛大风尘埃中，而心以得归为快，殊不知劳，只是犬马瞻恋阙廷之念，不能顷刻去怀，进亦忧退亦忧。当天他与会湖亲家在官舍相会，款语移时，因匆匆而别，未罄所欲言，预计下月初会到家。

张居正所过之处，地方官迎来送往，牙盘上食，水陆备陈，据说多时过百品。钱普是无锡人，独能做得一手吴馔，张居正特别高兴，说我行走到此仅吃一餐饱饭。这句话为外间所闻，于是吴中善做佳肴的厨子招募殆尽，皆得善价以归。

过邯郸就出了北直隶，进入中州河南。张居正往返专程到新郑拜访高拱，已如前述。驻扎开封城的周王派人持礼物、祭品在河南境迎请。周王是朱元璋的第五子朱橚的封号，此时袭爵的是朱在铤。张居正答谢周王，说此行衔哀奔赴，一切奠馈毫不敢受，以睿情深重，又不敢例辞，谨拜（收）珍食嘉果，余辄璧诸使者。容还朝之日，专启修谢。

张居正经磁州、彰德到卫辉，过滹沱河、漳河，浮舟为桥。延津一过到省会开封。张居正已走三十七驿，一千四百二十七里。再由开封经朱仙镇、鄢陵、许州、上蔡、汝宁向西。到南阳时，檄河南巡抚、巡按为李贤立坊，表其宅里。这自有张居正的特殊用意，因李贤夺情被质疑，以此正天下视听。自开封到武昌，共二十七驿，一千三百零五里。而自武昌到荆州，还有一千二百一十里。

古代有长子不回不葬的礼俗。张文明的灵柩一直停放在捧日楼。

这是一座新的大宅院，当地人称"大学士府"。万历四年，张居正的门生刘台参劾他"规利田宅，诬辽王以重罪，而夺其府地"。这件事成为张居正身后抄家悲剧的导火索。

张居正出任首辅后，在好友的一再劝说下，最先想新构蜗居，规模很小，作为归政后读书之所。巡抚赵贤曾于隆庆三年任荆州知府，为官有贤声，与张居正家来往频繁，张居正家偶有不便的事，包括母亲、弟弟来往，家中顽奴的惩治，特别是涉及打着张家旗号贿赂请托需要暗中追查的事，多交给赵知府来办。张居正出任首辅的次月，赵贤由浙江按察使升任湖广巡抚。

赵贤到任后，联络张居正的进士同年、郧阳巡抚凌云翼及巡按御史，想资助张居正家，在荆州起新屋。时百废待兴，张居正无暇过问，大学士第就动工了。地点离张家老宅不远，在荆州府衙的偏东南一地。督工的是锦衣卫庞姓官员，他按照京师大宅，大事兴作。但张居正家没有多少积蓄，湖广三院即巡抚、巡按与郧阳巡抚商量资助。张居正得知后，致信赵贤，希望把工程停下来，说我的本心，原不敢以一椽一瓦劳费地方有司，此事虽由锦衣卫督造，也只是因其有公干，顺便借用，我真的恐怕惊扰地方。现在运河堤工正在兴造，疲困百姓，无所筹措，国家与民众困敝已至如此，哪里还有银两为我营建私第？！我虽然无德于乡人，实不敢牵累家乡以为自己敛怨。况且，去年诸公所赐坊价已经支付给工匠，即便仍有不足，以后逐年用朝廷的赏赐及本人的俸入、田租，也可以陆续凑一些，大约二三年时间，可以补完。现在诸公又商议为我建私宅，如此一来，那些在湖广做官的人一定会争先效仿，出钱捐助，实际是我借营建私第的名堂而大开贿赂之门，我的罪将愈加深重。万望诸公理解鄙人的由衷之意，亟停前项工程，"俾仆无恶于乡人，无累于清议，则百朋不为重，广厦不为安也"。

张居正想停工是真诚的，因为他把未来二三年皇家的赏赐、薪俸乃至田租都安排支付牌坊所用，如果再兴私宅，他就拿不出什么来补上了。但工程一旦停下来，又与风俗有悖。到了万历元年春夏之交，主体工程已近完成。其间皇帝赐给一千两银子，但因费用巨大，杯水车薪，还是地方官屡次捐助才得以完工。

万历元年六月，大学士府完工，张居正恭请万历帝为楼堂题名，万历赐楼名为"捧日"，堂名为"纯忠"，令工部制匾，差官悬安。皇帝还说，朕知卿素秉廉节，特赐御前银一千两，少给工费，卿宜承命勿辞。万历帝喜欢写大字，随后亲洒宸翰，手敕谕张居正：朕以卿纯忠为社稷，有捧日之功，故以为堂楼名，卿其亲承之。又颁赐御笔大字二幅，对句一联：

志秉纯忠，正气垂之万世；

功昭捧日，休光播于百年。

万历派文书官恭捧到张居正京城私邸。张居正上疏谢恩，说昔日马周遇唐太宗，但承给宅之恩；张方平在宋太宗时，仅赐文儒之字。如臣所蒙恩遇，从古未闻。谨珍藏于家，"奕世作云礽之宝；睹名思义，益当输忠社稷"。

在大学士第举办的第一场重要活动，是为张居正父亲的七十岁庆生。赵贤写的寿词也请王世贞代笔。王世贞颇费笔墨，大讲新屋的建造，大意说新天子以张公能计安社稷，又念荆州没有居第，无以安相国的双亲，故赐金若干，作为陶梓之费。[20]张居正去世后，王世贞在《首辅传》中所记，与之前大有不同，说张居正本来贫穷，家乡没有居第，乃在江陵城买了一大块地，派锦衣卫百夫长庞某假显陵公事之便，全力督造，舍宇刚建成，冯保言于皇上，名其堂"纯忠"，左为社稷之臣，右为股肱之佐，楼为"捧日"，又出帑金一千两作为资费，"于是全楚之台使者，监司、郡守皆有贿己，环楚而为台使、监司者，亦如之。凡三载而就，费直将二十万，自居正帑者，不能十之一矣"[21]。

大学士府规模宏大，集合京城大宅和南方山水庭园于一体。前有南园水沼，北有水池绕府东，北进老东门是"帝赉良弼"坊，还建有世德庆源祠。万历三年六月，内召赵贤任都察院协理院事。

张居正一路兼程疾行，四千多里的路仅用了二十天，于四月初四到家。他披发徒跣，趋入门而左，凭枢一恸，气息几绝。母子相抱，痛哭失声。乡老亲戚故旧环列枢前，无不嘘声感叹。张居正早在京师，家人根据丧不过七月的民俗，定于四月十六日发丧。张文明喜欢交友，当地父老远近相送者，也都素车白马。见张居正焦毁过礼，皆大悦，称张居正为孝子。

四月十六日，张居正率子弟族人扶父棺枢，安葬于荆州太晖山之原。张居正旋即驰上《归葬事毕谢恩疏》，称其父归葬于敕赐太晖山之原。[22]举丧当日，皇帝钦派治丧官和治祭官，湖广地方官也全部前来会葬。张居正有个同年御史于业，罢官已久，与张居正故善，也来会葬，至墓所，自称工堪舆术，密语张居正："吾相地多，毋逾于此者，是且有天子气。"张居正大惧，掩其耳，礼而趋之去。墓志是汉白玉料，子贵父荣，篆书共有三十七字墓志铭，乃张文明生前所赠封衔：明故诰封特进光禄大夫左柱国少师兼太子太师吏部尚书中极殿大学士观澜张公墓志铭。铭石边长九十六厘米，厚二十四厘米。[23]

张文明入土为安前，坊间就一直流传，张居正父亲的墓地是占夺皇家的吉壤。为回应这一说法，张居正在此时写有《葬地论》长文，驳斥葬地能作人祸福的论调。张居正子张懋修在整理此文时，特加说明，称"论作于万历六年得请归葬时，其坚任己见如此。世人谈其因图风水致有僭占者，恐先父至愚，不如是也"。张居正在文中说：

> 人死，大梦也，不复觉者也……方其生时，魂强神王，智能思，力能行，然欲为子孙图虑长久，亦有不能尽如其愿者。死后枯骸，乃能庇覆其后人乎？……《青乌》之书，始于郭璞，彼固精于其术者，葬其亲也，宜得吉壤善地，而身为王敦所杀，后裔无闻……近世言堪舆者，皆宗江右曾、杨二姓，

今江右之区，贵门世族，踵相接也，乃二姓之后，未闻有显者……世之延促，家之隆替，命也，吾何知焉？君子强为善而已矣。[24]

张居正回乡前，万历帝有五月中旬回京的谕旨。安措父亲后，张居正以母亲年高七十三，又逢夏季炎热，难以跋涉二三千里之远，向皇上奏请，至八九月间扶侍母亲一起回京。张居正还给四位阁臣写信，请面对时曲为一请。他同时给司礼监太监张宏写信，请于圣母、皇上前达其微情。万历帝不允，说自先生辞行后，朕心日夜悬念，朝廷大政俱暂停以待，先生宜思皇考付讬之重，圣母与朕眷切，早来辅佐，以成太平之治。命太监魏朝秋凉时伴送卿母来京，要张居正五月底前先行回京。张居正接旨后，遂于五月二十一日启程，六月十五日到京郊，皇帝派司礼监太监何进在广宁门外真空寺赐宴。张居正荆州葬父之行，历时三个月。

戾气与荆强，张居正的"三大心腹"

不积滴水，无以成江河。历史常常是由看似无关紧要的微小事件演化为趋势的。

当耿定向"积疑者许年"，通过张居正的"积毒"豁然而解后，这位天台先生不忘对出自家乡的柄国宰相进行善言规劝。他说，那些浮慕为贤而不知其为毒的士人，固然可哀，而那些"浮慕为贤，而非甘心为不肖者，尚可觉也"。对这些"大多数"，他希望张居正"时以往所觉某者觉之，而不忿疾于顽可焉。盖不摇撼于称讥赞毁，而永肩一德，惟以安社稷为悦者，此阁下之任、阁下之心也"[25]。

耿定向向张居正表达的"区区一缕血诚"，就是告诫张居正，忘记个人的恩恩怨怨，更不要以"称讥赞毁"来划分是否归附的标准，更不能把天下士人都视为不肖而拒之门外，毕竟，大厦非一木所能支，天下不能一人包打，而把更多的特别是反对、抵制、讥讽你的人团结起来，这既是宰相的胸襟气量之所在，也是安定社稷、复兴大明的现实需要。

自嘉靖时起，朝野上下充满一种戾气。晚明的王夫之用了很多词汇，如"气矜""气激""任气""躁竞""偏狭"等来形容。戾气与威权又相激相成，如孪生兄弟，即便正直的君子也不免使气而矜名。王夫之甚至认为，明朝灭亡是因使气而争。黄宗羲的学生、著名史家万斯同论及晚明的君臣关系时说："天子视旧臣元老真如寇雠，于是诏书每下，必怀忿疾，戾气填胸，怨言溢口。而新进好事之徒，复以乖戾之性佐之。君臣上下，莫非乖戾之气。"[26]

学者赵园提出，明朝人对残酷的廷杖抱以欣赏的态度，他们将对肉体的摧残作为成就自我、展示威权的绝好场所，将受虐作为政治摧残下痛苦的宣泄，将血肉淋漓、以死相作为对施虐者的报复，堪称弱者的复仇。[27]

高拱称张居正为"荆人"，虽语带不屑，实则含义丰富。《风俗通》曰："荆之为言，强也。阳盛物坚，其气急悍而强也。"乡居其间，张居正也曾深刻探讨过地域文化对一个人的影响。他提出人才之生，大抵肖其土产，与地域风气很相似，必须通过后天的学习、吸收而后融合、萃化，要改变故我，必须吸取他域之精华。他说楚有长江、汉水、衡山、巫山，山磅礴而水濞湃，故其人多任情、率真、简易、信实，有磊落倜傥之气概，但流风熏染，被其遮蔽的缺点也很明显：认死理，不会变通，径直而不屈服，锋锐无比而鲜少坚久。世人亦因此认为不无缺欠。即以国朝杨溥、夏元吉、刘大夏这三位而论，杨溥居庙堂之上，参赞机务多年，夏元吉官户部，主财政二十多年，康济天下，刘大夏任兵部，筹划边鄙，都是世人所称许的元功硕辅、社稷之臣，而评论他们的人仍然以为质掩其学，风习未融。自居正为官十余年，见今楚才辈出，又都从学问起家。而今风气不正，世人所说的学者夸侈而无实，并无真才实学。[28]

当张居正踏上回京行程的同一天，福建晋江人、户部员外郎王用汲上疏全面否定张居正改革，并引用孟子"逢君之恶其罪大"的名言立意，延伸"逢相之恶其罪更大"。还奏请万历帝躬亲大政。这无异挑动了表面看上去宠信有加，实则意味别有的君臣关系。

王用汲先以去年星变考察结果立论，说被打压的一半都是不倚附宰相的人，而能得辅臣之心的，虽屡经参劾，仍然不次提拔，如果失辅臣之心，虽素负才名，难免以不及论调。孟子曰："逢君之恶其罪大。"臣则谓，逢相之恶其罪更大。现在大臣，未有不逢相之恶者，故天下无事不私，无人不私。陛下又不躬亲大政，这是驱天下之人而使之奔走宰相私门啊。他请万历帝每日勤习庶政，亲自阅览内外章奏，凡事先拿定主意，然后宣付辅臣商榷。久而久之，任何事情都逃不出皇上睿鉴。不然的话，万一时移势改，有阴险的人居中枢决策之地，亦循今日故事，则政柄下移，积重难返，何所不至！

最耸动视听、挑拨君臣关系的是这样几句话：

> 夫威福者，陛下所当自出；乾纲者，陛下所当独揽。寄之于人，不谓之旁落，则谓之倒持。政柄一移，积重难返。此又臣所日夜深虑，不独为（赵）应元一事已也。[29]

王用汲所说的赵应元，万历四年八月任湖广巡按，张居正回籍葬父时，湖广地方大吏只有他未参加会葬，因此他极为不安，与接任他的官员交代时，为免遭报复，以病请休。金都御史王篆，原是张居正的门客，素来与赵应元有嫌，他迎合张居正之意，嘱托都御史陈炌参劾赵应元规避，遂革职为民。

王用汲上疏是在张居正自荆州回京途中，其用意非常险恶：既然无法阻止张居正回朝，不如釜底抽薪，挑拨君臣关系。

张居正回到京城的当天晚上，他从邸报中得知王用汲被革职为民，但因准备次日面圣，具体情况未经问及。随后会同三位内阁大臣，才知事情梗概，但也未见全疏。他在皇上给他的十天休假中，认真阅读全奏，才知所言"朝廷政体所关，天下治乱所系"，若隐忍不言，将使忠邪混淆，是非倒置，最终会导致国是不定，政本动摇，遂于六月二十二日上《乞鉴别忠邪以定国是疏》。

张居正一生中很少上长篇奏疏。这次上疏多达三千余言。所谓"国是"，是指国家大计，根本性方略。张居正先驳斥了赵应元因没有参加其父会葬而被都御史论为不职的说辞，以及星变考察借机罢黜不附己者两件事。张居正说这两件事都是"借言"，而末后一段谓皇上当独揽乾纲，不宜委政于元辅，这才是王用汲给他挖的大坑，"陷臣之机阱"。

在张居正看来，王用汲上疏关系到是否继续推进改革，还是他避擅权之名而使之中止的大是大非之所在。从更宏观看，又涉及中国古代君主治理天下的两种模式，即乾纲独揽型和委任责成型。张居正举出唐朝贞观时期，有劝唐太宗揽权，不宜委政于房玄龄等人时，唐太宗说，这是要离间我君臣啊，立即把此人罢黜。张居正说，今王用汲之意与此相类，但只可以摇惑平庸的君主，不可欺蒙圣明君主。另一种模式，张居正举了两位君主，一个是秦始皇刚愎自用，一个是隋文帝猜忌苛察，谗害忠良。张居正说，信任贤臣，正所以揽权也，王用汲是诱导皇上为秦始皇、隋文帝，乃大错特错！

关于皇帝大权旁落一层，张居正辩驳时强调：国家安危，在于所任用的人是否称职，今日仅应该论辅臣贤还是不贤。出身草莽的臣子，一旦担当首辅重任，如果得不到皇上信任，倾心委用，又岂能肩巨负重而有所施展？况且现在各衙门章奏，无一不经皇上御览而后发内阁票拟；等内阁大臣票拟后全都进呈皇上，也无一不请皇上裁决而后发行。数年之间，纪纲振举，百官奉职，海内之治，庶几小康，这是市人、田夫所共同歌颂而欣喜庆幸的，而王用汲却说成人人尽私、事事尽私，这不是颠倒是非，又是什么？！

张居正随即分析，他何以受到如此多人的反对、质疑。他说是因为臣务在综核名实，摧抑浮华，因此大不便于小人，而倾危躁进之士，游谈不得志之徒，又从而鼓动、煽惑其间，他们相互怂恿、教唆，处心积虑，有间辄发。过去刘台有臣"专擅"之论，现在王用汲又造出"阿附"之言。他痛心疾首地说：

> 夫专擅、阿附者，人主之所深疑也。日浸月润，铄金销骨，小则使臣冒大嫌而不自安，大则使臣中奇祸而不自保。明主左右既无亲信重臣，孤立于上，然后呼朋引类，藉势乘权，恣其所欲为，纷更变乱，不至于倾人国家不已。[30]

张居正最后表示：臣是顾命大臣，义当以死报国，又岂能在意毁誉得失？！皇上如果不用臣也就罢了，如果一定要用臣，臣必用法律以治天下，那些险躁之士必不敢引进，以坏国家之事。如有捏造浮言，荧惑皇上，紊乱朝政的，必举祖宗之法，明正其罪。

张居正身上那股湖广人的刚毅倔强跃然纸上。正如他对方逢时所说："明兴以来，国有艰巨之事，众所懔懔观望而不敢承者率楚人当之。"[31]

如果说，两年前刘台对他"专擅"的攻击是对改革的一次变相抵制，那么这一次则事关改革能否继续推进下去。所谓"纷更变乱"，就是要把张居正的所有改革全部推翻，他绝不容忍这些倾覆国家的阴谋得逞，他绝不妥协，宁肯赴汤蹈火，付出生命的代价，也要把改革推行下去。他要昭告世人，凡是扰乱朝政的，一定严惩不贷。

但万历帝并没有重处王用汲。这反映了君臣关系在他离京的短短三个月间，已悄然发生微妙的变化。张居正担心的"日浸月润，铄金销骨"，正在慢慢变成为事实。他本想将王用汲下狱廷杖，但当时次辅吕调阳休致，张四维拟旨将王用汲革职为民，万历帝从之。张居正以罪轻，移怒张四维，厉色待之者多日。王用汲回到家乡后，屏居郭外，布衣讲授，足不履城市。

古往今来，君主最忌讳的是太阿倒持，大权掌握在臣下之手。此事也是张居正与万历帝离心的一个重要事件。由夺情引发的一系列事件，相推相挽，慢慢发酵，及至王用汲上疏，这颇具标志性。就现实而言，它达到了离间君臣的目的，直接影响到用人与朝政两大端；从未来而论，为张居正身后悲剧种下祸根。

沈德符说，居正柄国之初，锐意国事，万历四年以前，其设施尽自可观。自从被刘台攻击，渐次用王国光、王篆掌吏部：

> 迨夺情诸事起，而隄防尽裂矣。夷陵之忍毒，不能如汪荣和，而卑侫过之矣。至纠合台垣，为之角距；动借白简，锄去非类，则又永嘉所不为者。[32]

王国光是山西泽州阳城人，万历即位，任户部尚书，张瀚离任吏部尚书，由王国光接任。王篆是湖广夷陵人，接陈瓒出任都察院都御史。上文所言的永嘉，是指嘉靖初靠议大礼起家的张聪，张居正对他十分钦服。沈德符还评价说，张聪与张居正都是绝世异才，"然永嘉险，江陵暴，皆果于自用。异己者，则百端排之，其所凭心膂，又皆非端人，所以不得称纯臣"[33]。

冯梦祯也提出，夺情以前，张居正堪称"贤相"，而其"晚节不终"是用人出了问题。指责最多的，是张居正重用家乡人李幼滋、曾省吾、王篆为"三大心腹"。

王篆，字绍芳，张居正书信称少方，湖广夷陵州（今宜昌市）人，嘉靖四十一年中进士，时年已四十三岁，与申时行、余有丁、王锡爵为进士同年。初知吉水县事。万历三年任操江提督时，因迟报建昌王府被盗印事，致使万历帝对张居正猜忌怀疑。他致信张居正，提醒有人收集材料，欲有动作。操江管领上、下江防务，王篆对防务提出整体建议，得到张居正肯定。

万历六年，王篆任都察院副都御史，万历八年九月出任吏部侍郎。王篆对军国大事，凡其所见，知无不言，言无不尽。张居正也很信任他，对边饷马政、吏治民隐，无疑不问，不断不成。任职吏部后，王篆秉持"见几则义不可去，若存形迹则为工于自谋而事师亦不忠"的原则，对张居正的一些做法屡次劝谏，而张居正不听。当张居正与张四维矛盾日深时，他也委曲保护。张居正临终前以天下之才向万历帝推荐了他，神宗书其名于御屏。但半年后即被冠带闲住，万历十一年九月革职为民，次年四月被抄家。

明朝人意气太甚，王篆心怀坦荡，并非像沈德符等说的那样。革职后，他考察嘉靖以来选官制度，与人合著《吏部职掌》一书。他精于书法，许多作品被视为珍品。万历三十一年去世。

曾省吾，号确庵，湖广承天府钟祥县人，官籍，嘉靖三十五年进士，与耿定向是同年。惕厉中外，史书评价他娴于将略，尤善治边，莅事精勤，多有建白。

隆庆三年，朝廷采纳张居正《陈六事疏》，举行大阅，时任提督学道的曾省吾极表赞同，张居正复信请他就所管地方认真甄别选考生员进入国子监读书之事，宁缺毋滥。据《病榻遗言》载，隆庆六年初，高拱、张居正裂痕已显，曾省吾授意门生给事中曹大野弹劾高拱。四月，以太仆寺少卿出任四川巡抚。万历元年，张居正以都蛮为害多年，不容不除，他与兵部尚书谭纶商量，谭纶极表赞成，并说四川兵饷足以措办，但在统兵大将人选上踌躇不决。曾省吾向张居正推荐四川总兵刘显足办此事。但兵科给事中以刘显过去在福建平倭时的兴化城败事参劾他。张居正认为征伐之始，不易更换大将，于是与谭纶商量。刘显曾是谭纶的部属，谭纶对他非常了解，也极为肯定，谭纶曾致信俞大猷说："节制精明，公不如（谭）纶。信赏必罚，公不如戚（继光）。精悍驰骋，公不如刘（显）。然此皆小知，而公则甚大受。"但因蓟镇练兵事备受指责，加之刘显在福建确有不法事，遂不敢独立承担，请张居正征询曾省吾的意见。张居正遂致信曾省吾，表示如果刘显确实可用，特疏请留，立功赎罪；如果不可用，当另外寻找能任事的人。并请曾省吾把这个意思明白告诉刘显，以鼓励他奋勇向前。[34]随即，刘显在叙州境内的凌霄山取得大捷，张居正致信曾省吾，应该乘胜追击，不宜打消耗战，并说刘显功名著于西蜀，将功赎罪，保全威名，在此一举。十月十四日，朝廷收到四川红旗报捷，官兵收复都蛮盘踞的九丝山，张居正异常高兴，说平定都蛮，不但蜀民安枕，而且国家神气借此一振，四方有逆志干犯之人，也将破胆而不敢放纵作恶了。喜甚，喜甚。至此，大明朝实现了全境安定，这是以往历史所罕闻、隔代而仅见的成就。张居正对曾省吾的善后大表赞同，并说功高赏薄，尚当等待。

在明朝的地方体制中，巡按御史属于中央派遣的监察官，职在监督行政长官巡抚。这种体制本来是为了权力制衡，但矛盾由此而生。次年，四川巡按孙代上疏说，都蛮残余未灭，又将卷土重来。张居正提醒曾省吾，凡是都蛮余党没有肃清的说辞，都是觊觎都蛮的土地，善后良策在于安抚，原来分处遣散是为分散其力量，现在可以用恩义怀柔，允许顺从的人回到故土，再久任刘显以弹压，数年之后，他们都是朝廷的子民了。万历三年，晋曾省吾右副都御史，升兵部侍郎。万历五年，张居正对人说，确庵（曾省吾的号）高明沉毅，秀雅能文，他日必为国家柱石；我对于国家无所裨补，唯思推毂英俊，以共襄王事。然追念生平所拔举，可托之久要如确庵者，一人而已。可见曾省吾在张居正心目中地位甚高。

万历六年底，曾省吾升南京都察院右都御史，八年正月，接任李幼滋为工部尚书。张居正去世半年，他致仕回乡。张居正被抄家，他与王篆都受到牵连。查抄曾、王二家时，曾省吾角巾青衣，王篆着囚服乞哀，仍被宦官杖责。十二年三月，曾省吾被革除官籍为民后，居住在钟祥城东千弓坝桥。现城内有"少司马"牌坊，是他任职兵部侍郎时所建。

李幼滋，湖广德安府应城人，号义河，张居正的同年进士。由于是同年又是同乡，二人关系非同一般。李幼滋、李幼淑兄弟二人并为张居正姻亲。张居正在家乡养病其间，李幼滋也罢官在家，同病相怜的二人经常互诉衷肠。嘉靖三十五年十月，二人同赴湖南，徘徊八日之久。隆庆五年，张居正在内阁地位稳固，说皇上"虚己以任宰相"，官员们都想有所作为，请李幼滋立即出山赴关中任宪使，还明确表示，很快将有更重要的职位交给他。李幼滋到关中后，张居正详细向他说明朝堂上关于俺答封贡之事的委曲。李幼滋也为张居正出谋划策，张居正肯定他是豪杰所见，自与凡人迥然不同，说他在朝廷中素有威望，长久在地方为官，"鄙心未尝敢忘，有待、有待。相去伊迩，此中动静，想得俱闻。有可以助我者，望不时直教，幸勿以秦、越相视也"[35]。

万历元年，李幼滋由太仆寺卿迁大理寺卿，次年任户部侍郎。张居正任首辅后，有两次大事变，他都发挥了重要作用。王大臣案初起，张居正迫于冯保意，欲攀引高拱，幼滋方病，强起到居正宅邸，劝曰："朝廷拿得外人，而公却追究主使之人，今称主使者，即高阁老，如此，恐万代恶名，将归公矣。"张居正饰辞以对，高拱事乃得白。万历五年九月，李幼滋升任南京右都御史，将赴任，张居正闻父丧，李幼滋首倡夺情之议。短暂赴任南京后，李幼滋于当年十二月出任工部尚书，万历七年底致仕。他身躯肥胖，茶壶、酒壶、尿壶皆不可少，人称"李三壶"。万历十二年去世。世人对他评价不一。谈迁受王世贞的影响，说李幼滋以讲学博取声名，每次见到居正，倾心交谈到次日，援引自己的人进入要害机构，偶尔向居正进逆耳之语，以示忠告，他暗中策划夺情之事，出居正府邸却作抗直之声。

耿定向在《祭李义河》一文中极赞李幼滋，将他与汉朝文范、宋朝明道相比拟，大意说，万历六七年间，张居正负盖世之才，操独运权柄，一意以就治功，而天下所谓英贤烈士，各执所见，以相角抵。当时李公不难以意见不同而沽直道之名，也不难以身退而树高尚之节，其隐忍迟回，希冀一言为江陵采纳，为天下保全善类。"迨公度难为，移疾引退，于是天下之人，噤口捲舌，所谓英贤烈士者，胥遭禁锢。"那些只看到李公乘时而行、宦成而退之粗迹，而不知其去留之苦心，未免皮相之论！[36]

耿定向写这篇祭文时，张居正、李义河均已谢世，且在张居正破家沉族之后，世人仍欲鞭、欲挫而后快，耿定向此时为张居正发声、为治功申诉，不愧知己。

预言"高台倾，曲池平"

汉朝大儒董仲舒说他的座右铭是：以义正己，以仁安人。用这句经典之语权衡张居正，他也做到了。他不但严于律己，对他的家人特别是子弟辈，要求也极为严厉。

张士佩是陕西韩城进士，军籍，万历八年三月出任四川巡抚后，奉敕清丈田地，将隐匿和诡寄在他人名下的全部清出，使得承受重赋之困的百姓，负担明显减轻；天全土司杨时春作乱，他派兵将其生擒。就是这样一位干练的巡抚，也不能免俗地给张居正送礼。张居正与之推心置腹，说我生平好荐举、援引天下贤能的人，后来进入内阁，进贤又是职责所在，首辅之位更易于援引提携，故我荐举的人尤其众多。有人从沉沦小吏登诸八座，成为尚书侍郎一级的高官，同我一起比肩事主。但我不会让他们知道，也从不希望得到回报，因为荐贤本来是为了国家，并非想市德于人。而现在为我所引荐、提拔的人，往往用馈遗相报，一旦被我拒绝则心生疑虑，说："丞相为何疏远我呢？"有人不能殚心任事，一旦被罢官则又责备说："柄国为何不像起始那样，始终庇护我？"凡此种种都是流俗之见，并非大雅之材。古代义士所以酬报知己的，定是道义所在，又岂在区区礼节之间！萧何相国以韩信为贤则夜下追之，后见他背负汉朝则除之，这些做法都是为了国家出于公心而已，岂有一经荐拔，就能保其平生的道理？

张居正也承认，他的父亲、家人在荆州接受了一些馈赠。这种情况自张居正进入内阁到他去世的十几年间，不曾间断。隆庆三年，他给荆州知府赵贤去信说："前老母、舍弟回。顽奴不知已擒获追并否？"从张居正去信的隐晦用语推断，这个顽奴打着相国的旗号撞骗他人。赵贤开始以为，张居正仅是做个样子，也就没有特别在意。后来张居正一再追问处理结果，又派锦衣卫把顽奴抓捕，经初步审讯，顽奴对诈骗潘姓士大夫之子的犯罪事实供认不讳。按照明朝法律，"与受同科"，即出钱行贿的与接受贿赂的人都要接受同等惩罚，并且，按照审判程序，发遣以上的重罪必须经由巡抚、巡按一同向朝廷司法部门转呈。张居正得知情况后，既惶恐又惭愧。为此致信赵贤，商量变通处理。说我既不能禁止下人为非作歹，又因而连累他人父子前程，内心实在不安，现在犯罪的两个恶棍被监禁在锦衣卫，希望在此结案。我的个人意见是，不必送呈巡抚、巡按两院，请把盖有印信的揭帖（不属于司法正式公文）与犯罪人供认的招词，以及原赃银两一并差人，直接送给我。我收到后，将来文与赃款发给该锦衣卫，立案归结，二恶棍也就在锦衣卫处置，不用送刑部。这样处理既不伤潘氏父子前程，也不经由许多衙署，留下此案形迹。

张居正清楚，他这样做有违案件审理的程序。他援引现在各省布按两司，用印信关防揭帖，处理公事甚多的"依据"，倾情相告，说我身居柄国之位，承担重任，每天检点自己，想以身作则，为百官做表率，没有料到家中顽奴竟敢故犯宪条，孽由自作，死不冤枉，希望早点除掉他，以警其余。揭帖中开明已经监故即可，其赃银务必解来，是因二恶棍见到被害人的口词、赃物乃肯输服。而且，我的心迹也因处理这件事得以表明。

因此案未经正式的司法程序，没有留下更多原案资讯。从张居正的书信判断，这是张家的下人合伙诈骗潘氏父子，许以官职或科举之事，而潘氏父子也出了银钱请托。张居正不想让这件事为外人所知，一则有损相国的声名，二则为他人攻击自己提供口实。后来，在张居正的主导下，这两个恶奴被锦衣卫杖毙。

张居正对赵贤非常信任，出任首辅后，升赵贤为湖广巡抚，此举意在借重赵贤约束家人。如果家人有不法之举，他也能及时得悉，便于私下处理。张居正的父亲，性格磊落，好饮喜交，在乡里中颇有人望，儿子的成就让他很自豪，有意无意，到张府送礼的人着实不少。张居正对父亲感情最深，有些人与事，他不好也不敢明言，只好请赵贤来“把关”，说：

> 老父高年，素怀坦率。家人仆辈，颇闻有凭势凌铄乡里、溷扰有司者，皆不能制。藉公之威，明示两司及敝处守令诸君，但有如前所云者，幸即为擒治。其所请嘱，无问于理可否，悉从停阁；有强梗不法者解来，仆面鞫之，欲得而甘心焉。仆今待罪政府，兢兢自守，门户举动，皆诸差人所睹见。严之于官守而纵之于家乡，人其谓何？即诸君爱我，亦不宜用世俗相处也。仆平生耻为矫饰，其所云者，悉出赤悃，万维垂亮。[37]

在给左都御史廖春泉的信中，张居正也承认，张家人虽颇知奉法，而小小的不干净未必全没有，对他们钳制管束一日不敢忘掉。

当时确有官员把重礼送到荆州，以图东山再起，对这样明显的贿赂，张居正的处理更为严厉。刘秉仁是张居正的进士同年，嘉靖四十五年出任郧阳巡抚，隆庆元年十月，因御史参劾他不职，用到南京衙门做了闲职。不久，因给事中吴时来等人参劾他曾疏荐太监李芳，被罢官解职。万历帝即位后，有巡抚举荐刘秉仁明达端方，干济有声，疏下吏部。张居正作为首辅，也认为刘秉仁过去在郧阳有惠政，无端被诬，召用有期，并与吏部商量，等有合适的巡抚空缺将他补用。但刘秉仁好像不能等待片刻，居然多次与吏部私下联系，还暗中透露张居正的意思。吏部尚书对张居正说，此公（刘秉仁）才能我也确信可用，无奈书信频仍，本部因此引嫌不敢用他。自此，张居正也无法讲话。不料，刘秉仁又到荆州张家以拜见同年长辈的名义送厚礼。

万历三年，张居正给他写了一封语气严厉的信，说刘的做法是欲速而反迟，求得而反失。张居正说，现在国家正在用人之际，我对有才之士的渴求远甚于士人对我的渴求。即便远在万里，沉于下僚；或身蒙訾垢，众所指嫉，如果其人真的贤能也一定要用。而你不以贤德之人自处，等待国家用人；相反却用集市做买卖的办法给我馈送厚礼，要挟我以必从，又想通过我的家人陷我以难却，你如此做法真的是太不了解我了。古人曾说，非其义而与之，如置之沟壑中。我真想不到，你把同年（进士）作为沟壑啊！以你的抱负、资历和能力，又当盛年，本来当下就应该起用。希望以后关门养重，召公之令，不期而至。如果一定要像流俗那样所为，舍大道而走曲径，弃道谊而用货贿，我不得已，必将你的事向朝廷揭发，以表明我公正无私。事情真的到了那一步，既陷我于薄德，而公亦永无向用之路了，对彼此都有损害啊！

张居正通达人情世故，不是板着面孔的铁包公，他律己极严，对刘秉仁以行贿又近乎要挟的手段以图官复原职不留情面，后来也没有起用他。

湖广特别是荆州府、江陵县的官员，属于张居正家乡的父母官，对张居正也有照顾。万历二年，荆南道员施华江、荆州知府王古林动议，将荆州府中的一块淤洲送给张居正家，以贴补家用。张居正谢绝二人的好意，致信说：我家有薄田数亩，可免饥寒。老亲年纪大了，子弟头脑也不灵光，真心不愿广地积财，以增加自己的过失！而利之所在，怨之所积，相国家带头，百姓讨生活就更困难了。

万历五年他又给湖北巡按向程写信说：近日我收到家信，说你派人到寒舍送厚礼，我的弟弟因夙有省戒，不敢承领，已当即返还给你派来的人。你有新的职位，将离开湖广，不知是否完璧归赵？希望你查询后告知我。从前屡次承蒙你惠赐，俱未敢当，不料你又出此！广西巡抚吴文华也把厚礼送到张家，张居正屡次拒绝，说以后如果再送，不敢不以上闻。

张居正任首辅后，打着张家旗号招摇撞骗的事，明显比以前多了起来。这类事比较隐晦，现已真假难辨，但张居正时刻关注，一经发现，为免人们议论，多不经过官府的正规程序而以家法处置。

张居正的家乡，有个湖广夷陵州（今湖北宜昌县境）的人，张居正不知他的真实名姓，此人曾在荆州冯午山公处，代班坏事。隆庆四年，在仪真地方，搭一油客船来京，沿途即诈称是张家人，船上还挂内阁牌面，又诈写张居正的拜帖，见河道总督翁大立时，翁总督也为他所诳，给予照身批文（在护照上有批示），因此一路上免抽税，打过关，一直到通州张家湾。张居正得知后，立即差东厂和锦衣卫的人把他拿送法司，发边远充军。岂料此人诈骗之术甚高，至戍所后，又诈称张居正家人，竟然诳惑宣府总兵纵令脱伍。万历元年，此人又到江西清江（明朝临江府治）诈骗。操江巡抚（设应天）将其抓获后，因不知此人的真实来路，于是从轻杖责后就把人放了，并把此事告诉了张居正。张居正致信说，我素重名节，虽亲子弟，无敢以毫厘干预官府。三年前，曾有一家奴指称小儿名目，诳人三两银子，当即送本府杖死。可恨此棍，无故随处打网，诬人名节。幸亏你发觉有诈，本希望为我重加惩治，以除祸本，奈何又从轻处理放了他。他现在漏网，将来又不知做出何等事情。如果他尚在发配的地方，希望从重惩办；如果已经逃脱，希望密派逻卒，连同逃奴朝吉一同捉拿归案。

运河是南北经济的大通道，在此诈骗的也不乏其人，张居正只好刻一块信牌，发给各过往地方官署，凡是打张家旗号的人，一律收捕。万历二年，张居正交代漕运总督王宗沐：近来运河上的奸人动辄打着张家运送米物的旗号，四处诓骗骚扰，屡加惩治仍不歇止。我现在朝堂为官，京城宅门，大小所用，即便朝夕两餐的花费，都是用朝廷给的俸禄换取，随用随花，连一年的积蓄都没有。况且，我出身贫困，老父母健在，尚须拿出微薄的俸禄寄给二老，哪里还会有其余的积蓄雇人做买卖！凡是打这类旗号的，全都是假的。考虑到诸位有所不知，也难以每个衙署都一一告知，现在出此僭越的举措，刻一道信牌，交付给各处过往紧要的官署收执，以便盘诘查验。借助王公的威重，照我名单所开的诸处，分给禁约，取具收结缴查。如有犯者，仍望即置之重法，以成全我曲廉小节。王宗沐果然按照张居正的请求，后来抓获冒充张家的人，将其杖毙。

万历七年，张居正又得知有棍徒假名张梅，自称张居正家人，于江南北一带贸易，督漕侍郎江一麟也为其诳，给予牌票，全免关税，又擅乘驿传有所求索。不久，张居正之子张嗣修将其拿获，交官法办。张居正随即告诉江一麟，说小儿居家闭门诵读，即便我家乡荆州的官员，也很少与他接见。四方相知故交每有惠赐，一毫也不敢领，岂能差人到远处去从事贸易！此后再有奸人假称我的族姓家人，不论真伪即置之重法。如江公不忍加刑，希望差人拿解来京，愿得而甘心焉。仍乞通行漕运衙门，严加缉访；有重令脱逃者，将官吏提究。

权之所在，利也归之。给张家送礼的名堂许多，为张居正父母送礼，有孝敬长辈之意，如果又是张居正的同年交好，就会令张居正很难拒绝，这种情形下，张居正也偶尔略收一二。

父亲张文明去世后，张居正在京守制，又辞去朝廷俸禄，亲朋好友以吊唁的名义送礼，张居正也一概拒绝。有济世之才的凌云翼是张居正的同年进士，时任两广总督，他拿出自己的薪俸要帮衬张居正。张居正对他坦露初衷，说我自任官以来，对四方的馈遗虽然一概拒绝，但于一二相知故交，偶尔也有非常少的接受的情况。现在连相知故交也不敢领受，这并非自绝于长辈。因我现在暂时留在朝廷，承蒙君父非常之恩，艰巨之托，不得不弃家捐躯以图报称。故上不受国家的俸禄，下不受朋友的馈赠，以图国家之事，而不敢一毫有所希冀，这才让我的内心稍安。伊尹一介不取，故身冒天下之大不韪，而人不以为非；诸葛孔明言：臣死之日，不使家有余财，廪有余粟，以负陛下。我虽然不肖，也愿意向先贤学习。如果辞去国家俸禄以沽名，而又接受私人馈赠以自润，上欺其主，内欺其心，我真的不能这样做！

湖北布政使杨柏是河南商丘人，也是张居正的同年进士，他以年谊吊唁，又欲亲临荆州祭奠。张居正得知后对他说：除皇帝召见、赴内阁处理事务外，我每天闭门守制，不在私宅接受宾客的吊唁，四方相知故交送来的奠礼也一切谢却。诸位同年虽然属于世谊，与众人不同，但我也不敢承当。谨把你写的祭奠章稿先寄回放在先人的枢侧，我老父地下有知，必定深深感谢。至于丰厚的奠礼实在不敢领受。等我明年南归时，一定亲自到府上表达谢意。

甘肃总兵陈锐给张居正送厚礼，送到京城相府，且以问遗老母为名，张居正以无因至前，殊为惊讶，但又不好坚拒，只好委婉谢绝，而陈总兵没有回信，张居正担心捎信的出现差错。张居正还得知，陈总兵于其他官员皆有厚馈，忧虑以前钻刺之风殆将复作，遂给三边总督郜光先写信，请他戒谕：今朝廷圣明，功罪赏罚一秉至公，营求打点皆为无用，唯有竭忠尽力报效国家，才是正道。

张居正有时迫不得已，象征性地收取一点，是让对方安心。万历八年，云南巡抚饶仁侃送礼，张居正考虑到边方将帅数千里路途，如果一概不收，也令人不安，于是象征性地收了眼掠及催生杯二件。张居正还询问，催生杯不知何物所造？何所用之？便中示之，以广异闻。

高尚志，曾任江西布政使司左参议，他的女儿嫁给张居正季子张懋修为妻。万历元年，高给张居正送礼，这本是亲家之间的礼尚往来，但张居正也予拒绝，并把他编纂的《帝鉴图说》赠送高尚志一部，还说是他的妻子寄给令爱的薄仪，希望收下。

万历二年五月是张居正的五十岁生日，广东巡抚张守约送厚礼，张居正回信说：贱日有惠，概不敢当，辄用归璧。极知公厚意，中心藏之，此后幸无烦差人于寒舍问遗，恐涉形迹。还有的官员已经解职，把厚礼送到江陵张家，张居正一再讲：仆于交际之礼久已旷废，又严饬族人子弟不敢轻受馈遗，故虽相知亲旧有惠，概不敢当，并非故意与人违众，更不是沽名钓誉，实在是以当事任重，兢兢焉务矜小节以自完而已。

甚至有的人与张居正关系极好，送礼理由又特殊，张居正也予以拒绝。张居正与李春芳是同年，后又同在内阁，李为首辅，张居正居次。李春芳致仕后，二人仍保持书信往来。万历四年，有人传李春芳父亲去世，但张居正等了很久也不见同年向朝廷上请恩疏*，内心怀疑消息是否真确。次年六月，李春芳按例向朝廷请恩，并请张居正为他的父亲写神

---

* 恩疏：向皇帝奏请赐以恩典的奏疏。

道碑，还把一笔润笔费送来。张居正对未能及时吊唁，向同年表达万分歉意，他接疏后即交有司复允，并说视常典有加。但还是拒绝了这笔颇为可观的润笔费，并请李春芳派来的人带回，答应秋冬时节将神道碑写好呈上。数日后，赐原任少师大学士李春芳父李镗祭葬如例，加祭二坛。

张居正教子极严，不但各省督抚及各边大帅，俱不许之通书问，即京师要津，亦无敢与往还。"盖欲诸郎君继小许公事业，预养其相望耳。"吴善言是直隶成安人，嘉靖四十一年进士，万历六年因考察卓异，由山西右参政升为浙江巡抚。吴一直想找机会向张居正表示谢意。张嗣修中进士后，吴善言送礼以贺。张嗣修将此事告诉父亲，张居正令嗣修将礼物璧还，还专门询问吴，退回的礼物是否收到。

张居正家被查抄时，论救的人包括申时行、于慎行，他们都称其收受礼物于朝中官员则不敢，于边远地方则有之。但在张居正的书札中，又以拒绝边帅及边方督抚为最多。万历七年，他与两广总督刘尧诲讨论吏治时慨叹道，自嘉靖、隆庆以来，地方大员接受下属的馈赠几乎成为惯例，而交际太多，费用太大，又成为各省的通病，其中以两广最为严重。说他自进入内阁到现在，仅拒绝两广官员的馈赠就不止万金！一方之本在抚按，天下之本在政府。我屡次代皇上拟定严厉的谕旨，奖廉惩贪，也真心想以身作则，共成廉洁正直的政治风气！

张居正也确因拒绝收礼而遭到过报复。傅应桢任知县时，给张居正送礼遭到拒绝，而他送得一次比一次贵重，甚至声称把自己佩戴的白玉送给张居正。张居正对此颇为不解，说前次与你相别时，我曾以"守己爱民"四字相规劝，因而你屡次送给我的厚礼，我都不敢接受，原因很简单，唯恐与我平日规劝你的话相违背，也有亏你坚守自己的节操。令人难以置信的是，我屡次拒绝而你却仍然馈送不已，而且送得一次比一次厚重，莫非你觉得我是因为嫌少而馈送越来越多吗？至于你声称把腰间所佩戴的白玉送给我，这更令我惊异，你想一想，这样的宝物从何处得来？恐怕并非一个县令所应该有的。张居正拒绝馈送，又揭了傅知县的短处，自此，傅应桢对张居正既畏惧又痛恨，出任御史后，多次参劾张居正。

地方官为张居正及乃父建坊表*，张居正却看得很透，甚至预言了自己的下场。

陈以勤是张居正的老师，后又同朝为内阁大臣，他的儿子陈于陛于隆庆五年任湖广巡按时，在张居正家乡倡议做表闾之事，且态度坚定。张居正此时任内阁大学士近五年，此举显然有讨好之意，但也是惯常做法。家人把这件事告诉张居正。张居正予以制止，他对陈于陛表示，他既惭愧又惶悚。当张居正得知表闾还要垂念先世时，他说这是重仆之不德也，说自己的曾祖平生急难救困，曾愿以其身为蓐荐，而使人寝处其上，假如表闾这件事让先人所知，决不会忍心以此困我家乡父老，以自炫其闾里。而且，今年楚中遭受水灾，少省一分，小民则受一分之赐。在我寒门少此无损纤毫，而取多益寡，在乡人则有大惠。万望体谅，希望此举停下来。

后来，表闾的事情由湖广巡抚汪道昆、郧阳巡抚凌云翼二位进士同年提议，由湖广布政使司分守荆州府的官员和荆州知府具体落实。张居正先给汪道昆写信说："以前就知道你为我建坊之举，已预先陈述我的至诚，没有料到你已下令，我且愧且感。况且荆州连年水灾，仆方欲救之而不能，而敢为大役以招致众怨吗？且仆前已有二坊，省此不为缺典（仪节），而益之乃足以重吾过。

隆庆六年正月，张居正又给荆州道府写信予以劝阻，说荆州连年水

---

* 坊表：又称表闾，是刻石于里门，以表彰功德，树碑立传。

灾，民不聊生，再加上大工程役使，致使百姓心生怨恨。我家有薄田数亩，足以维持一家生计。我又时时把俸禄奉上老亲，也有美食为宾客之费，家不患贫。而诸公所馈赠的铢两都是民膏，我有何功承受、何德享受？我刚刚给汪、凌二公写信，诉说我内心的极度不安，希望你们再把我的意思转达，一定把工程停下来。如果不停止，就像我当面对你们说的那样，以建坊的工料费作为废辽王府的价款，交政府抵扣财库作数。[38] 我虽说对家乡没有什么德政，但也惧怕敛怨以加重我的过错。

万历九年，郧阳巡抚杨俊民也要为张居正建坊表宅，张居正颇感无奈，回信说："数年以来，愚父子表坊已六七座。已写信给敬修，即便建坊表的公文已发，大功已举，也恳请停止。"

张居正回乡葬父，万历帝接连下诏。江西临江人朱琏为御史时，取好张江陵，为入幕第一客。万历八年，时任湖广巡按的朱琏提出在荆州为张居正建三诏亭，以彰天眷、垂永远。张居正的回答带着真挚，似乎也以看透世间一切的口吻预言了自己故去后的结局，颇令人唏嘘：

> 吾平生学在师心，不蕲人知。不但一时之毁誉，不关于虑，即万世之是非，亦所弗计也。况欲侈恩席宠，以夸耀流俗乎？张文忠近时所称贤相，然其声施于后世者，亦不因三诏亭而后显也。不穀虽不德，然其自许，似不在文忠之列，使后世诚有知我者，则所为不朽，固自有在，岂藉建亭而后传乎？
>
> 且盛衰荣瘁，理之常也。时异势殊，陵谷迁变，高台倾，曲池平。虽吾宅第，且不能守，何有于亭？！数十年后，此不过十里铺前，一接官亭耳，乌睹所谓三诏者乎！[39]

张居正并不看重世俗眼中的"三不朽",他执理不疑，秉道而行，连万世之是非都不在意，又岂能为一时之毁誉所羁绊！他敬佩嘉靖初年的张聪（谥文忠），但他认为，自己在历史上的地位要超过张文忠。他见惯了太多的世态炎凉，夏言如此，严嵩更如此。他预言自己也不能免。这些悲剧，难道是个人的原因吗？无良法，何来善治。没有良好的制度，再高明的智者也逃不脱"高台倾、曲池平"的宿命。

沈德符写《三诏亭》，专文评论说：江陵以天下为己任，幕客中有人称颂他的相业，他回答说："我非相，乃摄也。""摄"字对于江陵柄国而言，固然没有错，但数千年历史，也只有姬旦、新莽二人可谓"摄"，至江陵，可称为第三人吗？

万历八年春季，他因弟弟张居谦去世，决意奏请回乡，但奏疏用语不说"乞休"，而说"拜手稽首归政"，如此，则皇上俨然已是成王了。晚年亦自知身后必不保，因为骑虎之势，自难中途而下，所以霍光、宇文护终于不免。昙阳子（王锡爵女）称江陵为一世豪杰，王锡爵惊骇之余而信服，故入都后不再与江陵作对，反而愈加调护，也是用化女之言也。[40]不错，张居正任首辅之初，皇帝尚年幼，他不止一次对人说，主上聪睿异常，又纯心信任，即便成王之于周公，恐怕也未能如此。

注释:

1.汪道昆.太函集:第一册.合肥:黄山书社,2004:260.

2.王世贞.弇州山人四部稿:卷六一,文部:2999—3001.

3.张舜徽.张居正集:第四册.附录.武汉:湖北人民出版社,1994:420—421.

4.辑校万历起居注:第一册.南炳文,吴彦玲,辑校.天津:天津古籍出版社.2010:174.

5.张舜徽.张居正集:第一册.武汉:荆楚书社,1987:266—267.

6.张舜徽.张居正集:第二册.书牍.武汉:湖北人民出版社,1994:266—267.

7.辑校万历起居注:第一册.南炳文,吴彦玲,辑校.天津:天津古籍出版社,2010:179—180.

8.谈迁.国榷.北京:中华书局,1958:4321.

9.张瀚.松窗梦语:卷一.北京:中华书局,1985:23.

10.陈子龙,等.明经世文编:卷三七二.北京:中华书局,1962.

11.明史:卷二二九,第20册.北京:中华书局,1974:6003.

12.陈子龙,等.明经世文编:卷四四五.北京:中华书局,1962.

13.钱谦益.列朝诗集小传.上海:上海古籍出版社,2008:562.

14.张舜徽.张居正集:第一册.武汉:荆楚书社,1987:286.

15.辑校万历起居注:183.

16.谈迁.国榷.北京:中华书局,1958:4326.

17.耿定向.耿定向集.傅秋涛,点校.上海:华东师范大学出版社,2015:226.

18.张舜徽.张居正集:第三册.文集.武汉:湖北人民出版社,1994:277—278.

19.辑校万历起居注.第一册.南炳文,吴彦玲,辑校.天津:天津古籍出版社.2010:220.

20.王世贞.弇州山人四部稿:卷六三.

21.王世贞.嘉靖以来内阁首辅传.北京:中华书局,1991:100.

22.张居正去世后有"僭占"辽王墓地的说法,据湖北专家考证,辽王府邸与张居正父亲葬地相去甚远.查继佐的《罪惟录》列传(卷四,1230页)说:居正穿父塚,夷入湘献王坟园.湘献王朱柏是朱元璋的第十二子,封国荆州,建文元年因伪造宝钞等罪死,无子国除.

23.孟修祥.张居正与荆州.武汉:武汉出版社,2019:72.作者称是原碑墓,但如果是原碑,应题张居正子辈,而作者发现

"编修嗣修"是四个蝇头小楷。可能是张居正被抄家后，万历帝命迁葬后的地方，即张敬修等为其父所写张文忠公行实，四月十六日葬大父青阳山之原。见张舜徽.张居正集：第四册.武汉：湖北人民出版社，1994：424.

24.张舜徽.张居正集：第三册.武汉：湖北人民出版社，1994：368—371.

25.耿定向.耿定向集.傅秋涛，点校.上海：华东师范大学出版社，2015：226.

26.书杨文忠传后//石园文集：卷五，四明丛书.

27.赵园.明清之际的思想与言说.上海：复旦大学出版社，2010：13.

28.张舜徽.张居正集：第三册.武汉：湖北人民出版社，1994：494.

29.明史：卷二二九：5997.

30.辑校万历起居注.第一册.南炳文，吴彦玲，辑校.天津：天津古籍出版社，2010：235—236.

31.张舜徽.张居正集：第二册.书牍.武汉：湖北人民出版社，1994：442.

32.沈德符.万历野获编：卷七.北京：中华书局，1997：204.

33.沈德符.万历野获编：卷七.北京：中华书局，1997：203.

34.张舜徽.张居正集：第二册.书牍.武汉：湖北人民出版社，1994：358.

35.张舜徽.张居正集：第二册.书牍.武汉：湖北人民出版社，1994：224.

36.耿定向.耿定向集.傅秋涛，点校.上海：华东师范大学出版社，2015：752—753.

37.张舜徽.张居正集：第二册.书牍.武汉：湖北人民出版社，1994：438.

38.原文："若不可止，如向者面渎云云，准作废府纳价，贮库作数。"注释：辽王废后，张居正家据以为府第，见张舜徽.张居正集：第二册.书牍.武汉：湖北人民出版社，1994：256。

39.张舜徽.张居正集：第二册.书牍.武汉：湖北人民出版社，1994：942.

40.沈德符.万历野获编.北京：中华书局，1997：229—230.

第九章

事中主不易，事幼君亦难

事明主易，事中主难；事长君易，事幼君难。

张居正最担心的是，他不惜破家沉族，倾尽全部心力再造的大明基业，会伴随他的离去而轰然倒塌，虽说这是人治时代近乎规律性的结局，但他仍想跳出这个周期率。他反复思考，最后归结道，只有把皇帝塑造成刚毅有为的君主，或可免于这样的结局。

经历了炼狱般的夺情风暴，特别是王用汲上疏抛出专擅朝政的主题后，其背后隐藏的离间君臣的险恶用心昭然若揭。张居正开始把目光聚焦在已近成年的皇帝身上，在得出他辅佐的万历帝仅是中主的判断后，他预感自己将承受破家沉族之祸，遂再三请求还政于上。这是张居正最后一次逃生的机会。由于李太后"辅佐皇上到三十岁"的要求，也由于张居正对权力的眷恋与不舍，还由于他"以其身为蓐荐"的担当和难以中止的改革大业，最终张居正的后半生在万历十年六月发生了惊天逆转。

"小世宗"在长大

夺情前后，张居正的思想发生了深刻变化，他重新回望历史，认真审视那些辅佐幼主的宰执大臣的人生晚场，得出一个让自己惊出一身冷汗的结论：

事明主易，事中主难；事长君易，事幼君难。

这也可以说是对万历帝禀赋资质的一次诊断与评判，更是对张居正自身命运的一次推演。这篇凝聚血泪的文字，实际触及帝制时代国家体制的核心，即皇帝制度。张居正在给年幼的万历帝编写、讲解《帝鉴图说》时，对汉武帝以后的历史有深刻的认识。现在，他又不厌其烦地阅读《汉书》，最终把目光停在了汉宣帝时期。宣帝重用文法吏，以刑名绳天下，大臣杨恽、盖宽饶等因罪而被杀，皇太子刘奭柔仁好儒，一次侍父皇进膳，从容劝谏说："陛下持刑太深，宜用儒生。"宣帝颇不高兴，作色道："汉家自有制度，本以霸王道杂之，奈何纯任德教，用周政乎？且俗儒不达时宜，好是古非今，使人眩于名实，不知所守，何足委任！"太子被训斥后悻悻而去，宣帝慨叹曰："乱我家者，太子也！"[1]

张居正最担心的是，他不惜破家沉族，倾尽全部心力再造的大明基业，会伴随他的离去而轰然倒塌，虽说这是人治时代近乎规律性的结局，但他仍想跳出这个周期率。他反复思考，最后归结道，只有把皇帝塑造成刚毅有为的君主，或可免于这样的结局。他详尽研究杨恽、盖宽饶、赵广汉、韩延寿四位名臣的悲剧结局，他不赞同司马光的看法，即宣帝虽是圣明之君，又有魏相、丙吉做丞相，于定国做廷尉，但宣帝有刻薄寡恩的一面，最终导致杨恽等四位名臣之死，成为善政之累。张居正更多的是从大臣事君之道予以总结，他说四位名臣实有取祸之道，那就是逾越了"臣事君以礼"这条红线。他随即总结了臣道，也就是保证晚场善收的"六顺"要则。

在中国古人的政治观念中，君臣如同天地。《易经》中乾为君，坤为臣，坤道就是臣下事君之道。坤道贵顺，周文王有保护天下臣民的大德，但事君小心翼翼，他作为人臣，止于敬，对君的敬畏是为臣的第一义，不论侍奉的君主是幼年还是成年，也不论他是有道之明主还是昏君。就四位大臣而言，他们的作为、能力都堪称绝异，但过分刚直就显得对皇帝无礼，久而久之使人主积不能堪，最终引来杀身之祸，实则咎由自取。大禹的父亲伯鲧很有才华，但傲狠不听，违抗上命，即便遇到舜这样的明君也不能容忍，何况是汉宣帝！《周易大传》有"坤道贵顺乎，承天而时行”的箴言，有才能的大臣要取得成就，必须以柔顺之道，上承天道而行。

张居正在论述以上坤道后，随后阐发坤道有“六顺”：竭尽毕生的努力，以匡济国家之事，而不敢有丝毫矜己德上之心，而把功德归于皇上，这就是顺；无论前路是险恶之道还是平顺坦途，只要皇上有令，就不敢有丝毫拣择趋避之意，这就是顺；在朝堂上有扭转困境巧妙之用，而外边丝毫不知匡救之名，这就是顺；怨诟任之于己，美名归之于上，这就是顺；功盖宇宙，而臣下之节愈恭，这就是顺；自身贵盛，受皇上恩宠达到极点，而执卑自我控制，这就是顺。

张居正特别提出，事君之道的“六顺”有一个前提，即“事明主易，事中主难；事长君易，事幼君难”。换言之，必须是明主、长君，才能行得通“六顺”。中国古典文献《尚书·益稷》有“元首明哉，股肱良哉，庶事康哉”的记载。如果遇到一个英明的君主，大臣就不会或很少出现悲剧结局。唐太宗是明君，才有魏徵这样的良臣。反过来，如果辅佐的是一位中主，也即平庸的君主，他没有英断，容易为人动摇，又恰是一位成长中的幼君，是圣志未定的皇帝，性格不稳定、不成熟，很容易翻覆，悲剧就极有可能发生。

把君主分为上主、中主、下主，是汉初著名政治家贾谊的高论。他说上主可以引而向上，不可引而向下；下主可以引而向下，不可引而向上；中主可以引而向上，也可以引而向下。上主最主要的特质是明辨是非，像尧舜这样的上主，夏禹、契、后稷与之为善则能推行，鲧、驩兜欲引之而为恶，定会被诛杀，因此说上主只可与为善，不可与为恶；像桀、纣这类下主，推侈、恶来这样的人围在身边，与之为恶则能推行，相反，正直的比干、龙逢欲引之而为善，则必定受到诛灭，因此说下主只可与之为恶，不可与之为善。

但泱泱数千年，上主、下主都不多，最多的恰是中主。这种情形下，宰执大臣的作用就尤为重要。如齐桓公，得管仲、隰朋则九合诸侯，任用竖貂、易牙则饿死胡宫，尸体腐烂也不得安葬。从人的先天禀赋而言，材性资质如果是上主，贤人定会汇聚在一起，而不肖之人定会远离，国家也一定会得到很好的治理，社稷江山也可以无忧；如果材性资质是下主，邪恶之人必定聚拢在一起，贤能正直的人必定远去，坐待灭亡又是不可避免的结局，江山社稷之忧又不胜其忧。上主、下主的结局似乎是固定的，因而其最可忧的，只有中主。这类中主，又似练丝，染之蓝则青，染之缁则黑，得善佐则存，无善佐则亡，此其不可不忧者耳。[2]

张居正对万历帝的认识有个过程。皇帝即位之初，张居正作为内阁首辅，对改变嘉隆以来的颓败朝政充满希望，觉得新君是可造之主。但皇帝大婚以后，张居正已然断定，他辅佐的皇帝是一个心志未定，容易为人左右的中主。这是张居正幸运中的大不幸，他虽然委婉，但还是深切感受到，他将要为改革承受生命之重。

朱翊钧（万历）第一次在满朝大臣面前亮相，堪称"闪亮"登场。时间是隆庆二年三月初十，年仅六岁的他以皇太子身份接受群臣朝贺。首辅徐阶毫不掩饰自己的兴奋之情，他当天对储君的相貌、仪态赞美不已：

> 东宫广额丰下，印堂甚润，两颧高耸，色莹如玉。步自文华（殿）左门入，凝重安详。时朝贺及执事者几万人，顾盼了无怖色。[3]

与徐阶第一次见到太子不同，张居正原来是裕王府官员，接触这位皇子的机会显然要多一些，册立东宫也出自他的上疏。而皇太子早年失教，对其后来劣性的养成影响甚大。

万历帝出生于嘉靖四十二年八月十七日，当时他的父亲裕王朱载垕朝夕危惧，竟不敢向父皇报喜事，乃至两个月不敢剪发。一天，一个颇受宠幸的宫女趁嘉靖帝高兴讲了这件事，不料世宗大怒，立即把宫女发遣出宫，自此再无人敢言。太监黄锦有一天见皇上高兴，即命宫女、太监在殿廷栏楯所至处都放置樽俎。嘉靖帝问：这是为何？黄锦伏地奏说：皇上自己想。嘉靖帝迟疑了一会儿，说："念惟生一孙，差可喜耳。"黄锦即呼宫女、太监，顿首呼万岁。自此，雪藏三年之久的皇孙才在礼部得以奏闻。

　　隆庆即位后，赐名朱翊钧。隆庆二年立为太子时，虚龄六岁，已到出阁读书的年龄，于是礼部多次奏请，而隆庆帝每次都命待十龄来说。礼部再三申说，作圣之基，以豫先教养而成；天下之本，以早教而端，如果必等十岁，尚有二年之久，中间如果所见所闻少有不正，则关系非轻。早一日，则有一日培养之益；迟一年，则少一年进修之功。隆庆帝仍无动于衷。直到隆庆六年三月，隆庆帝大病不起，皇太子才出阁讲书，此时距朱翊钧即位，仅有两月。

　　万历即位后，作为内阁首辅和顾命大臣，张居正有双重身份，他既要以首辅身份推进朝政，同时又要对冲龄的皇帝今后的躬亲大政负责。他与万历帝既是君臣，又是师保。他既要保证圣学日进，又要教小皇帝练习政事。

　　万历即位时虚龄九岁，与明英宗即位的情形相近。不同的是，宣宗去世前诏敕群臣，除指定太子朱祁镇（英宗）继承皇位外，还有家国重务必须上禀皇太后、皇后然后施行的宣示，遗诏也再次强调此项命令。明初废除丞相后，所设立的中枢体制是建立在皇帝具有完全理政能力的前提下。宣宗病逝后，皇太后曾考虑立宣宗亲弟、成年的襄王为皇帝，但最终还是不敢违背祖制，立太子（英宗）即位。英宗即位后，尊皇太后为太皇太后，这就是仁宗的张皇后。此时年幼的英宗没有实际执政能力，大臣请太皇太后垂帘听政，她以非祖宗家法拒绝；杨士奇还代表内阁呈奏太皇太后，请求其弟张升一同辅政，也为太皇太后明确拒绝，于是委政内阁，下令朝廷政务，先经内阁会议，再经皇太后（太皇太后）审核后执行。批红是皇帝的核心权力，英宗年幼，无法批红，遂由司礼监太监暂行代批。太皇太后实际暂时代行皇帝权力，与"三杨"（杨士奇、杨荣、杨溥）辅政形成很好的架构。文渊阁也成为内阁的办公场所。朱元璋废除中书省，但职司抄写的中书科没有废除，其官中书舍人保留下来，景泰时作为内阁的直属机构，分属于文华殿东房、武英殿西房，内阁设有诰敕房和制敕房。英宗年幼，不能临朝听政，以往决策方式也发生变化。当时创造了一种新的体制：每次早朝时，只许讨论八件事情，而提前一天，先把讨论的事项抄录一份送到内阁，内阁大臣预先拿出这八项事情的处理意见，再向皇上陈请。皇帝掌握了处理意见，次日遇到大臣陈奏这八件事情，只依所陈传旨而已。"三杨"先后于正统五年、九年、十一年去世，太皇太后也于正统七年去世。此时英宗已经成年，皇权又平稳回到皇帝手中。但临朝听政的体制没有恢复，通过内阁票拟，皇帝批红的决策体制相沿成为定制。

内阁的权力主要体现在起草皇帝的谕旨、诏旨，包括对中央各部院、各部门和地方所上奏章条陈，拟出一个初步处理意见，以供皇帝裁决参考。而其行使权力体现为票拟，又称条旨，即在中外奏章上用小票墨书，贴书面进呈皇帝。因此内阁从决策程序上是第一关。其次，票拟的意见具有很强的导向性。英宗复辟改元天顺，信任李贤，以其掌文渊阁事，李贤也成为第一个称为首辅的内阁大臣。但嘉靖以前，尽管内阁首辅主掌票拟，但与其他内阁成员一同商量，首辅只是主笔而已。嘉靖十六年，在文渊阁一间房内设御座，旁四间各自相隔，开门户于南，作为内阁大臣办公的地方。内阁东边诰敕房内装为小楼，储存书籍；西边制敕房南面空地，添造卷棚三间作为各书办的办公室。此后，内阁取代文渊阁成为其办公场所。

靠"议大礼"进入内阁的张聪，凭借嘉靖帝的特别信任，遇事专断，其他阁员拱手唯诺而已，首辅与次辅，次辅与其他阁员，视如僚属。此后内阁的倾轧也主要发生在首辅与次辅之间。夏言与严嵩、严嵩与徐阶、徐阶与高拱、高拱与张居正，这四次激烈而有名的内阁之争都发生在首辅与次辅之间。而其激烈程度到了将对方置于死地而后快的地步。皇帝根据内阁拟定的条旨，有最后选择权。经过朱笔批出，再回到内阁宣发，才具有法律效力，交由相关衙署执行。但明朝皇帝怠政，连批红这点事都懒于去做，于是交给太监文书房轮流来做。换言之，英宗初期，由内阁与司礼监太监组成的外朝与内廷共同辅佐年幼皇帝的体制，已经确立下来。

万历初年的架构与此类似。隆庆六年五月二十五日，隆庆帝在乾清宫寝宫东室进入弥留状态，榻前立着皇太子，皇后陈氏，皇贵妃李氏，以及太监冯保，闻命赶来的是三位内阁大臣——首辅高拱，阁臣张居正、高仪。冯保将白纸写好的两份遗诏宣读后，分别交给皇太子和高拱。交给皇太子的是即位诏，交给高拱的是托孤诏。托孤诏的原文是："东宫幼小，朕今付之卿三臣，同司礼监协心辅佐。"

万历即位与英宗即位的不同之处，一是皇太后没有受隆庆帝临终"授权"，她本人也缺乏仁宗张皇后那样的刚断能力；二是顾命大臣事实由四人组成，而内阁三臣中，高仪、高拱一死一窜，而遗诏有"同司礼监协心辅佐"的话，致使张居正的地位急遽上升，在阁臣中成为唯一的顾命大臣，形成与司礼监太监冯保对峙而立的局面。这个安排本身带有互相制衡的意味，极有可能是李太后的意思。当时也有请李太后垂帘听政之议，但为太后所拒绝。

英宗即位时，"三杨"辅政没有形成内阁首辅制度，三人集体负责政府，内阁权力受到部院的极大制约。万历帝即位初，张居正作为内阁首辅是以顾命大臣领导的内阁，在实行首脑负责制的同时，因为顾命大臣的贵重身份，可以号令整个外廷。孙鑛在《吏部尚书陈有年行状》中说，"至江陵而始自为真相，视（吏）部如属也"。他称赞张居正素来留心人才，腹中富有，对人才优缺点的鉴识和把握每在吏部尚书之上，故每次往请，吏部很难否决，以致人们认为张居正好像代行吏部之权，尚书好像柄国的左右手，全听他指挥。孙鑛还回顾起先前掌铨选的官员经常告诉他的话：

> 隆庆戊辰（二年）、己巳（三年）时，盖三相，江陵末也，然凡有大除授，多待江陵而决。余曰："岂以其势方张乎？"曰："不然。此公有断而藻鉴明，所论多中的，故每每从之。夫能长百人者，必才兼百人者也。岂不然哉。"[4]

张居正的权力既延伸了内阁的权力，也压缩了部院权力，同时又代行皇帝在外朝的权力。钱穆称张居正违背朱元璋废除宰相以后所确立的国家大本大法，并说张居正如果放在明朝以前，是一个好宰相，但现在他是权臣，不是大臣。根据也不外乎此。

张居正为弥补这一尴尬的制度缺陷，他奏请万历母亲不居慈宁宫，而与万历帝对榻而卧，居住在乾清宫。表面的理由是护持皇帝，实际的用意是行使类似英宗时太皇太后的权力。此举既避免了以垂帘听政破坏祖制，又实际充当了国家大政最后裁决人的角色。几乎所有的重要决策，万历帝当天都会奏知他的母亲。万历帝也很快以英明闻宫中，谓之"小世宗"。这大概是万历母亲有意向外朝传递的信息，表明皇权没有旁落。朝鲜使臣赴京参加万历登基大典，回国后报告大明的决策模式是：

> 每旬内三、六、九日视朝，……百司奏帖，亲自历览，取笔批之。大小臣工，莫不称庆。然年尚幼冲，慈殿（圣）太后虽不权同听政，而事皆禀裁，实多内赞之力。仁圣太后不为干预。凡公事出纳，司礼监掌之。奏禀之后，膳送一本于阁老，仍为可否。太监冯保全掌出纳，或云窃弄威柄。[5]

张居正为这种模式而信心满满。他致信王崇古、殷正茂等许多知交，告诉他们，皇帝聪睿，宫府一体，他希望像周公辅成王一样，培养一个有道之君。宫中也都说，小皇帝聪察无比，有"小世宗"之号。大概传承了其祖父嘉靖帝的基因吧。一个多月后他提出培养君德、开导圣学是当今第一要务，参照弘治十八年旧例，拟定八月中旬开始日讲，次年二月举行经筵。

日讲在文华殿后殿。文华殿明初建立，最初是太子东宫，后来成为皇帝斋居、经筵及召见大臣的地方。它位于内阁北面，距离内阁很近。内阁是辅臣票本清禁之地。宣德赐文渊阁玉质印篆文一颗，凡进封票本揭帖，圣谕颁降，用此印钤封。

文华殿后殿又称主敬殿，穿廊就是皇帝日讲的地方。匾额是万历母亲御书所题：

> 学二帝三王，治天下大经大法。

分六行，每行二字。前殿匾额"绳愆纠谬"四个大字，也是因嘉靖时建有省愆居，万历母亲特命小臣杜诗所写，以垂后世。

殿内有数扇围屏，是张居正于万历二年底，仿照唐太宗、明成祖的做法，由吏部尚书张瀚、兵部尚书谭纶，备查两京及内外文武职官，都督府、六部而下，知府以上，各姓名、籍贯及出身、资格，造为御屏一座，中三扇绘天下疆域图，左六扇列文官职名，右六扇列武官职名，各为浮帖。每十日由内阁中书官将升迁调改官写换一遍。其屏张设于文华殿后，皇上讲读进字之所，以便朝夕省览，如某衙门缺某官，该部推举某人，即知某人原系某官，今果堪此任否；某地方有事，即知某人见任此地，今能办此事否。

文华殿前后柱上对联，文是张居正所献，王庭策等所书：

念终始，典于学，期迈殷宗；于缉熙，殚厥心，若稽周后。

披皇图，考帝文，九寓化成于几席；游礼阙，翔艺圃，六经道显于羹墙。

正字 * 在后殿东阁设有一幄，次又东一室，是万历游息的地方。窗下有一个几案，上面摆设几本书籍，还有一两个玉盆，盆中养几条小金鱼，供皇上讲读之余赏玩。西壁上也有几案，上面摆放的都是普通笔砚，从市场所买，上贴笔匠杨彦章名楮，都折简，一如士大夫所用。

每日小皇帝御讲筵，讲官讲完后走出文华殿，进入入值的房屋。临近中午时，张居正以侍奉皇上读书的身份进入，在文华后殿偏东地方，张起一个形同小房子的大帐幕，张居正、司礼监侍立在皇帝一旁，有什

---

* 正字：原是太子官署名，指詹事府所属司经局官员。这里指万历小皇帝读书校正发音，写大字端楷的地方。

么机密的话，造膝密语。比如，皇上看张居正想上奏，这时负责教皇帝读书发音的正字官当即走出殿门，过了一会儿，正字官听两个人的谈语停止了，乃进入殿内。有一天，张居正在值庐感病，万历帝在文华殿后阁，亲调椒汤派人赐之。盛暑御讲，万历先就张居正立处，令内使摇扇殿角，试其凉暄；隆冬时，用毡子一片铺丹地，恐张居正立处寒也。

张居正担心万历小小年龄每日视朝，朝后又日讲，未免过劳，从有益于身心，有裨于治道的角度考虑，视朝不如勤学更为实在，于是拟定每月三、六、九日视朝，其余日俱到文华殿讲读。非大寒大暑，不辍讲学。凡视朝之日即免讲读，讲读之日即免视朝。经万历母亲审定，接受了这个日程安排，命令后除大礼大节并朔望升殿，及遇有大事不时宣召大臣咨问外，常朝每月定于三、六、九日御门听政，其余日俱免朝参，只御文华殿讲读。

张居正又为万历帝拟定了每日讲读的内容和作息时间。上午读经书，下午读史书。

讲读须有连续性，张居正查知，万历帝在东宫时，讲读到朱熹《大学章句》"传"的第五章，《尚书》到《尧典》的最后一篇。为此拟定，每日上午先读《大学》十遍，接着读《尚书》十遍（清朝是三十遍）。随后是皇上休息、答疑时间。

下午读《通鉴节要》。这是司马光所编《资治通鉴》的节选本。讲官务必将前代兴亡事实直解明白，皇帝对书义有疑，即下问，张居正等再用俗说讲解，务求明白。东宫讲读官马自强、陶大临、陈经邦、何雒文、沈鲤等为日讲官。

古典经史，读音与语义同等重要。由詹事府司经局的正字官，负责对皇上阅读古文献的发音进行校正。

万历帝对书法最有兴趣，隆庆六年十一月，他第一次赐给张居正的大字是"元辅""良臣"，赐给吕调阳的是"辅政"，下月初赐给张居正的是《尚书》中"尔惟盐梅""汝作舟楫"大字。

让十岁的皇帝能够深刻领会中国传统经史典籍中的治国道理，不是一件容易的事。为此，张居正指示讲官为小皇帝编写一部图文并茂的教材，取名《帝鉴图说》，于隆庆六年十二月编成。分为上、下两册。文体用浅近文言，相当于白话文。上册是善可为法，即要学习的，取名《圣哲芳规》，选取的事例也有讲究，共有八十一件，善为阳为吉，故用"九九"。下册是恶可为戒，恶为阴为凶，故用"六六"，共三十六件。每一事前，按其本意各绘一图，后录传记文字，再附以白话文直解。取唐太宗以古为鉴之意，名《历代帝鉴图说》。希望皇帝每兴一念，行一事，即稽古以验今，因人而自考。

张居正在进呈《帝鉴图说》时概括总结，说考察以往历史，治乱兴衰如出一辙，凡是敬天法祖，听言纳谏，节用爱民，亲贤远奸，忧勤惕厉，就会天下大治，凡是不畏天地，不法祖宗，拒谏遂非，奢侈虐民，亲奸远贤，盘乐怠傲，就会天下大乱。而考察往史，自尧舜以来可取者只有三十余君，其中又或单举一善，节取一行，究其终始，尚多可议，其完善铄懿，卓然可为世表者，仅有十之一。他评价大明，最值得效法的是二祖开基，即太祖朱元璋、成祖朱棣。

为万历帝编写的《图说》对万历帝治国理政有很大帮助。唐朝贞观时期，唐太宗与魏徵等关于打江山容易还是守江山容易的讨论，是张居正等重点讲述的内容，他告诫万历，不忘祖宗创业艰难，守江山更为不易。

《图说》也受到官员的普遍称赞。漕运总督王宗沐跟张居正商量，把《图说》与张居正的其他作品一并刊刻成集。张居正并不赞同，称《图说》是训蒙之语，我平生拙于文辞，颇与懒性相成，间有勉强之作，也因为不得意而随即丢弃，存录者甚少，等将来乞骸回乡，有闲暇搜检故囊，其中或有一二呈教。

万历帝对建文帝的下落非常感兴趣。他即位初，下诏在建文朝尽节诸臣家乡建祠庙祭祀，并颁布《苗裔恤录》，对其后裔给予抚恤；又在南京建表忠祠，祭祀方孝孺等人。

万历元年二月，讲读完毕后，万历帝问："听闻建文当时逃出，果真如此吗？"

张居正说："国史没有记载这件事，但先朝故老相传，说建文当靖难之师入城，即削发披缁，从间道走出，后云游四方，也没有人知道。至正统间，忽于云南邮壁上题诗一首，有'沦落江湖数十秋'之句，有一个御史觉得有异，召来询问，老僧坐地不跪，曰：'吾欲归骨故园。'于是查验，知为建文。御史奏报，通过驿递召来京城，入宫查验，确实是建文。此时的他已七八十岁了。后来不知其所终。"

万历帝令张居正将全诗录出：

> 沦落江湖数十秋，归来白发已盈头。
> 乾坤有恨家何在？江汉无情水自流。
> 长乐宫中云气散，朝元阁上雨声愁。
> 新蒲细柳年年绿，野老吞声哭未休。

张居正唯恐万历偏题，对他说："这是亡国之事，失位之辞，但可为戒，不足观也。臣谨录圣祖皇陵碑及御制文集进览，以见创业之艰难，圣谟之弘远。"

次日，万历帝对张居正说："先生，《皇陵碑》朕览之数遍，不胜感痛！"

张居正对曰："自古人君遭受艰辛苦楚，未有如我太祖的。当时流离转徙，至无以糊口，仁祖、文淳皇后（朱元璋父母）去世时，都不能具棺敛埋，草草浅埋而已。这是上天将降命给我圣祖皇帝，故先使他备尝艰苦。圣祖既登大宝，衣浣濯之衣，所得元朝人水晶宫漏，立即命令打碎它；有人把陈友谅所用的镂金床进奉，圣祖当即投到火中。在位三十余年，克勤克俭，有如一日。将去世那年，还下令劝课农桑，各处里老、粮长至京的，都召见赐官，问询民间疾苦。臣以为，我圣祖以天之心为心，故能创造洪业，传之皇上。在皇上今以圣祖之心为心，乃能永保洪业，传之无疆。"

万历帝："朕不敢不勉行法祖，尚赖先生辅导。"

到万历三年，张居正把《帝鉴图说》讲完。万历帝经过三年多的历史教育，有很多感触，他让太监在宫中赶制一块牙牌，亲自手书十二件事情，让工匠镌刻，作为座右铭。这十二事是：谨天成、任贤能、亲贤臣、远嬖佞、明赏罚、谨出入、慎起居、节饮食、收放心、存敬畏、纳忠言、节财用。

按照日讲规程，每三日一次温讲，即复习。万历元年正月，日讲《大学》及《尚书》的《舜典》全部讲完，张居正提出，《大学》乃圣贤修己治人之要道，《尚书》之《尧典》《舜典》乃千圣相传，治天下之大经大法，比其他书籍更为切要，以前讲官虽逐字细解，字句文义颇为详尽，但一篇旨趣尚欠发明，遂令讲官陶大临等在《舜典》讲完后，连同以前的温讲一遍，皇上温书只读三遍。以后《中庸》《论语》，以及《大禹谟》等篇，也照此例。

张居正对万历帝"圣学"极为用心。为便于温故而知新，每年年底，将当年所进讲章，重新校订，编集成册。万历元年底，编成《大学直解》《书经直解》各一本，《通鉴直解》四本。万历六年底，将当年《论语直解》

中的《先进》起至《颜渊》止一本,《尚书》中的《旅獒》起至《无逸》止三本,《通鉴》唐中宗起至代宗止二本,装潢进呈。司礼监接续刊行。

自万历二年起,加大生书的进讲量,由原来的每日四五句,加大到七八句,而生书诵读十遍减少为五遍,温书仍是五遍。张居正把进讲与国政实践相结合。

《大宝箴》乃唐朝名臣张蕴古所撰,用以规诫帝王。万历四年三月,小皇帝以《大宝箴》作为习字影格,张居正说,此文于君德治道大有关切,皇上须熟记其词,通晓其义。于是撰写注解一篇进呈。数日后,万历帝召张居正等近御座前,万历帝起立,高举《大宝箴》一册,面授张居正,张居正受册,北面而立,万历复诵终篇,不失一字。诵毕,张居正乃前进讲,万历皆洞其微旨。讲至"周文小心",万历帝说,"小心"当是兢兢业业之意,至"纵心乎湛然之域"一条,万历帝说,此不过言人当虚心虚事耳。张居正因举手以贺说,只"虚心"二字,足以概括此条之义了。

万历五年,皇帝已经十五岁。按照古人八岁入小学,十五岁入大学的训条,张居正于当年年初,对万历帝提出更高要求,他说以前皇帝万机之暇,间有游戏,臣不敢一一谏阻,因为皇上尚在冲年,如果拘束太甚,实在难为;但自今以后,臣不敢再说这样的话了。过去看见皇上读书作字,欣喜而颂,今后也不再敢颂扬皇上了。希望皇上留意《大学》之道,明习治理国家之事。

对榻护持的皇太后

与贵为九五至尊的儿子对榻而卧，看护十六年之久，直到皇帝大婚前一天——万历母亲应是中国几千年帝后中仅有的一位。而这个对榻护持的建议，就来自张居正。

万历即位之初的隆庆六年六月二十六日，小皇帝在文华殿平台第二次召见张居正，说皇后是朕嫡母，皇贵妃是朕生母，尊号上先生可多加几字。张居正表示这是国家重大典礼，阁臣不敢擅断，请求由礼部等官参考前代礼文和祖制拟议。七月初一日，礼部参照宪宗皇帝的做法，提出尊嫡母为皇太后，前加二字，尊生母为皇太后，不加字，以示区别。万历帝对这个拟议并不满意，命于皇太后之上各加二字，交内阁拟来看。于是，尊嫡母陈氏为仁圣皇太后，生母李氏为慈圣皇太后，两后并尊。对此，一时议论纷纷，说这是张居正为取悦万历帝生母李太后所为。

按照东大西小的规制，仁圣皇太后居三大殿以东的慈庆宫，慈圣皇太后居于三大殿以西的慈宁宫。慈宁宫是嘉靖十五年在仁寿宫旧址并撤大善殿而建造的。为慈圣皇太后住居，万历即位后进行了全面改造，从内到外也进行了重新装饰，以示除旧布新。到奉居时，张居正提出，圣龄方幼，所有饮食起居需要圣母留心看管，以免生出其他事端，现在西宫虽然修缮一新，未可移御，请圣母暂且居住在乾清宫与皇上同处，等到大婚之后，再移居也不晚。

李太后觉得，让九岁的皇帝独居偌大的乾清宫也确有不妥，她感受到张居正这位顾命大臣的良苦用心，也清楚他的另一番用意，当即采纳，在乾清宫的暖阁中，安设二榻，东西相向，圣母与九岁的万历帝对榻而寝，并令所有三十岁以下的宫人，一律不许供事左右。每日朝讲后，皇帝即回到乾清宫侍奉圣母，非奉慈旨，不许跨出殿门一步。太后对万历帝督教甚严，万历帝偶尔不愿读书，即召来长跪。讲筵结束后，太后经常令皇帝在她面前戏作讲臣进退之礼，并进讲于前，以验证皇帝是否记得当日所讲内容。遇到上朝之日，五更时刻，太后至万历帝寝榻前，呼曰"帝起，今日早朝"，即呼左右掖帝坐，取水为盥面，挈之登辇以出。故万历帝在宫中起居，无不奉太后旨意。冯保等内侍，奉太后懿旨，左右夹持，时至过当。按照故事，万历帝读书由宫中内侍伴读，他们都依据字音注释本来正字，不敢更易。有一次，讲官进讲《论语》，至"色，勃如也"，读作入声，万历帝读作"背"字，张居正从旁厉声曰："当作'勃'字。"万历帝为之悚然而惊，同僚相顾失色。及考注释，万历读作去声正确，而儒臣取平日顺口字面，以为无疑，不及详考，反而错误。

万历每次临朝听政，回宫后都会向他的母亲奏知。母后也会通过万历帝，把她的懿旨向张居正等内阁传达。李太后事实上扮演了国家最高决策审定人的角色。这是一个巧妙的非制度性安排，其用意绝非仅仅是为护持年幼的万历帝那样简单。对于张居正而言，他出台所有大政都经皇帝允许，有了至高无上的权威性，同时也避免了矫旨之类的风险。而张居正手中所握有的一张王牌，就是顾命大臣特殊且贵重的身份，他在重要场合一定会亮明这个身份，说得直白些，是借助先帝的灵幡来名正言顺地抵制万历帝那些不合社稷长治久安的要求和行为。而李太后也希望借助张居正这样的多重身份，来拘束年幼的皇帝，二者的目标在这一点上并无二致。

虽然李太后是皇帝的保护人，但她并没有把张居正视为威胁皇权的人。许多重要的决策，实际是由李太后最终做出的。只是限于明朝的家法，以及传统史书的有意规避，使得李太后发挥的真实作用被极大低估。万历大婚在即，正好取得辽东大捷，万历帝向母亲奏闻，母后非常高兴，对万历帝说："当此嘉礼举行之际，建此奇功，我勉留张先生

（夺情），这是明效。"《明史》说，太后性严明，万历初政，倾心委任张居正，综核名实，几于富强，太后之力居多。这个评价很公允。

李太后信佛，为逝去的隆庆帝在京城捐建了多所琳宫梵刹。万历、冯保都承命而行，潞王公主也是经常的捐助大户。万历帝挑选多位精熟佛教经典的持斋人员，出任教习数十名宫女，在佛前做法事，行香念经。明朝皇家制度，凡太子、诸王出生，要剃度一个幼童作为剃度僧。隆庆皇帝的剃度僧名叫志善，向居阜平县的龙泉寺，万历即位后，龙泉寺已经毁坏。李太后追念先帝及其替僧，想重新修缮龙泉寺，但地方低下狭小，又临近河边，于是捐数千两银子，潞王公主及诸宫眷又出数千金，由司礼监太监冯保买地，在京城东南居贤坊的故太监王成住宅，特建寺庙，敕名承恩寺。万历三年，寺建成，任命志善为僧录司左善世，做住持。京城海会寺建于嘉靖十四年，隆庆帝曾受釐*于此，因年久失修，万历二年李太后出宫中银两，又有潞王妃等赞助，也重新修缮。李太后很早就想在京城专建佛寺，为逝去的隆庆祈福，各处寻找都不如意，后来冯保在阜城关外找到一块地，太后捐助，万历六年建成，敕名慈寿寺。在皇宫东北角，原有番、汉两经厂，属司礼监，隆庆帝在位时曾想重建未果。万历五年三月，李太后率先倡捐，潞王公主等捐助，在西直门外七里的广源闸之西建寺，次年六月建成，敕名万寿寺。

除捐建佛寺外，李太后也做些公益。万历二年初，她出宫中供奉金二万两，万历帝又拨国帑五万，在涿州建造胡良河桥、拒马河桥，由工部尚书朱衡组织、太监冯保择内臣督工，经五月而成。万历帝以母后功德甚大，命张居正纪其事。因当年夏季大雨冲刷，桥下出水口毁坏，张

---

* 受釐："釐"指祭余之肉。"受釐"是指皇帝派人祭祀后，把祭余之肉归致皇帝，以示受福。

居正请皇上转呈皇太后，再捐一万五千两进行修缮。

万历五年五月，确定次年三月皇上大婚。万历帝传旨：慈庆、慈宁两宫，着该衙门修理见新，只做迎面（正面）。张居正没有遵办，他上奏说，两宫万历二年兴工，当年告竣，落成之日，臣尝恭诣阅视，天宫月宇也不过如此，至今未过三年，壮丽如故，等数年之后重修不晚。万历帝予以采纳。

李太后对张居正非常信任，这奠定了张居正在朝廷中的地位。同年八月，钦天监上奏，选择皇帝大婚吉期应该在十二月。张居正上奏太后说，祖宗列圣婚期多在十六岁，今皇上龄方十五，中宫亦止十四，若待来年十二月，则已过选婚之期，若用今年十二月则又太早，我传闻圣母之意，欲明年二三月举行大典，考之古礼及列圣之规，最为合适。太后采纳张居正的意见，定以次年三月择吉行礼。万历六年正月，礼部以大婚纳采、问名题请，皇帝命公张溶充正使，张居正充副使，各往行礼。给事中李涞以张居正居丧守制而行大吉之礼不合，请求别简大臣任使。原来，此项荣差乃皇太后亲定。万历帝手札谕张居正，昨李涞说大婚礼不宜命先生，不知出自圣母面谕朕，说先生尽忠尽不得孝，重其事才命先生行礼。先生只遵圣母慈命要紧，暂以吉服行事。

李太后多次降懿旨，让皇帝赦免罪囚，缓决死刑犯，每次都被张居正所劝阻。万历五年九月，因皇帝大婚期已定，万历奉圣母谕，传谕今岁暂免行刑，经张居正劝谏，仍照例行刑。有人以此攻击张居正。晚明史家谈迁对张居正此举，极表称赞。

万历三年前后，张居正为皇太后进献十幅圣母图并写赞辞，明显带有进谏之意，他称赞唐太宗长孙皇后奖进忠良，重用房玄龄、魏徵，千古遗芳。

在母后护持下，万历帝大婚前仍是纯男。起居注说"圣躬莹粹，纯真未凿"，委婉表达的就是这层意思。到了万历六年正月下旬，大婚已近，太后要回御慈宁宫，为此特谕张居正：

> 皇帝大婚礼在途，我当还本宫，不得如前时常常守着看管，恐皇帝不似前向学勤政，有累圣德，为此深虑。先生亲受先帝付讬，有师保之责，比别不同。今特申谕，交与先生，务要朝夕纳诲，以辅其德，用终先帝付托重义，庶社稷苍生有赖焉。先生其敬承之。[6]

张居正捧读太后慈谕，悲感交集，奏称：皇上即位至今已经七年，圣上身体天然完固，圣学日就光明，百姓安乐，物产丰富，边关没有硝烟，探究其缘由，唯因有我圣母的抚育教导。现在慈母因为要回慈宁宫，委托臣以师保的责任，臣敢不尽忠图报！但内宫与外廷，地势自然有隔；臣的建言与母亲的训导，听纳也有悬殊。自今以后，尚希冀我圣母皇太后，念祖宗基业之重，天位保守之难，凡所以拥护圣躬、开导圣学者，尤望时加训迪。至于进尽忠言，弼成圣政，臣的职分所当然。

二月二日，皇太后万般不舍地离开乾清宫，这意味着与自己朝夕相伴十六年的儿子要独立撑起家国的责任。她还是不放心，写了三道慈谕，第一道是传谕皇上的：

> 尔婚礼将成，我当还本宫。凡尔动静食息，俱不得如前时闻见训教，为此忧思。尔一身为天地神人之主，所系非轻，尔务要万分涵养，节饮食，慎起居，依从老成人谏劝，不可溺爱衽席，任用匪人，以贻我忧。这个便可以祈天永命，虽虞舜大孝，不过如此。尔敬承之勿违。

第二道是谕内夫人等：

> 我今还宫，皇帝、皇后食息起居，俱是尔辈奉侍，务要万分小心，督率答应的并各执事宫人，勤谨答应，不可斯须违慢。如皇帝皇后少违道理，亦须从容谏劝，勿得因而阿谀，以致败度败礼，亦不可造捏他人是非，暗图报复恩怨，如有所闻，罪之不恕。

第三道是谕内臣冯保等的：

> 尔等俱以累朝耆旧，老成重臣，冯保又亲受先帝顾命，中外倚毗，已非一日。但念皇帝冲年，皇后新进，我今还本宫，不得如前时照管，所赖尔等重臣，万分留心，务引君于当道，志于仁义，倘一动静之间，不由于理，不合于义，俱要一一谏劝，务要纳之于正，勿得因而顺从，致伤圣德。尔等其敬承之勿替。[7]

万历大婚后，太后仍不时留住乾清宫。万历七年二月，万历帝出痘疹，太后朝夕护持。痤愈后，李太后令司礼监文书官传谕，许僧人于戒坛设法度众还愿。经张居正劝谏停止。三月初九，万历在上朝前，于平台召见张居正，告知说："今圣母朝夕视朕起居，未尝暂离，三宫（皇后王氏、昭妃刘氏、宜妃杨氏）俱未宣召。"

明朝皇后多选自民间，出身寒微，这对于避免外戚之祸颇有益处。《明史》称后妃居宫中，不预一发之政，外戚循理谨度，无敢恃宠以病民，汉、唐以来所不及。有明一代，外戚最为羼弱，而出身民间的后族，没有与其身份相称的财力，也就难以撑起后族的体面。

正统元年（1436）八月，太皇太后下令，解金花银入内承运库，从此皇家有了自己的小金库，与国库做了大体的分割。这项制度源自漕粮征收。明朝在有漕省份征收漕粮四百多万石运送京城，其中折银一百万两入内承运库，除给武臣俸禄外，其余部分留作御用，故称"金花银"。但从正统元年开始，就全部作为御用，而给武臣的俸禄由国库支出。

李太后的父亲李伟，山西翼城人，本是乡村的泥瓦匠，家境非常贫穷，因躲避北虏袭扰，携家到京城谋生，落户通州。他有个女儿李彩凤，嘉靖二十四年出生。有一种说法，说她幼时被卖给通州一个姓陈的富户人家，与陈家小姐情同姐妹。后来，陈家小姐被选为裕王继妃，李彩凤常去宫中看望，为裕王看中，留侍宫中，十九岁时生皇三子，他就是后来的万历帝。隆庆改元，陈家女册封为皇后，但皇后无子又多病，居于别宫。而李彩凤所生子立为皇太子，她被封为贵妃，她的父亲李伟授都督同知。由于陈、李两家关系融洽，太子朱翊钧每天清晨谒奉先殿，朝见皇帝及生母完毕，必到陈皇后所居别宫问安，皇后闻履声辄喜。万历即位，封李伟为武清伯，再进武清侯。万历帝孝事两宫，没有差别。陈皇后于万历二十四年七月去世，此即孝安皇后。

李伟本是乡间木讷纯朴的老翁，后以外戚贵重，他在士大夫面前谨畏有加，尤其不敢作威福。山西官员包括王崇古、张四维等人通过乡谊与他多有交往。王崇古任宣大总督，想在朝中谋一个位置，使人给李伟送厚礼，张居正把这件事透露给言官，弹劾王崇古，说王总督出三千金贿赂要人，但不明说行贿的"要人"是谁，以达到让李伟、王崇古警惕而畏惧，不敢放肆的目的。万历三年三月，李伟奏请朝廷出钱，由他自己建造坟茔，工部查照旧例支给，但李伟并不满意。万历帝说工部折价太少，命多给一些钱。张居正上奏劝说。

李伟也参与一些经营。万历五年冬，他派家人包揽京营军士所用的冬衣布匹之事，因暗中吞没太多，致使衣布粗劣不堪使用。军士为此四处哄闹，说皇亲武清伯李伟用内库钱粮吞没官价，现在给军士的衣布就是李伟上纳的，使贫穷军士不能沾国家实惠。宦官把这件事奏报朝廷，万历帝命取布一匹检验，果然纰缪不堪，当即向太后奏报。太后得知后极为愤怒，派太监到内阁传谕张居正说："如果按验得实，立即尽法处治，吾不私外家。"十一月十四日，万历帝御日讲结束，向张居正讲了这件事，张居正说："臣过去见武清（李伟），每告以安分守法，善保富贵，其贪冒应不至此。如果按验有实，臣也只知有国家，岂能曲为庇护！但连日来访问，所有奸恶之徒都有其主人的名字，实在不是（李）伟所为。而圣母此举，至公无私，中外臣民莫不仰诵。"万历帝说："圣母之意，无非为社稷、为朝廷啊！"此事张居正既要保全外家的颜面，让李太后"不私外家"的传谕得到落实，还要遏制外戚向国家伸手，染指钱粮的做法，遂全力解救。只惩治为奸图利的人，并革退该库内臣三十多人；又以内府钱粮揽纳滋弊，巡视科道验纳，户部官不行查核，命部院考察汰黜，将户部员外贾实等四十八员分别致仕、闲住、降调如例。

张居正处理完后，太后乃升皇极阁，召李伟父子至仁德门跪于地，反复切责。李伟父子惶恐服罪，自此颇为收敛。太后又书"谦谨持家"四字以诏李伟，李伟戒饬子孙，毋敢傲慢。此后，李伟益小心畏慎，有贤声。万历十一年卒，赠安国公，谥庄简。

李太后对张居正保全李家心存感谢，她对张居正几乎有求必应。而令二人不愉快且张居正非常畏惧的，仅有一事，即万历八年九月沸沸扬扬的昙阳子仙化事件。原来，内阁学士王锡爵有个次女王焘贞，早年许嫁徐景韶，出阁时丈夫突然死亡，她发誓要为徐郎守节，做女道士，后来声称受仙人指点，自号"昙阳子"。此时王世贞与王锡爵都因为忤逆张居正而辞官，二人时常往来。王世贞拜昙阳子为师，王锡爵也拜女为师，自称奉道弟子。有大名士王世贞等倡率，一时名士沈懋学、屠隆、冯梦桢等数百人全都顶礼膜拜称弟子。昙阳子先已预示化期（白日飞升）在九月初九，至这一天，数百人齐集于其亡夫徐氏墓次，据说信众在享室栅外，有十多万人相送，声势浩大，一时倾东南。事传南京，给事中牛惟炳疏参王锡爵以父师女，以女师人，妖诞不经，并王世贞等人都应处以重典。时徐学谟为礼部尚书，与王锡爵同里，也力主毁庐焚骨以绝异端。李太后闻之，亟呼冯保传谕政府，张居正惊惧，始寝其事。张居正去世后，王锡爵进入内阁，但多次受到参劾，说他的女儿本为妖蛇所污，计为掩饰，编造飞升之事。

张居正在世时，与万历帝的君臣、师保关系整体维持得较好，这也是李太后的作用。她几乎每天开口不离"张先生亲受顾命，社稷臣"，并对万历帝"耳提之，以故宠得竟其身"。为此，明悉国家制度的沈德符感叹说："嗟乎！柄国者非藉手宫掖，亦安能久擅大权哉！"[8]而沟通宫掖与外廷辅臣的，又非冯保不可。张懋修在为其父编辑文集时特别申明，"先父之与冯司礼处也，亦宫府相关，不得不然"[9]。这并非为乃父辩解，而是明朝体制适然。

绕不过的司礼大珰冯保

明朝自英宗朝开始，通过内阁票拟与太监批红，形成事实上的中枢决策内外双轨制，太监早已突破朱元璋所设定的宦官不许干政的祖制，由此成为政治舞台中不可忽视的一股重要力量。黄宗羲甚至提出，司礼监太监才是真宰相。这种双轨制的形成有一个过程。废除丞相制度以后，出身贫寒的朱元璋深知打天下的艰难，加之开国之初政务不繁，他临朝听政，以皇帝而兼宰相之职，统领六部也没有大问题，但自永乐以后的君主，多生长于深宫，处理国家政务能力不强，极少临朝听政。英宗已如前述。孝宗号称"中兴之君"，但他平均两年才召见一次内阁大臣。嘉靖帝十几年不上朝，不要说一般朝臣，内阁大臣都难得见他一面。隆庆帝偶尔召见一次大臣，也恭默不发一言。皇帝与外廷隔绝，就需要身边内侍帮助处理政务。

从宣德时期开始培养宦官，设置内书堂教习，楹联上写着：

> 学未到孔圣门墙，须努力赶行几步；做不尽家庭事业，且开怀丢在一边。

命大学士陈山教授宦官读书，后以词臣任教。凡奉旨收入官人，选年龄十岁上下的二三百人，拨到内书堂读书，所学内容与士子无异，《千字文》《百家姓》《孝经》《四书》《千家诗》《神童诗》等是普通读本。在内书堂读官书，只是一般宦官虚应故事而已。而有志向的宦官，都纷纷各自请有名望、学养的官员另开小灶，开私书自读。

在宦官二十四衙门中，司礼监排到最前，是宦官衙门的首领，人员编制最多，职责范围最广，权力也最大。设有提督太监、掌印太监各一人，还有秉笔太监、随堂太监四至五人到八至九人不等。该监设有象牙小牌一面，长一寸有余，每日申时交接轮流。

掌印太监负责内外奏章、御前勘合，地位与外廷的内阁首辅相当。秉笔太监执掌批红。批红本来是体现皇权的主要所在，皇帝如果勤政，就不会有太监批红这种事情发生。按明朝制度，凡京官上本、接本都在会极门，各项本章奉旨发抄也必由会极门里向东南。每天由司礼监太监所属文书官到会极门收纳奏章，交给司礼监太监，司礼监太监最初不允许阅看奏章，直接呈给皇上，皇帝御笔亲批数本外，其余交给几个秉笔太监分批，遵照阁中票来字样用朱笔楷书批之，间有偏旁偶讹者也可以改正。但后来司礼监太监常常先行阅看，预先获取最机密信息，以此舞弊。

司礼监秉笔太监最初实施的类似于集体负责制，即轮流分批，但后来逐渐集中而且可以对个别讹误进行改动。在秉笔太监中有最受宠信的一人，是秉笔太监的领班。如果司礼监太监不配合内阁，可以找各种理由。由此，内阁的票拟权受到司礼监秉笔太监的牵制，形成与外朝内阁相对应而互相牵制的内廷权力。以上可以视为自下而上的决策程序。

此外，还有自上而下的决策，即皇帝通过太监传宣谕旨，包括书面与口传两种形式。口传谕旨更容易出问题，它通常由司礼监太监做一个简单记录，随后由小宦官用一个黄包袱把这个记录纸包好，装在小匣子里抱送到内阁，由典籍官奉入内。在记录皇帝口传谕旨时，太监完全有可能把原意记得不完整、不准确，也可以掺杂自己的意见。内阁大学士不可能也不敢质疑。

高拱被罢官的例子最能说明问题，他认为九岁的皇帝没有裁决国家事务的能力，质疑是冯保所为。但如此一来，等同于质疑皇帝。因为太监批红、口传圣旨都代行最高权力。司礼监太监获得的批红权本质是皇权的外溢，是在皇帝不能履行其职责的情况下，对司礼监太监的一种授权。由此就会清楚，张居正与冯保在国家政务上的交集是一种制度设置，不得不然，这不是张居正个人所能规避的。王世贞诬称，张居正柄国时拜谒司礼监冯保，投的是晚生帖*。沈德符驳斥说："此语最为孟浪，予不敢信。冯保势虽张，然一唯江陵指麾，所以胶漆如一人者，仅以通慈圣一路耳，何至自卑如此！" [10]

无论是自下而上，还是自上而下的决策，都要经过司礼监所属文书房，它负责接收、登记、发送，通政司每日封进奏本，并会极门京官及各藩所上封本，在外内阁票拟，在内之搭票，以及所有的圣谕、旨意、御札都要经过文书房，实乃内廷机要。故此，凡升司礼监太监，必由文书房。

司礼监提督、掌印、秉笔、随堂太监，是太监中的最高等级，被称为"大珰"。其衣着服饰也区别于其他太监，穿贴里，先斗牛，刺升坐蟒，各家私臣曰"掌家"，职掌一家之事曰"管事"。内廷故事，司礼监掌印太监是太监中的最高位阶，称为"首珰"，视同内阁首辅。东厂次之，最紧要。司礼监掌印太监与提督东厂，必二人分掌，这种制度设计也是分权、抗衡之意。因东厂领敕给关防，提督官校，威焰已张，不宜更兼枢密。提督东厂太监每奏事，即首珰亦须退避，必须等奏事完毕，因机密不使他人闻知，历朝皆相遵守。至嘉靖二十七八年间，始命司礼掌印太监麦福兼理东厂，至嘉靖三十二年黄锦又继之，自此内廷事体一变。万历初年，冯保亦兼掌东厂。冯保之后，张诚、陈矩都以司礼监掌监印带管东厂事。司礼监太监如兼提督东厂，如同都察院兼次辅，其次秉笔、随堂太监，如众辅。

东厂外署在东安门外迤北。提督太监关防最重，篆文写有"钦差总

* 晚生帖：指以学生名义拜访老师之礼的名帖。

督东厂官校办事太监关防",其他内官奉差关防曰某处内官官防,只有东厂用的是"钦差关防"。宦官其余大小衙门遇有应题奏事情,都必须先向司礼监掌印、秉笔、随堂太监告知而始行。东厂番役有一千多名,外署大厅的左面有一个小厅,供岳武穆(岳飞)像一轴。大厅西面稍南有监狱一所,凡重犯都关押在这里,轻犯及干连人证等,则在衙署外面临近的店铺羁押。凡五军都督府的中府等会审大狱,北镇抚司拷讯重犯,东厂皆有人参加,听记其口词,在一个本子上记录下来,称为"听记",而犯人被拶打的数目记在另外一个本子上,于当天晚上或次日早晨向皇帝进呈、奏报。东厂每月分配一次访缉任务,每月初一这一天,东厂的番役数百人在庭院里抽签,确定各自侦缉的衙门。而兵部是重点关注的衙门,甚至有没有人进入,有没有塘报,京城各门皇城,各门关防出入,全都有事件奏闻,乃至地方失火,或雷击何物也须奏闻。其内署在东安门上北门之北街,东混堂司之南,万历初年由冯保奏建,古槐森郁,廨宇肃然。东厂番役访缉某位官员做了某件事情,在某个城门访得某个奸人,吏胥向在各官府及城门访缉的"坐记"报告,再由"坐记"向东厂报告,这些打探来的事,被称为"打事件"。凡各处办事"打事件"全都到内署,先见东厂提督的心腹内官,由其发司房删润后奏报。内署有匾曰"朝廷心腹"。掌东厂的提督在宫中设有直房,有皇帝钦给密封牙章一枚,凡事件应封奏的,以此钤封。[11]

在万历中期入宫的太监刘若愚眼里,冯保是个忠臣,他极力称赞冯保与张居正内外同心,"凡江陵在外之相业,圣母、圣庙之眷注,皆冯(保)纳约自牖之验也"。万历帝左右内臣,"如孙海、客用之流,日以狗马拳棍,导神庙(神宗)以武,冯则凡事导引以文,蒙养之绩,在冯为多。司礼监所刻启蒙集、四书(直解)、书经(直解)、通鉴直解、帝鉴图说等书,至今见之者,每为咨嗟叹息焉"。[12]

冯保是常山深州（今河北衡水）人，字双林。嘉靖十五年入宫，当年选入内书房读书，嘉靖十七年到司礼监六科廊写字，嘉靖三十二年，转入房掌印，嘉靖三十九年升管文书房，并成为司礼监秉笔太监，与黄锦一同办事。皇帝许他在内府骑马。后跟随礼部尚书潘晟学习，著有《经书》若干卷。这种经历表明，冯保走的是"正途"上升路线。隆庆即位初，提督东厂兼掌御马监事，赐橙杌即肩舆，这是宦官非常高的品级，在二十四衙门中，已经熬到类似内阁次辅的位置，距离太监的最高位置——司礼监掌印太监仅一步之遥。而在后来的几次按步升迁时，都被高拱阻拦。隆庆初司礼监掌印太监是黄锦，高拱起用时，先后是滕祥、陈洪、孟冲，三人颇受隆庆帝宠信，争饰奇技淫巧以悦帝意，做鳌山灯，导帝为长夜饮。内官监太监李芳切谏，被勒令闲住，复杖八十，下刑部监禁待决。自此滕祥等人益加横肆。工部尚书雷礼参劾滕祥，隆庆不罪之，而令雷礼致仕。孟冲传旨下海户王印于镇抚司狱，论遣戍，法司不预闻；肃府辅国将军向陈洪行重贿，越制得嗣封肃王，内阁大臣亦有走陈洪的门路而进入内阁的。三人靡费国帑无数，爵赏辞谢与六卿相等。廷臣论劾的都被廷杖削籍。三人又各荫锦衣卫官至二十人，而李芳逮系狱中，至隆庆四年四月开释，充南京净军。

滕祥去世后，司礼掌印出缺，冯保以次当得，适不悦于隆庆帝，高拱于是推荐与他有私交的御用监陈洪代之，冯保由此记恨高拱。一年以后，陈洪因被参劾罢任，高拱又推荐孟冲。孟冲原掌尚膳监，对隆庆帝的饮食很用心，但离司礼监掌印太远，例不当掌司礼，这等于宣告，只要高拱在任，冯保永远不会升到司礼监掌印，由前次的记恨高拱，至此变成仇视。于是冯保与张居正深相结纳，发誓要将孟冲、高拱二人一并去之。他在隆庆、万历皇位交替时，终于如愿登上太监的最高位置。

冯保笃好琴书，雅歌投壶，有儒者之风，万历曾赐牙章，曰"光明正大""尔惟盐梅""汝作舟楫""鱼水相逢日""风云际会时",凡冯保写大字匾联之类,即以前章或"双林"及"景仰前哲"诸图书印识之。冯保人很巧,所造琴颇多,世人多以珍藏为宝。北京故宫博物院现存镇馆之宝《清明上河图》有冯保题跋,时间是万历六年仲秋,落款是"钦差总督东厂官校办事兼掌御用监事司礼监太监镇阳双林",文字娟秀典雅,足证他具有很高的书法造诣,绝非《病榻遗言》所说的大字不识几个。

万历二年九月的一天,百官常朝,未明升座,班行皆惊讶为何如此之早,及询问所以,乃冯保新建寿地,延请张居正相公致酒,奏乞早朝即出,而冯保又不亲陪,指派掌家张寿前往。寿地在黑山会,京城西北二十余里。能埋在这里,也是太监最高身份的象征。最初是为纪念成祖时靖难功臣太监刚铁,葬于黑山。嘉靖三十年,经司礼监掌印太监麦福统筹,在刚铁墓前兴建了规模宏大的护国寺,延僧主持,崇奉香火。以后只有有名的宦官才能葬入此地,久之称为"黑山会"。这或是今地名黑山扈的由来。万历元年,冯保登上了太监的最高位置,以顾命大臣掌司礼监太监,兼掌东厂提督印。他对刚铁墓和护国寺进行重新修缮。具有极高威望的吏部尚书杨博为之撰写碑文称:

诗曰:"国有老成,人尚有典刑。"刚公之谓也!又曰:"高山仰止,景行行止。"双林冯公之谓欤![13]

杨博为人刚正,他将冯保提升到保卫社稷江山的刚铁一样的地位,可见冯保在外廷也有很好的形象。冯保通过重修刚铁墓,为正直太监树立了忠君护国的形象,以与王振、刘瑾等恶贯满盈的太监相区别。冯保在刚铁墓地旁为自己找了一块生圹。左瞻城阙崔巍,右瞰香山碧云,广途前舒,层峦背拥,郁郁葱葱,实为宝地。冯保用三朝所赐银两建造,由他的弟弟，都督冯佑与名下太监王喜督造。万历元年九月开始动土，历经一年造成。前有大门，驰道开阔，门内左边是僧寺，以奉香火，右边是护藏之宅，寺宅后为石楼各一，中为祠堂，堂后为寿藏地，围墙环绕四周，栽种很多松柏。左右又各为茔兆一，左边是冯保名下太监王喜等墓地，右为冯保弟冯佑之葬地。冯保请张居正纪其事，以垂不朽。

为此，张居正写下《司礼监太监冯公预作寿藏记》一文，对冯保生平记述颇详，勉励他学习古代巷伯等贤人。张居正借"不朽"为题，多有发挥，大意说：

我以为霄壤之间，万物皆有尽时，只有建立功勋的令名不朽。今京西之原，贵近之人所建高冢连云，不必说后代，即便今时，所知者有几？冯公过去以勤劳忠诚，敏捷干练受知于世宗皇帝，超拜司礼监，掌内官之政。穆宗不豫，召辅臣至御榻前，受顾命。冯公宣遗诏，音旨悲怆。今皇上即位，奉先帝遗命，掌司礼监。恰逢皇上在平台召见我，付以国政，宫中府中，事无大小，都向我咨询而后施行，未尝在宫廷出过一次内旨*，在外干涉一件事情，调和两宫太后，赞成圣孝，侍上左右，服勤备至。凡皇帝起居早晚，出入饮膳，皆有常度。挑选在御前供事的人，都须端正谨慎的来充任。皇上讲读时，侍立终日，毫无倦容。凡是宫中多余的费用，全都减省，务在节财爱民。我每次在便殿受皇上召见，从容语及国家事，有关君德治道的，冯公一定劝导皇上曰："先生忠臣，先帝托付以辅佐皇上的，所言应该认真听取。"宫府有干犯法纪的，全都惩治，即便是自己交情很厚的人，也从不稍有宽贷。今中外安定，宫府清晏，冯公之力为多。与古代巷伯等人相比，也不相让。希望永肩一心，有终如始，与霄壤并存可也。[14]

----

*　内旨：未经内阁票拟直接降旨为内旨，又称中旨。

据传，张居正病逝后，冯保籍没，万历皇后的父亲、永年伯王伟将冯保寿藏地乞为兆域。

明朝热审*之外，凡遇丙辛年，特敕司礼监掌印太监一员，前往三法司录囚，名曰"大审"。之所以定在丙辛年，因丙在天干排第三，位在南方，属火，与"大明"重获光明之意协和，辛在天干排第八，《说文》称辛是大罪，而在此年审讯，有重新审理，令冤屈者获得新生之意。宪宗时即有此制。万历四年为丙子年，当年五月，钦派司礼监冯保同法司大热审，平反甚多。

冯保以司礼监身列顾命大臣，又逐高拱，借王大臣案欲治高拱以重罪，故在士大夫中俨然一恶人。而司礼监掌印太监又是所有宦官的首领，故每有太监不法之事，都把事往冯保身上牵连。

万历二年十一月，南京守备少监张进，酒醉后侮辱给事中王颐，引起公愤，被送宦官衙门内守备笞杖。这种处理办法引起举朝对张居正、冯保的强烈抗议。给事中赵参鲁是张居正于隆庆五年取中的进士，他提出应将张进及其上司申信交给国家司法机构审理，而不应交由宦官衙门内部处理。张居正明白，这又是对着冯保来的，因为申信是冯保的亲信。赵参鲁的上疏立即得到南北两京言官的呼应，御史麻永吉、给事中杨节等接连上奏。张居正推行大政需要冯保的协同，他顶住压力，把赵参鲁降五级调外任，给事中郑岳、御史麻永吉等罚俸一年，其余上疏的各罚俸半年。

张居正强调，他之所以这样做，是因为即便把张进交给国家司法机构问罪，结果也不过笞杖轻罪，如此纷纷论列，意欲何为？为此他致信

---

* 热审：每年小满后十日起，至立秋前一日止，以天气炎热，凡流徙、笞杖，例从减等处理，称为"热审"。

由工部侍郎升任南京都察院都御史的赵锦，说皇上把宫中、外朝的事情无论大小都交给我，贵幸的内臣（宦官）不敢有一毫阻挠，这是赵公在北京时亲眼所见。为何南京言官轻易听信风闻，好为激切之语？有的说某某与中贵人（太监中受宠的）相知，有的说某某因中贵人得用，有的说某某为新郑（高拱）的党羽，不应该留用，有的说某某为新郑所举荐，不应该用。纷纷藉藉，日引月长，非常无理。凡是言官交章论列，一定是因为国家大事，关系治乱安危的。张进本是一个小太监，因为喝醉酒放肆，送宦官衙门笞杖，并已革其管事，法不可再加。而南北台谏哄然并论，这又是为什么？日前皇上因此顿生疑虑，盛怒之下，忽然给我传严旨，谕我以人为欺己，使我措手不及。言官本来想为朝廷争体面，反而致皇上生疑，所争的又有什么意义？他们又岂能理解我在朝廷调护的苦心啊。烦请赵公明确告知台谏诸君：

今朝廷清宴，中外乂安，倖门堵塞，百官奉职，如是足矣。仆之浅薄，亦仅能办此耳。若更欲求过于数者之外，则仆不能。主上幼冲，本无差失，而政令之行，动见龃龉，或事已处分，争胜不已，甚至挑祸起衅，以结怨于中人。一旦上下相疑，南北冰炭，而后责仆以维持周全之，仆亦不能。[15]

政治是妥协的艺术。以张居正的不畏浮言、不惜以身家性命而致天下大治，但明枪暗箭不时射来，他像一个靶子成为众矢之的。这封信是张居正罕见的无奈表达，他自己清楚，哪些事他能够做得到，哪些事他无法做到。而苦心维护宫府一体是他推行改革的基本条件。一旦信任受到怀疑，就难以办成任何事。他特别希望南京都察院能够积极呼应政府的作为，而不是吹毛求疵，更不要添乱。

冯保的侄子冯邦宁，倚仗叔父，官任左都督，在京城横行霸道。一次与张居正身边的长班姚旷在途中相遇，他竟然厉声呵斥姚旷，姚旷也不退让，二人大打出手，最后姚旷为冯邦宁手下的人制服，并行殴打。姚旷回来后向主人告状，张居正立即派人把这件事告知冯保。冯保把侄子喊来杖打四十，把冠服脱下，不许朝参。还有一次，冯邦宁路遇刑部尚书刘应节，也不避让，刘应节叱其下马。

　　宫廷采办鲥鱼等生鲜珍品之事，历来由太监办供，他们的船只沿途骚扰，每处索要水钱二三十两，夫役达一百多名。地方虽然横遭其害，但因太监办的是皇差，故不敢声言。万历七年，太监李进暴横不法，竟然把贺御史的家仆殴打致死。俗话说，打狗看主人。这如同捅了言官的马蜂窝，台谏为此愤愤不平，想上奏弹劾。张居正得知后，将言官参劾的事情压下来，而将李进的事告诉主管太监乔诚斋，说："进鲜办贡的事情不敢减省，但也应该裁撤虚冒船只，严禁附载私货，定以限期，治其违犯之罪，希望选派谨慎小心的人，不许多带积滑棍徒，使得奉使者知所警畏，而地方官民也会感戴你的功德；近来内府诸衙门积弊，赖双林冯公（保）加意厘革，天下蒙福。你若肯留意于此，即冯公不得专美。且树芳名，受要职也在于此。"

　　凌云翼当时以副都御史巡抚淮扬，兼督河道，他将进鲜船只上不法的人抓捕，交朝廷审讯。张居正不赞成这样做，对他说："太监乔某已经自任处分，我已给他写信，如果你大疏一上，似乎攻其短处，以后难以与之相处，不如不上。"

　　由于每年进鲜船只浩大，甚至影响河道总督潘季驯修筑堤坝。潘季驯也想弹奏，张居正协调此事，说进鲜船只确实妨碍，但如果早开行就会两不相妨，他已交工部议复，但事情关系宦官，他们动辄以迟误进鲜为词，如果必不得已，先选船数只，停泊坝外，以待盘拨。

冯保是宦官的总首领，张居正不愿把宦官不法的事情交给司法部门处理，隐含维护他与冯保关系的特殊意涵。但如此一来，张居正也被很多人质疑，说他偏袒宦官，有失公道。

自张居正在京守制后，中外多畏忌冯保，万历帝因不能亲掌大政，其心理也发生很大变化，屡次用小动作惩罚冯保。

万历六年的一天，万历帝御日讲完毕，书写大字赐给张居正等内阁大臣，冯保在一旁侍侧，站立时身体稍向前倾，万历帝故意用巨笔饱濡墨水，掷在冯保所穿的大红衫上，淋了满身。冯保颇感震惧，张居正也变色失措。万历帝却若无其事一般，慢慢书写完毕，起身回到大内。事发当天，申时行也在内阁，据他观察，此时在万历帝心中已把冯保视作李辅国、鱼朝恩之类人，而冯保尚以少主视之，了不悟也。

万历十年，万历帝胞妹永宁公主将下嫁，选京师富家子梁邦瑞，其人身患痨病，羸弱不堪，人人都觉得将不永年。因冯保收了他数万两银子，张居正也赞成这门婚事，李太后亦为所惑，最终这门亲事还是定了下来。不久合卺时，梁邦瑞鼻血双下，沾湿袍袂，几不成礼。宫监尚称喜，以为挂红吉兆。不到匝月，遂一病不起，公主嫠居数年而殁，竟不识人间房帏事。

宫中太监与朝廷辅臣，尽管朝廷运行体制要求有连，但毕竟有诸多不方便。为此，张居正与冯保通过各自亲信，作为双方联络人。冯保所用的徐爵，先以骗诈充军逃伍到冯保门下，官至南镇抚司金书都指挥同知。其人善笔札，又习法家言，据传凡万历帝手敕优奖张居正的，都出自他的手，世人称之为"樵野先生"。张居正用的是家人子游楚滨，世人称之为"游七"。因张居正信任，朝中不少人争相交结。都给事中李选，是云南人，是张居正所取的进士，娶游七小妾的妹妹为侧室，因修僚婿之好。后为张居正所知，将游七喊来，大板子打了数十下，仍不解气，又呼给事中李选至，当面训斥，不许再见到他，随即由吏部出面，使出到外任江西参政。给事中李宗鲁，也娶游七妾之姑，与李选同时，外补佥事，也是张居正传示吏部办理。张居正去世后，徐爵与游七，及冯保名下掌家太监张大受俱论大辟，死于狱中。

万历八年十一月，皇帝醉酒失德事件发生后，冯保已年逾周甲，他明显意识到风险正在降临，上了一份《为衰年有疾恳乞天恩容令休致以延残喘事》的奏疏。这也是迄今所见冯保唯一完整的个人履历。他在历数自身履历及受顾命八九年之后说："臣自觉多涉颠倒，诸症一时复发，力不从心，有辜任使。臣见万岁前后左右，多有贤能堪用。伏望恤臣犬马效劳四十余年，容臣在外调治，少延残喘，朝夕焚香，祝延圣寿，仰答终始，成就罔极洪恩。"奉圣旨："尔受皇考遗嘱，保护朕躬，永奉两宫圣母，忠慎勤劳，夙夜匪懈。今宫门肃雍，内外宁谧，实赖尔匡赞之力。朕倚任方殷，岂可引疾求退？宜仰遵皇考付托之意。不准辞。"[16]

值得注意的是，冯保请辞司礼监，与张居正奏请归政的时间高度吻合，这是不是二人相互配合，给皇帝施加影响，已不得而知。而张、冯联手，维持到张居正去世，二人的遭际又有不同。

君臣之间嫌隙渐生

张居正自出任首辅以来，他所推行的一切改革，一直面临内阁制度对他的弹性约束。夺情以前，万历帝处于冲年，尽管对张居正的每次参劲都不时唤醒其独有的皇权意识，但他对张居正仍给予真诚的支持。夺情以后却不然，大婚、藉田、谒陵等所有标志万历帝已经成年的大典礼都已完成，他对张居正仍把持朝政，内心充满不快。而此时的李太后对其子有个基本判断，即皇帝心智尚未成熟，不具备完全执政的能力，由此她希望张居正继续辅佐万历帝至三十岁，这显然违背了万历帝的真实意愿，特别是当皇帝的个人私欲不能满足时，君臣之间的关系在慢慢发生变化。

张居正出任首辅几个月后，好友就提醒他要"避开闲衅，防范伺机狡诈"，委婉告诫他不要因越位而招致专擅之名。张居正回信说，只有知己才会如此劝告，他当即解释现在国家决策的方式，说："今国家之事，无论巨细，全都面奉意旨而行，因皇上每天在便殿，得以造膝交谈。专擅之嫌疑，庶几可免。但我以绵薄之力，受先皇顾托之重，今内外所倚靠的，只有我一人，义当以死报国，所谓远嫌疑避怨愤，心中实在不忍，唯一坚守的，不敢以一丝一毫的私利掺杂其间。"

万历帝传承了他祖父嘉靖帝的基因，聪慧而敏感，对臣下隐瞒之事异常在意。王篆是湖广荆州府夷陵人，是张居正的三大心腹之一。万历三年十二月，发生强盗抢劫淮府建昌王，将王印夺走之事，但直到次年四月，万历帝才接到操江都御史王篆捕获盗贼的奏疏，当时万历帝在文华殿讲读，他赫然震怒，指着奏疏对张居正愤愤地说："是疏称去岁十二月盗劫淮府建昌王，夺其印，而江西守臣匿不以闻，何也？"命张居正重处。张居正暗自慨叹，皇上留心章奏，圣明如鉴，他再三解释，但万历帝仍盛怒不已，随即降旨："这贼情重大，该地方官如何通不以闻？吏、兵二部参看了来说。"其后，江西巡抚、巡按具疏参劾巡捕各官。吏部尚书张瀚、兵部尚书谭纶对江西抚按的做法并不赞同，又加之万历帝降严旨，遂合疏上奏说，建昌王府失盗之事发生在去年腊月，教授（王府官）张箕山当时就呈府道转达巡抚、巡按，抚按自应一面严行缉捕，一面向朝廷奏报，乃迁延至今，仅仅参处一二个捕官以图塞责，诸臣防范疏忽，及隐蔽之罪，也应论罪。万历帝命罚巡抚杨成、巡按张简薪俸一年，副使、知府等降调边方杂职。又因张简论劾，万历帝复大怒，说："道府遏不以闻，长史（王府官）何罪？"命给还汤明善官，兵备以下全部革职。万历帝越过内阁直接处理盗印案，显示他对张居正的不信任。这是极为不好的征兆。张居正心有余悸，对心腹王篆说："因皇上是十多岁的少年天子，经常怀疑自己被他人欺蒙，因此认定，失事的事情可以宽大处理，而把隐匿不报作为大罪看待。"

此事不久，又发生滁州盗贼行劫杀死指挥之事。张居正提醒王篆：近来江防，外虽铺设可观，内却空疏无实。刚刚发生的江西、浙江二事，明旨森严，此后即欲推诿掩饰，恐怕也很难了。王篆较早地从他人处得知，有人正在搜集张居正的材料，告诉他务必防范他人攻击。张居正表示，他待人至诚，所做毫无私利，也绝不顾虑别人伤害自己。

王篆的话并非捕风捉影。万历四年正月，辽东巡按、张居正的门生刘台弹劾张居正破坏祖宗旧制，专擅朝政，谋害辽王，暴富全楚等事，这是张居正任首辅以来遭受攻讦最严厉的一次，也是第一次把敏感的君臣关系拉到台面上，在朝野臣僚中直接曝光。刘台在参劾张居正破坏不设丞相的祖宗之法后，说自高拱被逐出朝廷，张居正擅作威福已经三四年，现在朝野"畏居正者甚于畏陛下，感居正者甚于感陛下。威福自己，目无朝廷"。又指责张居正推用张四维进入内阁，是为了身后之托，用张瀚掌吏部，是为了结党营私，所用的人，"非楚人亲戚知识，则亲戚所援引也；非宦楚受恩私故，则恩故之党助也"。以下又例举考成法、考察科道等破坏祖制，随后话题一转，抛出贪污受贿、富甲天下的大题，说：

规利田宅，则诬辽王以重罪，而夺其府地。今武冈王又得罪矣。为子弟谋举乡试，则许御史舒鳌以京堂，布政施尧臣以巡抚矣。起大第于江陵，费至十万，制拟宫禁，遣锦衣官校监治，乡郡之脂膏尽矣。……盖居正之贪，不在文吏而在武臣，不在内地而在边鄙。不然，辅政未几，即富甲全楚，何由致之？宫室舆马姬妾，奉御同于王者，又何由致之？[17]

如王篆所说，刘台暗中用了较长时间搜集张居正的"黑料"，所列张居正"违法"事项颇多，总体可归纳为两个问题：一是张居正所有做法都违背他平日口口声声所要尊重、恢复的祖制，这就从根本上动摇了张居正改革的合法性；二是将张居正说成借国家公器——柄国宰相之位——谋取个人私利且无所不用其极的人。最后提出抑损相权，背后的潜台词是张居正侵犯皇权，含有离间君臣的用心。万历帝得疏大怒，命锦衣卫逮捕刘台，从辽东押解京城。

张居正没有就所谓"辅政未几，即富甲全楚"等诬枉已甚之词进行辩解，而是在《被言乞休疏》中，就刘台为何以门生参劾师长予以强调，说按照旧例，各地方有事，巡按御史不宜报功，去年辽东大捷，刘台越职报捷，如果按照先朝法律处理，刘台应该降谪，臣仅请旨谕戒，刘台已不胜愤恨，后来御史傅应祯以捏称旨意被拷讯，有"阴构党与"的话，最初也不知刘台与傅应祯是同县，关系素厚，傅应祯上疏实则另有人主使，而刘台遂自己惊疑，于是积怒发愤于臣，且国朝二百余年，未闻以门生排师长者，计有一去以谢之。

当天，大学士张四维也专疏为自己进入内阁申辩，吏部尚书张瀚也乞赐归田。

傅应祯是江西安福人，也是张居正取中的隆庆五年进士。万历三年授御史，当年底疏陈重君德、苏民困、开言路三事，关于重君德，拾窃"灾变"等题，抄袭宋朝王安石变法"天变不足畏、祖宗不足法、人言不足恤"，称"此三不足者，王安石以之误宋，不可不深戒也"，实际指责推行改革的张居正是大明的罪人。傅应祯先被革职，拷讯时提及余懋学，二人并下诏狱，穷治党与，傅应祯几次濒死，坚决不承认有人指使，发戍浙江定海卫。

张居正因辞政，伏地泣，不肯起，万历帝走下御座，亲手掖之，慰留再三。张居正虽勉强应诺，仍不出宅门。刘台削籍为民。

张居正再次上疏，请求罢免回乡，还特别提出，他所做的事，是皇帝之事：

> 臣之所处者，危地也；所理者，皇上之事也；所代者，皇上之言也。今言者，方以臣为擅作威福。而臣之所以代王行政者，非威也，则福也。自兹以后，将使臣易其途辙，勉为巽顺以悦下耶？则无以逭于负国之罪；将使臣守其故辙，益竭公忠以事上耶？则无以逃于专擅之讥。况今谗邪之党，实繁有徒，背公行私，习弊已久。臣一日不去，则此辈一日不便；一年不去，则此辈一年不便。若取臣之所行者，即其近似而议之，则事事皆可以为作威，事事皆可以为作福。明明之谗？日哗于耳。虽皇上圣明，万万不为之投杼，而使臣常负疑谤于其身，亦岂臣节之所宜有乎？此臣之所以辗转反侧而不能不惕于衷也。[18]

"投杼"典出《战国策·秦策》，说的是曾参居住在费地（今山东费县）时，与曾子同名的人杀了人，有人前来告诉曾子的母亲说："曾参杀了人。"曾母了解自己的儿子,不信,说:"我的儿子不会杀人。"若无其事地照常织布。过了一会儿,又有人前来告知,曾母仍不信。等第三个人前来告知时,曾母惧怕了,立即投杼,逾墙而走。说明即便人们都知道曾子是贤人,他的母亲对儿子的品行也深信不疑,但三个人接连讲曾子的坏话,连最了解曾子的母亲都将信将疑了。

尽管万历帝信任,百官也一再慰留,但张居正仍不出视事。万历帝遣司礼监太监孙隆,赍手敕及酒馔到张居正宅第,张居正遂到内阁办理政务。

刘台参劾事件是君臣的一次摊牌。它是对张居正所行权力的一次确认。张居正明确他所行之威福,乃是皇帝之威福。这也是他去世后最终遭到清算的制度性原因。因为他代行的是皇帝的权力,而内阁首辅并不能行"威福"于天下。

刘台巡按辽东时,与巡抚张学颜关系不睦。此时,张学颜任户部尚书,他说刘台在任辽东巡按时私吞赃银五千两。张居正把调查的事交给辽东巡按御史于应昌进行勘复,又令江西巡抚王宗载暗中查访刘台在乡里有无不法之事。刘台的同宗,原任国子监监丞刘伯朝、举人刘寿康本来与刘台有宿怨,适值刘台买谢燿家的地亩,偿价不能满足其心,谢燿为此大恨刘台,刘伯朝等人又从中鼓动谢燿讦奏,经与吉安推官刘绅商谋,刘绅为谢燿筹集了一笔路费,敦促他赴京控告,勘问时有刘伯朝做证,刘台有口不能辩。于应昌、王宗载等人揣度张居正的意图,竟以实有其事上闻,最后将刘台发配广西,刘台的父亲刘震龙、弟刘国,俱坐罪。刘台至浔州不久,在戍主之所饮,归而暴卒。

好友屠隆为刘台写《刘御史歌》,开篇道:

丞相怒,烈士戍。骢马来,烈士宪。阴风萧萧神灵哭不止,黄沙荒荒烈士死。

以门生参劾老师，确实大出常格。早在处置傅应祯时，徐阶致信张居正，肯定他一心为国，不避嫌怨，慨叹"三代以降，事功之难成而致平之难致如此"，劝门徒要循序渐进，不可更张太骤，说"习俗之既成，则其振起之自当以渐；积弊既久，则厘革之亦须稍济以宽和"。

徐阶在官场浸润数十年而不倒，自有其为官之道。恩师提出的振之以渐、济以宽和，确是良善的意见。张居正回信表示，自受事以来，早作夜思，食不甘味，寝不寐榻，以忧国家之事已经四年了。其间所措划，以尊主威、定国是、振纪纲、剔弊病为核心要务，有明知犯众人所忌而不顾者。难道是真的不知自爱，故意以其一身而当众怨所归之躯？皇上冲年，举天下之重而委之于学生屡弱之身，今天如果不全力振废起衰，而逃避流俗的非议，以取悦一时，将来皇上亲揽大政，必将说：我把天下事交给你，而今乃是这等情况。那时，即便居正头伏陇亩，身填沟壑，仍罪有余辜。因此，违犯众之罪小，背负国家之罪大；一时之诋谤轻，异日之谴责重。老师说有人不相体谅，居正又能奈何，唯有竭尽心力而已。过去蒙老师一手提携，并说：家国之事，一以相属。居正铭记于此，死不敢负。

此次刘台弹劾张居正，徐阶再次致信爱徒，嘱咐他要防微杜衅。张居正回信说：老师教以防微杜衅，慎自持爱，学生以为事情只有根据道理，似不为过，曲意防范，有所未暇。今刘台之事，中外骇异，以为事出理外，而不知老师早已预见于数月之前。学生果于自信，但知竭忠报国，不思进死退生，之所以义无反顾，明知他人张网在前，学生如同在昏暗中径直向前，是因为皇上圣明，身边的人向来信任，故三至（曾参母亲事）不疑，反而愈加受皇上器重、倚赖。不然，天下事岂不为之寒心！学生谨记老师教诲，慎察众情，离散阴邪之党。一二年后，皇上圣志大定，大婚嘉礼告成，学生乃乞骸回乡，明习农事，纳筦钥而去，大概可以完成先帝托付之事，未知有无这个福分。[19]

张居正为江山社稷，为改革大业，虽蹈百死而不求一生。但他也是七尺男儿，也有喜怒哀乐，也有七情六欲，他不知道"三至不疑"能持续多久。

太常寺卿陆光祖，是张居正的进士同年，张居正柄国后，在不到一年间将其拔擢到九卿之位，希望能为改革分忧，共济时艰。但大出张居正所望，陆光祖对惩处余懋学、傅应祯、刘台等人颇有不同意见，为此多次致信张居正。张居正无奈，给他回了一封长信，道出何以处置这些人的不得已苦衷。大意说：

现在缙绅士大夫给我写信的，十人有九人都为此事，他们岂能理解我振兴国家的夙心！古来圣贤，所遇之时不同，而所处之道亦异。《易经》"大过"卦辞说："刚过而中。"当大过之时，为大过之事，未免有刚过之病，然不如是，不足以定倾而安国。自我柄国以来，一切以尊主庇民、振举颓废为宗旨，天下始知有君王，而忌恨的人倡为异说，想以此抑损皇上威严，摇乱朝政，故不得不重处一二人，以定国是而一人心。我只想振兴国家、安定社稷，以此结怨构仇，有什么可以顾虑的呢！至于你引用潞国公的事相比拟，更属不伦不类。因为潞国公所侍奉的是成年皇帝，而文彦博的出处去就，未必攸关宋室的安危。现在皇上年少，把艰巨之任交给我，而宦官贵戚奉法遵命而不敢放肆，狄夷强虏恭敬叩首而唯恐其后，这是有我辅佐的缘故啊！我出处去就，所系难道浅小吗！这些谗奸之人，专以离间君臣为祸乱国家的媒介，而且，他们蓄意甚深，为谋甚狡，上不及皇帝，旁不及宦官，而单独把利刃插在我的身上，又无所污蔑，而独独说什么"专擅，专擅"云云，想以此鼓动年幼的皇上，而使我被皇上所怀疑啊。自有此事，皇上食不甘味，寝不安席，以痛恨于忌者。故去除这几人是安定社稷之举。我曾说过："使吾为剑子手，吾亦不离法场而证菩提。"又一偈语："高岗虎方怒，深林蟒正嗔。世无迷路客，终是不伤人。"你深于佛学，岂不知此奥秘乎！[20]

张居正陷入两难境地：他不惩治反对者，改革会受到极大干扰，也难以推进；愈是惩治，反对他的力量愈是集合起来，而与他合作的人愈少。他几乎是一人肩负大明前行。而自刘台参奏张居正"专擅朝政"后，万历帝食不甘味，寝不安席，说明君臣关系已然改变。一年以后，因夺情而喧嚣近半年之久的朝局，更让万历帝异常警觉。君臣关系已很难回到过去。

万历六年十二月，张居正请万历帝明年开始，每日早讲后，由他率内阁大臣将各衙门紧要章奏，面奏数本，摘其中紧关情节，逐一讲说，主旨要见祖宗法度如何，现今事体如何，某事便益合当举行，某事弊坏合当厘正，今当做何处分，应如何批答。皇上或面赐质问，令臣等反复开陈，或试言圣意所出，与臣等商榷可否，议定然后行之。从此亲决万机，独运宸断，举措无难。万历帝说，先生们说的是，朕回宫奏知圣母，待来年行。

万历帝大婚后，他的酒色财气等个人的欲求也为张居正所压制、裁抑，这也成为二人矛盾的焦点。王皇后的父亲王伟，皇帝大婚那年授都督同知。过了一年多，万历帝传旨封伯爵，命张居正拟旨，张居正不敢抗违，王伟封永年伯，支禄米一千石。万历帝欲封王伟子王栋，及其弟王俊，张居正请俱授锦衣正千户。

"正德时皇亲夏助等俱授锦衣指挥使，世袭，今何薄也？"万历帝颇不高兴。

"正德时例，世宗全已厘革。请授王栋锦衣卫指挥佥事，王俊千户，如前议。"张居正坚持。万历颇不满足，张居正固奏乃止。

皇帝大婚后，宫廷支出迅猛增加，万历经常越过宫廷用金花银的界限，一再向国家财政伸手。万历七年三月，命传取光禄寺银十万两应用。张居正态度坚决，说以后如果再有取用，臣绝不敢奉诏。万历帝很不满。张居正只好把户部的收支账册呈报给他，说户部去年一年钱粮总计四百三十余万，比万历五年少八十余万，而所出比万历五年多出三十三万余两，多出部分是因两次奉旨取用，及凑补金花拖欠银两。

除了多次取国库银两外，万历帝还下令户部多铸制钱给宫廷。张居正说，先朝铸钱时只把铸成的少许呈样进呈，万历二年也只进样钱一千万文。万历五年铸二万锭，其中一万锭进内库应用，已非铸钱本意，今若以赏用缺钱再行铸造，是以外府取充内库，大失旧制矣，将来必有大忧。

万历七年七月，言官疏请罢苏、松及应天织造，取回从京城派往江南的宦官，工部议复赞成。万历帝大为不满，传谕内阁："御用袍服紧要，织造未可遽罢，若如部议，取回内臣，改属抚按有司，则织造不精，谁任其责？且见有钱粮，不必加派，先生票拟来。"张居正说，工部因为地方灾伤，故如此议复，请得面奏，为皇上从容开说。过了一会儿，张居正等持工部疏并票拟入至御前，奏称：近日苏松等处水灾重大，百姓困苦流离，地方钱粮实难措处，且自前年亲奉明旨，停止织造，着孙隆回京，至今尚未报完，是诏令不信也，臣等谓宜从该部所请。万历说，彼处织造不久当完，远也不过来春。张居正言，地方多一事则有一事之扰，宽一分则受一分之赐，彼中织完，十未四五，愿皇上取回孙隆，应天被灾稍轻，许坤仍旧可也。万历许之。十一月，因言官奏请酌减织造缎匹。

张居正劝万历帝说，万历三年该库已称缺乏，岁造以外添至九万有余，其时以大婚礼重，赏赐浩繁，该部不得已遵旨设法措处，闻各地方库藏，搜括已尽，经今四年，方得织完，而添织之旨又下，计开七万三千匹，所费须银四五十万，索之库藏则库藏已竭，加派小民则民力已疲，况今岁南直隶、浙江一带水灾，乃又重复加派，非所以爱养百姓，培植邦本之意。经张居正再三劝说，万历帝命缎疋减半织造，银两着户、工二部措处。

万历九年四月，张居正等入文华后殿，以南科给事中傅作舟疏进览，张居正因奏云："今江北淮凤及江南苏松等府，连被灾伤，民多乏食，徐、宿之间至以树皮充饥，或相聚为盗，大有可忧。"张居正又请皇上量入为出，宫中一切用度，及服御之类可减者减之，赏赉可裁者裁之。万历说："今宫中用度，皆从节省，赏赐亦照前例，无所增加。"张居正说："皇上所谓常例，也近年相沿。如今年暂行，明年即据以为例，非祖宗旧例也。如嘉靖中，世宗皇帝用度最为浩繁，然内库银两尚有积余，隆庆初年冬，库内尚积百余万，今每岁金花银一百二十万，每按季预进，随取随足，常称缺乏。有限之财，安能当无穷之费乎？臣等为国家长久之虑，不敢不尽言。"

宫门深似海。历史能够呈现的真实，往往只是冰山一角，更多的则被刻意隐藏起来。我们无法确知，张居正与万历这对"周公辅成王"的组合，究竟是何时开始各起猜防，不再一心一德的。显然，刘台上疏是一个标志。而夺情之后长达半年之久的腥风血雨般的一系列事件，催生了成年皇帝独掌大权的意识。而圣母辅佐到三十岁的懿旨，让万历帝对张居正由爱生疑再生恨，乃至原形初露。万历八年冬发生的皇帝出宫作乐并醉杀太监之事，几乎把张居正推到汉朝重臣霍光一类的境地。

万历帝喜欢在宫中骑马驰奔，挽强弩，击剑豪饮。当年六月上旬，张居正从冯保那里得知，皇上近日在皇宫外游荡，但他不确定万历帝究竟在外面做了什么，因此于二十日、二十二日在文华殿进讲，选择孔子"益者三友，损者三友""益者三乐，损者三乐"两章，以示委婉的劝谏和提醒。张居正对万历说，这两次讲书，都有关君德，望皇上回宫之后留心省览。但万历帝并未放在心上。到了九月，万历帝谕礼部，以宫中六尚缺人，命选民间淑女二百人入宫。此事可能为太后所阻而未得行。

十一月十二日，万历夜宴宫中，喝得酩酊大醉，乾清宫太监孙海、客用又用言语挑拨、刺激，说万岁爷一言一行都被冯保监视，完全不能自主之类的话。万历帝果然被激怒，斜眼看他旁边，正好有两个太监，都是冯保的养子，这如同验证了孙海、客用的话，万历帝借着酒精的作用，情绪完全失控，不但怒火顿起，而且提剑要杀二人。二太监在万岁爷的棍棒之下几乎被杖毙，挣扎着骑马跑到冯保住处，此时，万历帝还没有醒酒，对身边人大呼大叫，骑马追杀。这时冯保早已得报，他异常恐惧，用巨石顶住大门。当天夜里，孙海等人搀扶着人事不省的万历帝回到乾清宫就寝。次日拂晓，冯保到慈宁宫，跪谒李太后，说了只有两个人才能听清的话。皇太后闻言大怒，又颇感惊骇。清晨，她改穿青布袍，屏去簪珥，声言欲特召阁部大臣，谒告太庙，将废掉万历帝，立潞王为皇帝，而且，先令喧传于宫内。此时万历帝还在睡梦中，被孙海等太监叫醒，方知昨晚闯下大祸，恐惧滋甚，前往慈宁宫跪泣请罪。[21]

太后令万历帝长跪不起，痛数其过，情到激愤时，厉声说："祖宗社稷为重，天下大器，岂独尔可承耶?！"太后仍盛怒不解，令慈宁宫太监传语张居正，具状切谏，其词更为激切；又令为万历帝起草罪己御札。此时万历帝年已十八岁，御览张居正起草的罪己诏，内心惭愧不已，本不想发下，但迫于太后，又不得不下。

万历帝慑于母后的强大压力，表示悔悟，随即命文书房官丘得用宣谕内臣，说："孙海、客用凡事引诱朕，无所不为，着降为小火者（专事苦役的小太监），发孝陵种菜，尔等司礼监并管事牌子，既受朝廷爵禄，我一时昏迷，以致有错，尔等就该力谏方可，尔等图我一时欢喜不言，我今奉圣母圣谕教诲我，我今改过，奸邪已去。今后但有奸邪的小人，尔等司礼监并管事牌子，即举名来奏。"仍命文书房官传示内阁。

万历自己做坏事，把责任推到司礼监身上，这本来不妥。而万历帝究竟做了什么，是否仅仅是酒后要杖毙冯保名下的两个太监那样简单，已不得其详。由于太后对此事盛怒不已，张居正觉得万历帝仍然偏袒太监，处罚太轻，担心在太后那里过不了关，于是票拟："孙海、客用，奸邪不忠，引诱蛊惑，以致亏损圣德，举动差错，上违圣母慈训，下失臣民仰望之心。论祖宗法度，宜正典刑，罪在不赦。皇上心虽恼恨，犹不忍加刑，薄从降斥。……臣等查得旧例，孝陵种菜者，皆军人之工犯，既发令著役，不宜止降火者，须充做净军，乃为正法。臣等谨票拟，上请圣裁施行。"万历帝迫于情势，只好照张居正所拟，将孙海、客用充净军，发孝陵种菜。

到了十四日，万历帝却把责任推到内阁身上，指责张居正没有劝谏。说"先生等既为辅臣，辅弼朕躬，宗庙社稷，所系非轻，焉忍坐视不言？先生等既知此事，就该谏朕，教朕为尧舜之君，先生等也为尧舜之臣"。张居正上奏说，数月之间，仰窥圣意所向稍不如前，微闻宫中起居，亦颇失常，臣等心切忧惶，但身隔外庭，不知内事，即有所闻，未敢轻信。连日因睹御笔帖子，处治孙海、客用两人，因而询访，始知两人每日引诱皇上，夜间游宴别宫，释去法服，身着窄袖小衣，长街走马，挟持刀杖，又数进奇巧戏玩之物，以蛊惑上心，希图宠幸，臣等连日寝食不宁，可惜圣主被这几个奸邪小人，引诱蛊惑，一至于此。表示以后不敢复以外臣自限，凡皇上起居及宫壸内事，但有所闻，即竭忠陈奏。万历帝随即降旨，将司礼监太监孙德秀、温泰和兵杖局掌印周海降三级，着外私家闲住，永不叙用。太后又下令，把乾清宫所有万历帝平时收集的兵仗，封锁在库房里。[22]

张居正代万历帝所草罪己诏，今不见记载，但既是罪己诏，万历帝览后又不想发下，内容肯定对万历帝的形象有严重损害。当时宫廷还有人火上浇油，向万历帝传话说："太后令冯珰向阁中取《霍光传》入览。"万历帝内心以此大恨张居正、冯保，甚至对母后都疏远很多。《霍光传》是《汉书》中的传记，写的是霍光受武帝遗命，辅佐幼君昭帝，昭帝死后无嗣，迎武帝之孙昌邑王刘贺为帝，但刘贺淫乱后宫，荒淫无度，霍光奏请皇太后废黜武帝之孙而立武帝曾孙为宣帝之事。此事对十八岁的万历帝而言，是一生中很大的阴影，让他挥之不去。这也使得张居正、冯保都面临极大危险。

那么，万历帝何以"数月之间，颇改常度"？这又与张居正乞求归政不得，而李太后命他辅佐皇帝到三十岁直接相关。

归政不得与溘然病逝

得失毁誉关头如果打不破，天下事无一可为者。这是张居正经常说的一句话。

祖父身为葬荐的观念沁入他的灵魂之中，而法家、禅学都成为他勤力任事、不计毁誉恩怨的动力之源。他经常引用韩非子的话——"小仁，大仁之贼也"，以此推进他的复兴大业。陆九渊评价改革者，说"商鞅是脚踏实地，他亦不问王霸，只要事成。介甫（王安石）慕唐虞三代之名，不曾踏得实处，所以弄得王不成、霸不成"。就此而言，张居正近乎商鞅，他一生赤诚任事，把毁誉得失、生死祸福置之度外，其牺牲精神要远超王安石。

张居正对禅学体悟甚深，并用之于实际。他少年时代留心禅学，读《华严经》，不惜头目脑髓，以为世界众生乃是大菩萨行。故其立朝时，一切利国福民之事挺然为之。这大概是清朝人曾国藩《挺经》精神的来源。著名思想史家嵇文甫先生说，别人学禅，只学个遁世自了，江陵学禅，却学个宏愿济世。[23]

万历元年王大臣之狱后，张居正说出自己的心境："二十年前，曾有一宏愿，愿以其身为蓐荐，使人在上面寝处游息，拉撒小解，肮脏垢秽，我也情愿承受；有人想要割取我的耳鼻，也欢喜施与，更何况诋毁之类！"[24]

张居正童年时的老师李元阳，是嘉靖五年（1526）进士，云南太和人，很早罢官，在家乡遁入佛门。张居正出任首辅后，他向门徒致信以贺，因路途遥远，直到次年张居正才收到。张居正回信说："（居）正少而学道，每怀出世之想，中为时所羁绁，遂料理人间事。前年冬，偶阅《华严》悲智偈，忽觉有省，即时发一宏愿：愿以深心奉尘刹，不于自身求利益。去年，当主少国疑之时，以藐然之躯，横当天下之变，彼时唯知辨此深心，不复计身为己有，幸而念成缘熟，上格下孚，宫府穆清，内外宁谧；而（居）正以退食之余，犹得默坐澄心，寄意方外，如入火聚，得清凉门，以是知山寺幽栖，风尘寓迹，虽趣舍不同，静躁殊途，其致一也。"

张居正精魂所寄，乃《华严经》。"尘刹"是指微尘般的无量世界。"火聚"也是佛家语，指猛火聚集，佛家认为世人作恶多者，必坠入火聚。信中表明，张居正在最艰难乃至生死关头，都以佛家方外自处。张居正还透露，他将于二三年后乞身归政，与老师相约游历太和、衡山、湘水之间，一尽平生之欢。一年后，张居正再次向老师重申：衡、湘、太和之约并非空言，只是他过去曾有一宏愿，今尚未办好；且受先皇顾托之重，不忍离去，期以二三年后，必当践行此约。[25]

随着改革大业的推进，以及他对国家的承担，他实在无法兑现与老师的凤约。万历六年秋，张居正回籍葬父后，母亲也来到京城奉养，家中又相继有孙辈诞生，这对因夺情而受到身心伤害的他是些安慰。他向恩师徐阶透露，老母高龄，迎养京师，然北土苦寒，老人颇不相宜。一二年间，国事闲暇，当乞骸归侍。

万历八年三月二十二日，万历帝已年满十八岁，所有大婚、谒陵等标示皇帝已成年的典礼均已举行，张居正遂上"归政乞休疏"，第一次正式提出归政。他说，受先帝付托，毕智竭力，图报国恩，嫌怨不避，劳瘁不辞，九年于兹；每自思唯，高位不可以久窃，大权不可以久居，今中外安宁，诸典礼一一举行，圣志已定、圣德日新，于是乃敢拜手稽首而乞归政。

张居正此次提出归政，言语中不乏真诚，但上疏时间颇令人疑——他的乞休更像是一种姿态，一种表态，因为他的两个儿子即将参加进士考试。皇帝果然不准。隔日，张居正再乞休致，最后一节却说：

今臣亦不敢违背君父，为远举长往之计，但乞数年之间，暂停鞭策，少休足力。倘未即填沟壑，国家卒有大事，皇上仍欲用臣，朝闻命而夕就道，虽执戟荷戈，效死疆场，亦所弗避。是臣之爱身，亦所以爱国也。[26]

张居正仍是眷恋，对国家、对皇帝、对权力，他都不舍。自前日上疏后，他宅在私邸不去内阁。万历帝派鸿胪寺官前往传宣旨意说，今诸大典礼虽已举行，不过礼文之数，机务繁重，赖卿辅理更切，且古之元老大臣，耄耋之年在朝辅理者不少，卿方逾五十，岂得便自称老，忍于言去？

万历帝向他的母亲呈报张居正乞休的事。同日，万历帝复降龙笺手敕一道。

> 谕元辅少师张先生：朕面奉圣母慈谕云："与张先生说，各大典礼虽是修举，内外一切政务，尔尚未能裁决，边事尤为紧要。张先生亲受先帝付托，岂忍言去？待辅尔到三十岁，那时再作商量。先生今后再不必兴此念。"朕恭录以示先生，务仰体圣母与朕惓惓倚毗至意，以终先帝凭几顾命，方全臣节大义。先生其钦承之。故谕。[27]

龙笺手敕，是皇帝在特用的标有龙图花案的宸纸亲笔手书，与内阁票拟批红谕旨不同，是完全体现皇帝意旨的最高礼数。万历帝派司礼监太监孙秀、文书房官丘得用恭捧到张居正寓所，张居正叩头捧读，感惧兼抱，表示义重身轻，威尊命贱，请求皇上在圣母面前转达：今日之乞未遂，首丘之愿冀于将来。因山陵扈驾，偶感风寒，近又闻亲弟张居易讣音，他请调理数日，出阁办事。

张居正乞休，影响最大的是万历帝，他的母亲要辅佐到三十岁，"那时再做商量"。我们无法确知，是李太后对自己的儿子真不放心？或是对张居正超出常人地信任？所谓"内外一切政务"云云，虽算作理由，但何以要辅佐到三十岁？莫非李太后真的以为，三十而立的古训同样适用于皇帝？屈指算来，还有漫长的十几年。这对一心想躬亲大政的万历帝而言，堪称是一次巨大的打击，他的心理由此发生难言的变化，隐然的君臣对立逐渐浮出水面。几个月后发生的醉酒事件，是对张居正的一种变相发泄和抗议。皇帝失德乃至李太后令内阁大臣送《霍光传》至慈宁宫，以及废帝立潞王的或有意或无意的传播，这些接踵而至的突变，肯定有更多不为人知的惊险真相，也无形中把张居正推到了万历帝的对立面。

以张居正的绝顶聪明，他不会对此懵懂不知。他与进士同年李春芳，曾在内阁共事，二人还是世交，张居正的父亲曾在李春芳父亲李镗手下做事，两家"投分不浅"。论年龄李春芳为长，又先任首辅。归政不得后，张居正致信李春芳，说他"谬肩重任，恒恐中道颠蹶，有负宿昔期许之心。……乞身而归，未蒙俞允，付嘱愈重，早夜兢兢，诚不知死所矣。翁素怜我，何以策之，俾获全于末路乎"[28]？他致信曾在内阁共事的老师陈以勤，表达同样心境，说他"谬肩艰巨，恒有颠仆之虞；又久握魁柄，日夕兢兢。向者乞骸之请，万非得已。今奉圣谕，暂尔羁留，明岁将复寻初志焉"。[29]或许有某种预感，张居正还破例约请陈以勤的儿子陈于陛给他写墓志铭。

隆庆年间除张居正外的五位阁老，健在的还有他的恩师徐阶，张居正乞休不得，踌躇不安，他对老师说，居正膺重任，九年于兹，恒恐不保首领，以辱国家。日前乞身，以明进退之节，不得已也。重蒙主上暨圣母诲谕谆谆，居正迫于大义，不敢自爱其死，复勉强就列。"然自是羁绁愈坚，忧危愈重矣。吾师何以教之？"[30]

张居正明显感受到危险正一步步逼近。他只向最亲近的师友倾诉内心的恐惧和不安。在给亲家王之诰的信中，他袒露心迹，说："弟德薄享厚，日夕慄慄，惧颠跻之遄及耳。顷者乞归，实揣分虞危，万非得已。

且欲因而启主上以新政，期君臣于有终，乃不克如愿。而委任愈笃，负戴愈重，孱弱之躯，终不知所税驾矣。奈何！"[31]

张居正是一条硬汉，他从无愁苦语。但他也清楚天道忌盈，伴君如伴虎的道理，一再说自己抗疏乞休，甚非得已。这个"甚非得已"表面是明臣节而非求私便，实则是对恐惧的一种本能反应。他对自己尊敬的长者反复说他柄国以来惴惴如临渊谷，今抗疏乞归冀得完躯以去，非敢贾誉于退恬也，虽奉谆谆恳留，暂尔复出，然惶惧之怀终不能释。

持续十几年的极度劳累，加之如临如履的震骇与恐惧，张居正这个硬汉，在万历九年夏初病倒了。五月初五是他的五十七岁生日。亲家王之诰送来厚仪，他不敢例辞，告诉亲家年来身体日就衰惫，兼之力微任重，求释不得，譬如马力已竭，强策鞭于修途，诚不知其所终矣。老母时有小疾，疗摄旋愈，但日夜思归。

他病得厉害，乃至一个月不能到内阁理政。因不能手书写信，一些公务、私函都是口授完成。他从西部得到消息，知顺义王病已沉重，部下酋长各自为心。挣扎着口授信给宣府巡抚张佳胤，请他预先筹划制御方略。万历帝派御医四员前往诊视。七月十七日，他告诉皇上，自入夏以来，因体弱过劳，内伤气血，外冒盛暑，以致积热伏于肠胃，流为下部热症，又多服凉药，反令脾胃受伤，饮食减少，四肢无力。立秋以后，转更增剧。自以身当重任，一向勉强支持，又恐惊动圣心，未敢具奏调理。自察病原，似非药饵能疗治，他乞求皇上赐给旬月假期，暂时解除内阁事务，使得专意调理。经过十多天的调理，病情有所好转。但万历帝像催命一样，派司礼监太监传谕，命张居正八月初进阁。八月十一日，他拖着病躯到内阁处理政务，同时进讲《贞观政要》等书。

与张居正志同道合的耿定向，其父恤典已经得到朝廷恩准，张居正告诉他，说自己的身体因过度劳累而致病，入夏至今，尚未痊愈。乞归不得，更觉委顿。明年皇储（子）出生，决计乞骸，或得与耿公相从于衡山、湘水之间。

在此前后，广西按察副使吴哲，整理了张居正的一些书稿，包括乡居其间的《游衡岳记》等诗文，张居正表示，这是一时兴致所作，不必刊印，而与俺答通贡本末，不可无纪，过去曾托一位相知的好友做过整理，但很不称意。现在看到吴公所记录的，事情精核，词语晓畅，虽然其中有一些隐谋秘计，未能全部记述，而首尾措划，大都悉备，因为吴公当时亲眼所见我经划此事，故记述精详如此。至于你代写的序传，对于我平生心事发抒殆尽，只是将我比拟古代先哲，我感到很惭愧。我已令儿辈各藏一函，用备家乘。感谢。十年之间，昼作夜思，从少至今，身体所有积蓄，每日张施于外，遂成贫子。现在想早弃人间事，回到踏入仕途以前，并非自爱幻躯（佛家语，活人视为虚幻），因为盈虚消息（易经丰卦），天道固应如此啊。

张居正非常看重他与高拱全力促成的俺答封贡这件事，如今老友已经仙逝，他想到成就封贡之事的离任兵部尚书王崇古，信笔告知：本人入夏即病，荏苒数月，殊觉委顿，今虽眠食稍复，然病根未除。

张居正最后处理的军国大事，仍是北部边防军务。这也是他一生为之努力，避免大明步入衰宋之局的关键所在。他一再叮嘱宣大总督郑洛、大同巡抚贾应元，顺义王俺答去世，其孙把汉那吉还没有能力统领各部，必须劝服三娘子按照蒙古习俗与俺答继承人合婚，与把汉那吉共掌蒙古诸部，作为国家外藩，一应贡市事宜，全部照俺答在世时执行，绝不可更改。他在家中拟定了以王礼赐祭顺义王七坛的敕书，他引用了一句谚语："若将容易得，便作等闲看。"处理北边的原则是务令大柄在我。

红妆一队阴山下，

乱点酡酥醉朔野。

塞外征传娘子军，

边头不牧乌纱马。

历史总有难以言说的无尽巧合。明朝人冯琦的这首诗，颇有意蕴。这位出生在庚戌之变那一年的三娘子，在张居正的极力斡旋下，接替俺答，继而成为屏藩大明的蒙古族著名政治家。自隆庆六年与蒙古全面互市，至万历十五年前的十五年间，与互市以前同期相比，仅宣府、大同二镇，国家节省支出一千一百二十八万两。[32] 当年发配宣府的瞿九思，在他所著的《万历武功录》中为《俺答列传》所写的最后一句是："胡中衣食居室，悉如汉制，比天所以资汉，制其死命。"[33] 蒙古族与中原的密切交往，促进了蒙古地区的经济发展，进而成为巩固中央王朝不可分割的向心力量。

张居正未能像张良那样，从赤松子游；也未能践约，与老师李元阳、好友耿定向相从于衡山、湘水之间。他的生命，定格在万历十年夏季的六月。

万历十年三月初九，因患痔疮，张居正奏请乞假，在家处理内阁事务。他告诉万历帝，他自去年秋天患下部热病，标症稍有减轻，而病根未除，缠绵至今，医药罔效。近访得一个医人说能治疗，屡经试验，其医术颇精。请皇上赐假二旬一月，暂免朝参、侍讲；至于内阁事务、票拟、题奏等项，容在私寓办理。

三月十五日，万历帝赐给衣物、银两，张居正因用药敷搽患处，不能行动，伏枕叩头，令翰林院编修张嗣修、修撰张懋修、锦衣卫指挥佥事张简修叩头代领。三月二十七日，皇上又有赏赐。张居正以病尚不能起，伏枕叩头，他向皇上请假说，缘臣宿患虽除，血气大损，数日以来脾胃虚弱，不思饮食，四肢无力，寸步难移，须再假二十余日。四月十六日，皇上赏赐，张居正仍伏枕叩头谢恩。

张居正所说的医人，是徐阶府上的医官，名字赵裕。在他的精心治疗下，病情暂时有所好转。张居正致信感谢，说："贱恙实痔也，一向不以痔治之，蹉跎至今。近得贵府医官赵裕治之，果拔其根。但衰老之人，痔根虽去，元气大损，脾胃虚弱，不能饮食，几于不起。日来渐次平复。今秋定为乞骸计矣。"

人对生命的渴望，圣贤也不能免。张居正在昏昏沉沉中做了一个梦，梦见皇上派他手持符节，前往祷祀一个女神，因为梦境不清，他猜想是祈求女神保佑之意。他想，女神身份最尊贵的莫如泰安的仙妃。于是把家人喊来，派他的小儿带上香帛，前往泰山祈祷。泰山在山东境，他怕引起误会，给杨博之子山东巡抚杨俊民写了一封信。这也是张居正留下的最后一封私人信函。

此时张居正病已沉重，万历帝却每日派人催他赴内阁。张居正告诉杨俊民，我所患病一向没有按照痔疮来医治，迁延十多年，故病情日加严重。现在血气亏损已甚，脾胃虚弱，不思饮食，四肢无力，寸步难移，揆之生理，尚属艰难。遣小儿往祀的事怕你不知根由，敬告以闻。

五月初五，是张居正五十八岁生日，也是他度过的最后一个生日。神宗遣官赏赐颇多。六月初九，张居正自知来日无多，乞骸归里，说他患病以来，静摄调治，日望平复，乃今已及三月，元气愈觉虚弱，卧起皆赖人扶，肌体羸瘦，仅存皮骨。若不早求休退，必然不得生还。[34]万历帝仍不准辞。十一日，张居正最后一次用哀怜的口吻乞休，说臣精力已竭，强留于此，将使臣有客死之痛，皇上亦亏保全始终之仁，望皇上怜臣十年拮据尽瘁之苦，早赐骸骨，生还故里。万历帝仍不准。

六月十四日，万历帝派司礼监太监魏朝前往视疾，颁降手敕，这是对张居正柄国十年的评价：

> 朕自冲龄登极，赖先生启沃佐理，心无所不尽，迄今十
> 载，四海升平，朕垂拱受成，先生真足以光先帝顾命。[35]

十八日，张居正已进入生命的最后时刻，他连粥都喝不下去了。万历帝派司礼监太监张鲸赍手敕，谕张居正交代后事：今日闻先生病势不粥，朕为深虑。国家大计，当为朕一言之。张居正用尽平生的最后一点气力，写上进入内阁的名单，密封以进。次日，万历帝按照张居正的最后政治嘱托，升原任礼部尚书潘晟兼武英殿大学士，差行人驰驿取来，吏部侍郎余有丁升礼部尚书兼文渊阁大学士，令二人与张四维等入阁办事。隔日，一代名臣张居正去世，享年五十八岁。谥文忠。

在进士同年王世贞的笔下，张居正被诬是多御女人而体力不支，每日吃房中药发强阳，燥则又饮寒剂泄之，致使脾弱不能进食，最后不治身亡。他还说，居正待子弟非常严厉，每三五天问安一次，点头而已，不交一言。因其容貌羸弱不堪，厌恶他人见到，日卧帷幄之中，至次日不闻声音，家人觉得奇怪，等发现时气息已绝。

注释:

1. 汉书·元帝纪: 卷九, 第一册. 北京: 中华书局, 1962: 277.

2. 阎振益, 钟夏, 新书校注. 北京: 中华书局, 2000: 198—199.

3. 黄景昉. 国史唯疑 // 中国野史集成续编. 成都: 巴蜀书社, 2000: 380.

4. 焦竑. 国朝献征录: 卷二五.

5. 吴晗. 朝鲜李朝实录中的中国史料: 第四册. 北京: 中华书局, 1980: 1505.

6. 辑校万历起居注.194—195.

7. 辑校万历起居注.197.

8. 沈德符. 万历野获编: 卷七. 北京: 中华书局, 1997: 204.

9. 张舜徽. 张居正集: 文集. 武汉: 湖北人民出版社, 1994: 537.

10. 沈德符. 万历野获编. 北京: 中华书局, 1997: 233.

11. 刘若愚. 酌中志: 卷一六. 内府衙门职掌 // 丛书集成初编. 商务印书馆.1935: 97—101.

12. 刘若愚. 酌中志: 卷五. 商务印书馆. 1935: 29.

13. 石刻汇编: 第 57 册, 第 3 页。

14. 张舜徽. 张居正集: 第三册. 文集.武汉: 湖北人民出版社, 1994: 536—537.

15. 张舜徽. 张居正集: 第二册. 书牍.武汉: 湖北人民出版社, 1994: 493.

16. 王世贞. 弇山堂别集: 第四册. 北京: 中华书局, 1985: 1913—1914.

17. 明史: 卷二二九, 第 20 册. 北京: 中华书局, 1974: 5991—5992.

18. 张舜徽. 张居正集: 第一册. 武汉: 荆楚书社, 1987: 195—196.

19. 张舜徽. 张居正集: 第二册. 书牍.武汉: 湖北人民出版社, 1994: 1156.

20. 张舜徽. 张居正集: 第二册. 书牍.武汉: 湖北人民出版社, 1994: 581—582.

21. 刘若愚. 酌中志: 卷五. 商务印书馆, 1935: 29.

22. 王世贞. 弇山堂别集: 第四册. 北京: 中华书局, 1985: 1910—1912; 辑校万历起居注: 318—320.

23. 嵇文甫. 晚明思想史论. 郑州: 河南大学出版社, 2008: 73—77.

24. 张舜徽. 张居正集: 第二册. 书牍.武汉: 湖北人民出版社, 1994: 379.

25. 张舜徽. 张居正集: 第二册. 书牍.武汉: 湖北人民出版社, 1994: 349—470.

26. 辑校万历起居注: 296.

27. 辑校万历起居注: 296—297.

28. 张舜徽. 张居正集: 第二册. 书牍. 武汉: 湖北人民出版社，1994: 925.

29. 张舜徽. 张居正集: 第二册. 书牍. 武汉: 湖北人民出版社，1994: 973.

30. 张舜徽. 张居正集: 第二册. 书牍. 武汉: 湖北人民出版社，1994: 1175.

31. 张舜徽. 张居正集: 第二册. 书牍. 武汉: 湖北人民出版社，1994: 933.

32. 明神宗实录: 卷一八五.

33. 瞿九思. 万历武功录: 卷八，俺答列传，下. 北京: 中华书局，1962.

34. 辑校万历起居注: 370.

35. 辑校万历起居注: 371.

第十章

身后罪状满公车

　　万历十年六月二十日，平生怀抱治国安邦伟略的首辅张居正去世。他把无尽的恩怨留给了后人，这些恩怨裹挟着是是非非，不断发酵着，致使在他死后的两年间，疏其罪状的奏章塞满公车，终于上演了历史上改革者不能承受的破家沉族之痛。

　　在追罪张居正的漫长过程中，各有各的算盘。张四维要翻案，万历帝要张家的财产，废辽王府希望借此复国……

万历十年六月二十日，平生怀抱治国安邦伟略的首辅张居正去世。他把无尽的恩怨留给了后人，这些恩怨裹挟着是是非非，不断发酵着，致使在他死后的两年间，疏其罪状的奏章塞满公车，终于上演了历史上改革者不能承受的破家沉族之痛。而持续时间如此之长的倒张行动，是几种反对张居正力量的一次集体大汇合。在这个庞大的队伍中，既有台面上的大人物暗中担当策划者的角色，也有反对者的直接构陷，更多的是因张居正改革而利益受到侵犯的人。它是从政策的改变开始，由多不胜数的、看似偶然的小事件拼凑起来而汇成的一股大洪流。其中，为张居正一手栽植的继任首辅张四维，以及好色贪财的平庸之君万历帝，分别扮演了关键和决定性的角色。

张四维的倒张运动

　　张居正撒手人寰之前，或许自己都没有想到，他的生命会因为痔疮定格在五十八岁那个炎热的夏季。否则，以他的大智慧和柄国权力，绝不会在临终前一天才匆匆安排潘晟、余有丁二位进入内阁。潘晟是冯保的师傅，当时张居正已人事不省，在冯保的强力推荐下，完全不能自主的张居正将潘晟等人的名字写入名单，密封呈交万历帝，又在冯保的安排下，潘晟在内阁的位置竟排在申时行之上，位列次辅。这位在仕途上屡起屡扑的嘉靖二十四年一甲榜眼，两年前以礼部尚书致仕而归，此番召入内阁，因其冯保老师的这一特殊身份，对张四维、申时行都构成威胁，张四维揣知申时行不愿屈居潘晟之下，二人合力，讽言官攻讦不已，致使潘晟上任途中，转踔以新衔致仕回乡，他也成为大明历史上没有到任的内阁大臣。

张家哀愁皇家喜。当张居正魂归故里，在曾乡居其间的乐志园落葬时，皇宫里却一派喜庆。八月十一日，恭妃王氏为万历帝生下皇长子。此事成为政局转变的枢机，而率先发难的不是别人，正是张居正一手提携、生前倚重的新晋首辅张四维，他不但一反张居正生前以严绳治天下的政策总基调，而且动用他的门生故旧，掀起反张的第一波浪潮。张四维去世后，继任首辅申时行在为他写的神道碑中，历数这一过程，大意说，自江陵柄国，一切以刑名法律痛绳天下。他对官员的整饬，严急而苛刻，人们希望尽早结束这种状况，如同饥饿的人渴望饮食一样。张居正去世伊始，他的亲信以及所用的人仍然在各部院担任要职，并与冯保等宦官互为表里，墨守其生前所定的遗法，内阁所提议的事情多龃龉不能实行。张四维平时对此深感忧虑，对申时行说：

> "此难以显争，而可默夺。今海内厌苦操切久矣，若以意示四方中丞、直指，令稍以宽大从事，而吾辈无深求刻责，宜可以少安人心。"会皇嗣诞生，而公喜可知也，曰："时不可失"，乃手书劝上，宜以大庆施惠天下，省督责，缓征徭，举遗逸，恤灾眚，以养国家元气，而出诸司所拟宽条，属余损益，凡数十事以进。上欣然命行之。[1]

中丞是指巡抚，直指指巡按御史等官。明朝巡抚、巡按称"两院"，属于地方最高行政、监察官员。

张居正一手栽植张四维，万历四年刘台参劾张居正时，甚至说张居正拉张四维入阁，是为有朝一日为年迈的父母服丧后，借助张四维东山再起。张居正如此看重的人物，何以在他尸骨未寒之时，就发动倒张行动？莫非二人结有深怨大仇？

巩固来之不易的首辅权位，是张四维的首要考虑。他深知张居正生前结怨上下，作为多年随元辅办事的次辅，如果不立即与张居正划清界限，来个全面脱钩，朝野上下就会把对张居正的怨愤和不满，倾泻到他的身上，届时他就会成为众人攻讦的对象。特别是他察觉到，已成年的万历帝早已对张居正心生厌烦，于是想借此大收人心，而此时又有绝佳机会，即皇长子出生，按照惯例要颁诏天下，张四维于是上疏说："皇上临御十年，纲纪修明，中外奉法，仓库充盈，四夷宾服，足称治安。但近岁以来，灾异屡见，今年南北各处奏报水旱甚多，兼以文武各官不知朝廷励精本意，往往务为促急烦碎，以致征敛无艺，禁令乖违，使此治平之世，民不安业，中外嗷嗷，失其乐土之心，有可隐忧。……宜乘此大庆，明降德音，蠲荡烦苛，弘敷惠泽，使四海万国，翕然佩戴皇仁，鼓舞欣畅，此固结人心，培延国脉之一大端也。"这正中万历帝之怀，他回答说："朕意正如此，依拟开具来行。"[2] 自此，朝政稍变，言路亦发舒，诋毁张居正时事不已。

随即颁布的由申时行起草的三十三款恩诏，有些条款虽属于例行内容，但整体政策基调全面从宽，包括张居正生前想"一了百当"的清丈田亩大政。

张四维出身大商人家庭，他的仕途也因不时馈送朝中有力人物，屡受弹劾。他与高拱、张居正都维持着非常好的关系，而因舅父王崇古，与高拱的关系更近一些。赵贞吉解职后，高拱一度想拉他入阁，因有人反对而未果。隆庆五年十月，他以吏部侍郎被参乞休，回籍途中，给张居正寄书二种，并讲了很多心里话，张居正触事感怀，不觉慨然兴叹，念知己远去，不能相从晤谈。他告诉张四维，将重新考虑他的任职，拟明年秋季起用，随后觉得既然是奉特旨召用，为皇太子出阁充侍班官，劝张四维立即赴命，不要犹豫。隆庆六年二月，解职仅三月有余的张四维重新回到朝中。张四维如此快速复出，肯定得到了张居正的极力斡旋。而此时高拱、张居正的争斗近乎摊牌，张四维作为二人的知交，在其中也曾极力斡旋、调解。不久，张居正授意曹大埜弹劾高拱，其中有张四维馈送八百金，出任东宫侍班官的条款。高拱辩解说，此项任命与张四维资望相应，是他与张居正二人共推，说张四维馈送八百金是何人所见？又何以不明言指证？因为这件事，张四维对张居正心存不满，但他隐忍不发。

张四维除岁时馈送张居正外，还与万历帝的外祖父，李太后的父亲——武清伯李伟攀附山西老乡，结为奥援。又暗中与冯保交结，张居正发现后，斥责不已。

万历三年三月，经张居正引荐，张四维入阁参赞机务。但当时张居正以柄国宰相自居，政事一决于己，对同僚无所推让。加之张四维为文一无生气，味同嚼蜡，起草的文件张居正多不满意。吕调阳致仕后，他虽居次辅之位，但对张居正恭谨有加，一切政事不敢可否。

张四维自称受知居正，跟随二十余年[3]，何以在张居正尸骨未寒之际，就迫不及待一反张居正所为，并蛊惑万历帝，称此举是"固结人心，培延国脉之一大端"，由此引发政策的大翻覆，进而成为推倒张居正这块"神幡"，而致其承受沉家灭族之祸的引线？

这样的疑问自张居正被抄家破族的"甲申之祸"，就引起世人的极大关注，因为这并非个人恩怨，而关系天下是非。亲身承受这场灾难的张居正之子张懋修等，在为其父整理编辑《张文忠公集》时，也写有《先公致祸之由敬述》一文。清朝的顺治皇帝反驳木陈和尚对张居正"揽权"的指责，说："彼时主少国疑，使居正不乾纲独握，则道傍筑室，谁秉其成？亦未可以揽权罪居正矣。"[4]

在张居正的老家有个宋学洙，他是荆州城东宋家场人，入清后于顺治四年考中进士，选为翰林院庶吉士，不久改任吏部官，分管河南科举。后回乡侍奉年高的母亲。地方官常上门向他请教兴革大政。退养期间，他详尽考察、研究张居正招祸的原因，写有《张文忠公遗事》长文。或为避嫌，康熙《荆州府志》以及后来的乾隆《县志》虽然都收录了此文，但删去"尤有疑于张凤盘（张四维构陷）"一节。后来重纂府志，编纂者从宋学洙后裔时伟家保存的家藏本抄录此段，予以增补，并加按语说："考《明史》，（张）四维为政，与公（张居正）所荐王篆、曾省吾等交恶，而礼部君血书，亦有'告知蒲州相公'云云，是身后之祸，其为凤盘下石无疑。"[5]编纂者所说的"礼部君血书"，是指张居正长子礼部仪制司主事张敬修被逼而死前写的血书。

宋学洙的结论最值得重视：

> 确然见造冰者，外戚也；换日者，中官也；闪烁其间者，凤盘二三公；彼呶呶者，只鹰犬耳。故两宫圣母，不闻传矜宥之旨，神宗宿三十七年之怨，非惟新郑无此党，缙绅宁有此力量哉！[6]

"造冰"是古代丧礼，指自仲春至秋凉间，贵族去世后要择时下葬，为保存尸体，用冰盘来冷却，置尸体于床下。张居正去世于六月，这里是指张居正尸骨未寒而翻覆，因张居正生前对外戚裁抑过甚，被秋后算账。所谓"换日"，是指皇帝对张居正的态度由信任变为恼羞成怒，是因宦官在其中的作用。而当这两种力量的魔爪伸向去世后的张居正时，以张四维为首辅的内阁，并未主持公道，而是闪烁其间，致使事态任由发展。至于对张居正身后进行一浪高过一浪的声讨的人们，都是被利用的鹰犬。

李太后于万历四十二年去世。张居正生前，李太后对其信任既专且笃，待张居正母亲宛如家人。而在张居正去世后长达两三年的"追罪"过程中，太后仿佛从人间蒸发一样。而万历帝对张居正的怨恨直到三十七年后驾崩，被带进棺木中，也没有释怀。

康熙《荆州府志》所删的张四维构陷一节，说的是张居正归葬期间，在朝廷主持内阁事务的张四维，对辽东边镇发生的杀降冒功之事，即所谓的"长定堡大捷"，不经核实就仓促告太庙、重奖"有功"，后被揭出，张居正力主追责，致使张四维记恨在心。

那是万历六年三月二十八日晚，万历帝得到来自辽东提塘官的军情报捷，说辽东镇取得斩杀四百多级的大捷。因大婚典礼刚刚举行，万历帝兴奋得一夜未眠，次日早晨，他向母亲奏闻，李太后也异常高兴。万历帝当即谕内阁，说："昨见辽东塘报大捷，比前次更多，朕心深喜。今早奏闻圣母，欢悦殊甚。诚如圣母前谕，元辅平日加意运筹，卿等同心协赞所致。"命兵部议功疏上时，抄录一份，封在谕旨内，着兵部马上差人星夜前去与张先生看，将一应叙录比前再加优厚。即重奖规格要高于刚刚过去的二月劈山大捷。

明朝赏军功规定，以首功定赏格，凡官及军有功，查勘明白，造册到部，当升赏者，各照立功地方则例，具奏升赏，以擒获北虏为首，辽东女真次之。

此时内阁次辅吕调阳患病，一直在乞休。实际主持内阁票拟的是张四维。他奏称"功绩委实奇特"。但对万历帝所降谕旨，传示首辅张居正于家乡数千里之外拟旨的做法，他并不赞同，说：兵部疏请录功疏，必须等待辽东镇奏报之日方可题复，如果等部疏复后，再将题复抄录，封在皇帝所降谕旨内，再差人传示首辅，往返五千余里，未免部疏留中时间过长，为此请把辽东镇塘报封置在谕旨内，当日马上差人，星驰南去，按时间计算，辽东镇疏报必查核详确，方敢具奏，亦须等待十天以上，届时居正恭阅皇上谕旨后的回奏，将与辽东镇疏报，先后抵京，兵部疏入，即可依所拟奏，钦定施行，庶于事体便宜。万历帝采纳了张四维的意见。[7]

这里有两大疑点：一是张四维等内阁大臣何以对一眼就能看出疑点甚多的"大捷"毫无察觉？是他们缺乏起码的判断力，还是明知有疑也不捅破，而要按照兴致正高的皇帝所传谕旨来办？二是为什么违背议功程序，要张居正按照谕旨先行票拟，而后再依据辽东镇奏报——兵部题复程序——进行优奖？是单纯的"快捷"，还是给张居正挖陷阱？

四月十一日，张居正在家乡荆州将父亲入土为安后数日，接到兵部差官赍送谕旨及封置在内的塘报，当即觉得此次"大捷"不实，立即复信兵部尚书方逢时，明确提出要对此详细核实。他开篇即说：辽左之功，信为奇特。皇上谕旨询问，我将具奏的情况已呈送，但细观塘报，有"鞑靼得罪土蛮，欲过河东住牧"等语，虽然鞑靼的话未必完全可信，但据塘报，他们既然拥有七八百骑，又是诈谋入犯，必有准备，而我军一出，即望风而逃，骈首就戮，未见有任何反抗，而且所缴获的牛羊等物，大多都是住牧的家当，与入犯情形不同。此中情状，大有可疑。或许是真诚投奔而来，边将怀疑他们有诈，不加详审，于是将其歼杀。现在圣谕要特加重奖，固然难以中止，但功罪赏罚，劝惩所系，万一所俘获的并非入犯之人，而冒得厚赏，将开边将要功之隙，阻外夷向化之心。所关非细。并且，李成梁历次被奖，已不为薄，过去边将以功荫子未有世袭的，而他每荫子必世袭，又皆三品以上大官，现在如果再欲加厚，唯有封爵了。祖宗旧例，武臣必身临行阵，斩将拔旗，以功中率乃得封爵。今据所报，李成梁未尝领兵当敌，如过去在平虏堡打败土蛮、擒获建州王杲那样。而过去那样的大战功只是赏荫子，这次却封爵，厚薄也与实绩不相匹配。我柄国十年，措划该镇，颇殚心力，现在内心实有不安，故不敢不把疑虑向你讲出。希望方公虚心再审，务求至当，以服人心。[8]

张居正同时又致信蓟辽总督梁梦龙、辽东巡抚周咏，请他们核查。

因张居正怀疑"大捷"是杀降冒功，而皇上的谕旨又非常明确，他不能抗旨。遂在《奉谕拟辽东赏功疏》中，留下为日后"翻案"的活话，说："圣谕欲加厚赏，诚不为过。虽其中有投降一节，臣未见该镇核勘详悉，第据塘报所称，如总兵李成梁素称忠勇，屡立奇勋。前次劈山之捷，该部议加封爵，臣欲留此殊典以待后功，故未敢拟。"建议加封李成梁非世袭的流爵，总兵陶承誉，副使翟绣裳，总督梁梦龙，巡抚周咏，兵部尚书方逢时，侍郎曾省吾、邰光先等，各应奖升有差。他并称，内阁诸臣也应遵圣谕奖叙，而他本人因不在任，辞免。[9]

张居正在荆州接到皇帝谕旨的同一天，吕调阳第六次上疏乞休。稍早前数日，他因肺病复发，皇帝给假数日进行调理。此次奏称，痰火上涌，视听不审，看详章疏苦难，字过与人交谈，半未能省，举笔作字，每不成书。随后又于二十二日，第七次乞休。

至五月九日，总督梁梦龙、巡抚周咏、总兵官李成梁，上奏斩获土蛮共四百七十六级，万历帝御皇极门，鸿胪寺宣奏捷音。次日，录辽东镇斩获功赏，总兵李成梁袭荫一子，世袭本卫指挥金事，游击陶承誉升署都督金事，仍荫一子世袭本卫所百户，总督梁梦龙，荫一子入监读书，巡抚周咏升右副都御史，各赏银有差。仍发马价银一万两，差官给赏，尚书方逢时与先任巡抚张学颜赏银币有差。同一天，吕调阳以内阁封进本章，近犹列其职名，他既未曾在直，亦涉虚冒，请求放还，或开俸调理，内阁一切本章免其署名。万历帝命其暂免署名，照常支俸。由此断定，此次录功吕调阳没有署名，而他急于与录功脱钩，或其知悉张四维背后的操作，不愿蹚这浑水。

十一日，万历帝御皇极门，百官以辽东大捷称贺。随即又是告太庙、告祖宗，接连的庆典不亦乐乎。七月初六，吕调阳乞休允准。

张居正是六月十五日回到京城的。此时木已成舟，"长定堡大捷"的所有功赏、庆典均已举行，但张居正一入京，就听到对此事的议论，人言啧啧，张居正更坚信杀降是实。其间，辽东巡按安九域查证实是妄杀，他不敢公开上疏，私下给张居正写信，征求处理意见。张居正在内阁要地十余年，柄国也已六七年之久，他有极为丰富的政治经验和智慧。史书称张居正明鉴数千里外，如在眼前。他见安九域的私信与他密疏的分析一一符合，至此，所有疑虑、判断都经证实。他显出少有的气愤，指责他的学生总督梁梦龙和巡抚周咏：为何你们当事的诸位不慎审至如此地步？！现在赏赐已颁，固然难以重新讨论功罪，"但赏罚劝惩所系，乖谬如此，殊为可恨。谨录疏稿及安（九域）君书奉览，幸惟秘存"[10]。

李成梁也很快得知部属杀降冒功的事，又知张居正一向赏罚分明，他想化解此事，给张居正送了一份厚礼。张居正拒绝后，怕退还的重礼有什么差池，还担心李成梁心生疑虑，感到张居正疏远他，于是烦请巡抚周咏与李成梁会面时，私下为他解释，就说我对李大帅奖拔提携，爱护有加，意固不为不厚，然以为国家，非敢有所一毫市德望报之心也。

他诚以国士自待，唯当殚忠竭力以报国家，即所以酬知己，不在礼文交际之间也。他不知我的意思，以为有所疏远，当作外人，烦请你把我的意思讲明，"以安其心，坚其志"。**11**

张居正赤心以忧国家，小心调护诸将。李成梁出身铁岭将门世家，人到中年仍不显，其发迹有赖张居正慧眼识人。《明史》称，张居正用李成梁镇守辽东，戚继光镇守蓟门，成梁力战却敌，功多至封伯爵，而继光守备完善，"居正皆右之，边境晏然"。隆庆四年，李成梁在锦州以副总兵打败来犯的鞑靼辛爱部，一战成名，随即代理总兵之职，驻节广宁（辽宁锦州北镇），自此训练"李家军"。

辽海南面滨海，其东北方自长白山下至鸭绿江边，活跃着女真等族，西北则是强悍的蒙古族。俺答封贡后，明朝西北部边防得以巩固，而东北部面临蒙古插汉部的威胁，插汉号称有控弦之士六万，最为精壮，其首领土蛮又常挟兀良哈三部窥伺辽东。而建州女真对明朝威胁也很大。张居正致方逢时信中所说的王杲，是建州右卫都指挥使，其骁勇善战，乃辽东劲敌。万历二年七月，李成梁大败王杲部，先后斩一千余级，王杲被擒获，监车送京，处以极刑。李成梁进左都督，予世荫。

张居正赋诗以纪其事：

> 长白山前昼传箭，鲜卑羯儿骑如电。
> 军书昨夜驰乐浪，天子登坛策飞将。

> ——《辽左奏捷》（节选）

次年十二月，蒙古泰宁部两万多人进犯平虏堡，李成梁血战劲敌，吐血口不能报战，歼敌二百多，明兵死伤也甚多。万历帝欲行处分，张居正说，过去"损军之法太严，故将领观望，不敢当虏，苟幸军完无损而已，今辽东军杀伤至四五百人，斯乃血战，臣以为宜宽论损折，以作敢战之心；而厚加恤录，以酬死事之苦"[12]。万历帝御皇极门宣诏，加李成梁太子太保，荫一子锦衣卫世袭正千户，赏银八十两。

李成梁出生入死，李家军威震辽东，其享乐也出分外，庭院十余里，编户鳞次栉比，姬妾有两千余人。朝野对他一直颇有微词。杀降之事出，张居正一直想找一个稳妥的办法处理。万历六年十二月，李成梁出塞二百余里，在东昌堡大败泰宁部，张居正顿时有了主意，他称赞李成梁这次出奇制胜，用孙膑走大梁之计，使得泰宁部狼狈而返，比此前长定堡奏捷杀降以邀功迥然有别。

万历七年初，兵科给事中光懋追论辽阳车营游击陶承誉，宜坐以杀降之罪。万历帝命巡按御史安九域勘明具奏。安九域面临极大压力。张居正致信给他，指示他只有依据事实分别"战功"真伪，以等待皇上裁断，量其虚实大小，作为处罚轻重。命他作速勘明。张居正还告诉安巡按，此事说到底，李帅之功，揭诸日月，重赏自不待言，长定堡大捷即便全属虚妄，朝廷也一定以功疑宽宥，不加深治，诸公何必哓哓如此？！此后密帖，手书为便，字之工拙不必计较。

二月，安九域查勘奏报，陶承誉应处以杀降重罪。但兵部议复，却提出不同看法，说东虏到底是诈降还是偷袭，并无实据。兵部最后提出，处置陶承誉固然不足惜，但此声一传，外夷鼓掌，阃外之威不折自催，非所以劝将帅而鼓舞军士，请革职以结此案。

杀降冒功之事，考验了张居正处理的智慧，他认为此事与国体、兵机大有关系，如果惩处，不但有损皇帝威严，对将帅士气也有打击，如果不惩罚，将开边将要功之隙。张居正再三权衡，甚至不惜与兵部反复商讨、冲突，乃至甘冒犯上之险，将陶承誉革职，其他各官，共三十七员全部革除，所有赐赏全部追夺。此事是张四维一手操作，也是唯一以内阁大臣做主的事。本来，张居正回籍葬父期间，大小事情仍要往返五千里外，由张居正拟旨，这令位居次辅的张四维内心十分不悦，这分明是对他的藐视。而张居正把杀降案追查到底，是丝毫不给张四维留情面，由此张四维怀恨在心。故宋学洙说：长定堡一事，"政府、本兵之体面扫地矣。体面失，则饮憾必多，故吕公（吕调阳）即乞骸于是年，而张公（张四维）忍耻于政府五载。江陵殁而公（张四维）当国，坐视其祸而不相救，莫非此一物据胸中而未化也"[13]？

五月，兵部复御史安九域奏勘海州、东昌等堡，大捷功绩，叙李成梁应加封爵。张居正奏说，李成梁屡立战功，忠勇大节为一时诸将之冠，封爵良不为过，况且也不是世袭的爵位，用封爵来鼓舞将士同仇敌忾之气，做人臣任事以忠的榜样，也是振兴边事之一大枢机，谨票拟旨上请。万历帝依拟，命封李成梁为宁远伯，岁支禄米八百石。《明史·李成梁传》评价说："边帅武功之盛，二百年来未有也。"而张居正赏罚分明，为保护将帅发挥了至关重要的作用。

张居正去世后，原来由冯保与张居正所构建的内廷与外朝的联合不复存在，当年被压制的皇帝意识已全然苏醒，而冯保对此浑然不知，他仍凭借累积的威势把持用事，他的党羽锦衣指挥同知徐爵身居禁中，一如既往代为阅览章奏，草拟诏旨，而与张居正亲近的人也都通过徐爵向冯保靠拢，致使徐爵势焰大张。作为九五至尊的万历帝，早就想收回本属于他的皇帝大权，对冯保等人不识时务的做法深恶痛绝。作为内阁首辅的张四维，当国后一反张居正所为，这令亲近张居正的王篆、曾省吾等人颇为紧张，他们厚结次辅申时行作为力助，甚至想把张四维赶出内阁，拥申时行为首辅。

在这变与不变的关口，皇长子的降生成为转变的枢机。皇长子朱常洛是万历十年八月十一日由恭妃王氏所生。此时距张居正去世仅一月有余。张居正灵柩于七月底自京发引归葬，其母于两天后由司礼监护送还乡。万历帝的这位皇长子，其命运与他的祖父隆庆帝颇为相似，原因是万历帝并不喜欢他的生母王氏，而喜爱郑贵妃，并爱屋及乌——对郑贵妃所生第三子宠爱有加，欲立之为太子，但朝臣坚持长幼有序，故历经十几年，才立皇长子为皇太子。后来又经历了梃击案。万历去世，他即位仅一个月即因红丸案而驾崩，他也成为明朝乃至中国历代王朝在位时间最短的皇帝。

十月中旬，御史曹一夔参劾吏部尚书王国光献媚张四维，提拔其表弟王谦为吏部主事。此举的意图是排挤张四维。此时的万历帝已亲掌大政，对阁臣去留一出独断，他将参劾本留中不发，还派文书官到张四维的私邸安慰他不必介意。申时行一时摸不准哪一派的力量更强，出于想借机上位的本能，拟旨罢免王国光，谪发王谦。冯保提出用他的老乡、张居正的门生梁梦龙代之为吏部尚书。不料此举使得张居正亲信内部乱了手脚。原来，吏部侍郎王篆答应，一旦把王国光罢免，便由工部尚书曾省吾出任吏部尚书，但半路杀出程咬金，冯保提出用梁梦龙出任吏部，王篆不敢可否，曾省吾为此与王篆闹翻。处境尴尬的张四维以退为进，连上四疏请辞，初言台臣所指，不知其详，"若言欺肆，则臣诚不敢；若言庸旷，则臣绰有余"，继言其夜多不眠，日食顿减，禁庭咫尺，步履艰于出入。[14] 在万历帝一再慰留下，复起视事，而御史张问达复劾张四维。万历帝大怒，手批其妄言渎扰。张四维窘迫非常，自陈不职的同时，通过徐爵、张大受给冯保送重金，冯保恨意稍解。申时行票拟将张问达降三级，谪发福建运司知事，以安抚张四维。但张四维不会放过排挤他的人，如同他不会对张居正释怀一样，他对申时行参与攻己衔恨不已，对申时行的门客说："首相如天之运行，有春必有夏，为何逼迫我！"告诫申时行，我的首辅位置也是熬到张居正死了才得到的。还唆使他的门生攻击申时行。申时行见来者不善，十一月开始不到内阁入值，在家养病，万历帝派太医院院使钱增等五员前往诊治，见申时行六脉浮滑，四肢无力。申时行援引京官病满三个月停支俸禄的规定，说他虽然不满三个月，但职位重要，请停支俸禄。首辅、次辅之争的老剧本，再次上演。

考虑到张居正、冯保在朝经营十几年，树大根深，张四维采取先廓清外围的方式，一则观察朝廷官员的反应，二则以此测度万历帝的意向。在他得知万历帝对冯保不再信任的意旨后，便将此信息透露出去。御史江东之率先揭发徐爵，说徐爵因犯罪充军，私自逃脱到冯保门下，后来滥受武职，擅入皇宫禁庭，阴谋叵测，应立即驱逐。并说兵部尚书梁梦龙，先用银三万两，托徐爵向冯保行贿，又将孙女许聘给冯保弟弟，于是得吏部尚书职位，谢恩当天即前往徐爵处拜谢，也应立即罢斥。万历帝得疏，令张四维拟旨，并气愤地说："奴辈盗我威福久，其亟诛之。"于是将徐爵下诏狱严讯，随即送刑部拟斩；梁梦龙因被牵连，致仕而去。当时太后已归政，冯保两大靠山顿失。东宫老太监张鲸、张诚乘间讲冯保过去的恶行。张诚原是万历帝宠信的太监，因冯保对他不满，万历帝明里把他斥之于外，实际用来秘密监视冯保。张居正去世后，张诚重新回宫，经常添油加醋地向万历帝讲冯保与张居正交结、贪婪横肆的事，并像煞有介事地说，他们所藏的珍宝金银比皇家的还丰富。万历帝本来贪财好色，心为所动。张诚又暗中把皇上不满冯保之意透露给张四维亲近的人。张鲸是新城人，原是太监张宏名下（内竖初入宫，必投一大珰为主人，谓之名下）。他侍奉万历帝潜邸时很久，万历即位后，冯保用事，张鲸的利益受到损害，张居正去世后，他为万历帝出谋划策除掉冯保。张宏是张鲸的本官，得知后私下劝阻说："司礼冯公前辈，有骨力人，留着他好多哩。"张鲸不听，一再请万历帝下决断，令冯保私宅闲住。万历帝犹豫不决，想到冯保虽然可恨，但自己出生至今，毕竟服侍近二十年，有些不忍，说："若大伴上殿来，我不管。"张鲸说："既有旨，冯某必不敢违。"[15]

此时，张四维授意同里门生、御史李植揭发冯保十二大罪，万历帝将冯保降奉御，发南京闲住，其弟冯佑、侄冯邦宁等都革职下狱。张大受等降小火者发孝陵司香。十二月初八，万历帝谕兵部，东厂由司礼监太监张鲸执掌，命写敕与他；同一天，开始查抄冯保及其弟冯佑、侄冯邦宁等家产。执行查抄的正是张鲸。冯保后死于南京，葬于留都皇厂。据太监刘若愚称，此地"林木森郁，巍峨佳城，实天所以报忠臣也"。冯佑、冯邦宁瘐死狱中。徐爵与张大受之子发烟瘴地区永戍。张宏于万历十二年卒，张诚代掌司礼监。张居正的亲信王篆、曾省吾等所谓楚党，皆被驱逐而出，此朝事一大变。

事后，张四维致信浙江巡抚张佳胤，说他出任首辅，适逢四方灾害、人心离怨之秋，中间龃龉、掣肘之事层出不穷，以致他寝食俱废。"朋奸席旧，敢干犯天下之公议，不畏天日。太宰既去，即拟乘隙并仆排抵之，机穽甚毒且密。仆已决意引退矣，不意圣明窥见其奸，固不许仆去。而群小乃自相怨构，奸态尽形，亦可丑也。"[16]

万历帝所以诚意挽留张四维、申时行，并非看重二人有什么才能，而是深知二人"苦张久矣"，他需要借重阁臣之手，达到泄愤已故元辅张居正的目的。

人去政亡乃帝制时代的一大特点。宽严互用，张弛有度，也是治国的基本思路。张四维认识到天下苦张久矣，他要实行宽缓之政，如此一来，过去在大计中以贪酷、不谨罢斥的人重新走马上任，粉墨登场。这还不算，张四维又亟亟乎汲引那些为张居正所沉抑的官员，这分明是有心要翻张居正的案了。万历十一年正月，因夺情被惩治的翰林院编修吴中行、简讨赵用贤、刑部员外艾穆、主事沈思孝、刑部办事进士邹元标，以及因反对新政被罢黜的南京给事中余懋学、御史傅应祯、员外王用汲等，全都补任原官。从而为随后的倒张行动，做了最重要的人事安排。这些人也成为宋学洙所说的"鹰犬"。

但张四维不想把事情做绝，更何况，玩火过头，也会引火烧身。张居正在世时，其子中进士，吕调阳子兴周，张四维子泰徵、甲徵，申时行子用懋，皆相继得举。万历十一年三月，御史魏允贞追论张居正诸子滥登科第，而甲徵、用懋将参加廷试，魏允贞请自今辅臣子弟中试，比照内外官回避事例，俟致政之后始许廷对。[17]万历帝令内阁拟旨，将张居正诸子革黜。张四维奏称，张居正诸子所习举业，委实都应取中，只是两科连中三人，又皆占取高第，故为士论所嫉，以致谤议失实；至于王篆二子，不知所学如何，如果一加复试，则堪中与否，可以立见。请皇上将张居正二子，在翰林院的调到其他衙门，一子在部属的，容其照旧；王篆二子，令吏部、都察院于午门前出题复试。但万历帝以张居正结党乱政，将其三子全部黜革。

因涉及其子张甲徵，张四维在辩护疏中，说他有五子，其中二子向学，他自幼教之，颇有成效，前年第三子荫中书舍人，长子年且三十，攻苦半生，始得一第，而为人怀疑行私，人亦何其不幸而为辅臣之子！申时行也为其子申用懋辩护，说他督课颇严，今乡会试卷俱在，可以查验。万历帝令照常参加廷试。结果，张甲徵、申用懋皆中进士。

张居正的家是个大家庭。他有三个亲弟，张居敬较早去世，张居义后任荆州右卫指挥佥事。最小的弟弟张居谦，举人，万历八年去世。张居正有六子一女，除长子张敬修为原配顾氏所出外，其余均为继室王氏所出。张敬修中进士后任礼部主事，娶举人高嵩之女为妻。次子张嗣修，后任翰林院编修，娶四川左参将贺麟见之女为妻。三子张懋修，翰林院修撰，娶江西布政使司左参议高尚志之女为妻。四子张简修，锦衣卫指挥同知，娶刑部尚书王之诰之女为妻。五子张允修，生员，娶刑部主事李幼淑之女为妻。六子张静修，娶工部尚书李幼滋女为妻。女儿嫁给刑部侍郎刘一儒（有的写作鲁）之子戡之。

张居正继室王氏也是江陵人，家庭条件一般，没有读过书。张居正与她感情甚好。万历三年，王氏弟弟王化带头闹事，郧阳巡抚王世贞上疏朝廷，予以惩治，使得张居正与进士同年关系逐渐交恶，并涉及王世贞为张居正带来的"污名"。当年二月，江陵县知县李应辰根据朝廷免除租税的诏令，实行田亩勘丈，生员许仕彦以其田亩数超出实际，向县衙控告，知县于是派巡检范应瑞重新丈量，结果得到许仕彦隐匿田亩的确切数额。知县断初次丈田的张现和生员都有罪。许仕彦出言不逊，因天色已晚，听审的人挤满县衙，知县将张现、许仕彦收押。次日，将许仕彦移送府学责罚。不料，许仕彦聚集很多生员，在各地张贴匿名揭帖，内容有"先剪李知县羽翼，共执范巡检，剥其皮，划其目，歼其毛。巡检去，知县次之"等语。并约四月望日（十五）焚香举事。因生员谢启蒙等向知县密禀，知县得脱。许仕彦等恼羞成怒，率人将告密的家人执持后拥到荆州府，声言有冤，并提出带有威胁恐吓的无理要求。林知府怕事情闹大，重责张现。生员们得寸进尺，又提出凡属生员之家，要免除人丁税的要求，县令不从，生员喧闹不休。知县李应辰不堪其辱，为此辞官，自此闭门不出。明朝在地方行政系统外，独立设置学官，属礼部统系，府学设有教授，职掌教诲所属生员，训导佐助之。许仕彦被押及生员哄闹后，作为主管学校的训导刘璠也为生员鸣不平，教授鲁贵臣也认同训导的做法。为平息事态，负责地方监察的湖广巡按向程，早在事发不久就向朝廷上疏，请将生员许仕彦裭革，并参劾教授鲁贵臣及训导刘璠。万历帝命调鲁贵臣、刘璠杖赎还职，知县李应辰调往其他地方。

明朝在湖广设巡抚外，自成化年间，与四川、陕西、河南交界的荆襄地区有大量流民，为对其进行约束，割毗邻省部分地方，设郧阳巡抚。王世贞仕途蹉跎，又因为其父鸣冤而在隆庆朝不得用，张居正为首辅，他将珍藏古籍和一笔不菲的银子向昔日同年进献，张居正仅象征性地收了绢帛，其余退还。但他明白王世贞的用意，复信说他才华卓著，冠冕人伦，沉抑数年，舆情共惜，"然不困厄，乌能有激乎"，表示展平生之才能，正在此时。[18] 最初，张居正想发挥王世贞的优长，将编纂史书之事相托，并通过汪道昆透露此意，王世贞以所谓"清议可畏"拒绝。张居正了解其意后，极力提携，一年四迁，王世贞于万历二年九月出任郧阳巡抚。这也是王世贞一生为官在地方所任最高职位，有进入台省之望，他踌躇满志，口占一诗，有"黄封饵合纷后随，法酒三杯壮行色"之句，又派他的弟弟王世懋，将如何治理郧阳的筹划向张居正送达。张居正肯定他经济宏猷，一一领悉。岁末，王世贞到达襄阳接任郧抚。

江陵生员闹事并未平息，王世贞不认同朝廷的处理办法，遂于当年夏据按察使等奏报向朝廷奏报并将张居正的妻弟王化揭出，称此案"虽始祸者许仕彦，倡恶者萧九成，而生员王化实为之主文，训导刘璠为之党助，教授鲁贵臣自监利署印归，而为之纵臾者也"。他奏请皇帝敕吏部，将知县李应辰调往事务繁巨的州县以示鼓励，按照匿名律和太祖订立的触犯卧碑条款，将生员许仕彦、萧九成、王化从重遣发斥革。[19]

王世贞明知王化是张居正的妻弟，却要求严加惩处，虽说公事公办，但事先并未与张居正私下通气，这就有些不近情理，更有在朝野官员中博取名声之嫌。张居正严肃处理了包括其妻弟王化在内的生员，随后致信王世贞，不无为妻弟辩解之词。[20] 当年六月，王世贞借郧阳地震，引用《京房传》及《易经》占语，上《地震疏》大加发挥，劝万历帝"内而养志，以坤道宁静为教；外而饬备，以阴谋险伏为虞"，讥刺张居正改革。据说，张居正见其疏中"臣道太盛，虽忠亦有所不宜"语，怒不可遏，在朝堂上斥责王世贞比拟不当。[21]王世贞属于典型的文人，有扭曲的"双面人格"，既渴望借助同年张居正大展宏图，不但馈送厚礼，又为张居正父母祝寿写璋词，还通过徐阶，向张居正提出更高位置的要求；但又怕浪掷自己的文坛盛名，不时为诸多受打压的士子发声，以示其"高风亮节"，还与张居正改革唱反调。郧抚虽开府一方，但毕竟偏处一隅，张居正以此地不能展示王世贞的才华，也听到他的抱怨，于是两年后升王世贞任南京大理寺卿，并致信解释，说朝廷没有更适合的空缺，暂时调升留都，也是过渡性质。现存张居正写给王世贞的信函多达十几封，说明张居正生前，二人维持较好关系。万历九年，张居正在王世贞的家藏图书中见纸本《千字文》，鉴赏其虽晚出，但必绢本更佳。王世贞随后寄给张居正，并屡次表示，"坚以见遗"，张居正也只好暂为代管。

张居正曾对王世贞说，他"先世单寒，非阀阅衣冠之旧"。[22]因科举走向内阁高位，他为官后非常重视子女教育。敬修、嗣修、懋修童年时，为他们请来徐国式作为首任馆师。徐国式名一正，他训蒙以贤圣立品，不专文章。据张懋修回忆说：不肖兄弟方在童年，即教以志不在温饱，而先父雅重之。

徐国式为馆师的时间不长，嘉靖四十二年前后出任知府，离开张家。接替他的馆师，张居正颇不满意，他致信徐国式，说代者非人，全无启迪之功，想再换馆师，仓促之间又难得其人，使诸儿旧日故态萌芽，有退无进，非常可惜，以此怀想高谊，愈觉惓惓。选上好扇子三柄，题诗于上，请徐国式的女婿带上。

张居正于隆庆元年进入内阁，家庭条件明显改善。这时四子简修、五子允修、六子静修也相继进入读书年龄。父亲先后为他们请了多位馆师。刘禹谟是江西庐陵人，隆庆二年进士，于嘉靖、隆庆之交来到张家，后因回籍守丧离开。张居正对他颇为肯定，写信说，儿辈近来颇知奋励，不敢废业。刘禹谟离开张家后，由谢姓接为馆师。隆庆三年八月因谢姓要选官，张居正说其名次当得内除，因为有官职，就无法在张家继续做馆师，为此他与刘禹谟商量：刘因在家守制，读礼有暇，且临别时也曾有接馆之约，不知终爱否？此外，张居正的进士同年汪道昆也曾短暂兼过馆师。还有黄洪宪，浙江秀水人，字懋中，隆庆五年二甲第十三名进士，这一科张居正是会试总裁官，他对黄的文章极为称许。万历元年，黄洪宪庶吉士散馆后，授翰林院编修。万历四年，《大明会典》开始修撰，黄洪宪参与编修。张敬修、张懋修都由黄洪宪教读。张敬修一岁时，生母顾氏去世。张居正对这个自幼失去母亲的长子格外垂爱。万历二年，敬修会试不中，张居正大为不满，竟将该科停选庶吉士，引起士林哗然。万历五年，次子嗣修准备参加会试。对此朝野议论颇多。早已致仕在家的海瑞，给钦派会试总裁、次辅吕调阳写信，说今年春，公当会试天下，希望以公道自持，必不以私徇太岳（张居正），想太岳亦以公道自守，必不以私干公也。

为了反驳内阁大臣子弟不能参加科举，与寒士争进取的意见之非，张居正写有专文。大意说，自晋唐以来，士人都重门第，王导、谢安子孙与六朝相终始。至隋唐设科取士，寒素乃得登用，而建官要职仍多用世家。大臣恩荫，皆得至将相，如唐朝萧、卢、崔、郑，累世宰相，有至八九人的。中唐以后，进士一科最为荣重，而名臣李德裕因其父李吉甫荫官，备身禁卫官，有人劝他应举，他回答说，好驴马不入行。后来也成为宰相。因为世家子弟，自有登用之路，不必借科目而后显。本朝立贤无方，唯才是举。太祖时用人之途最广，僧道皂隶都可做九卿。牧守大臣荫子至尚书九卿的不可胜数。宣德以后，独重进士一科，乡举岁贡不敢与之抗衡。而大臣恩荫，高者不过授五府幕僚，调任地方，不过远方郡守，即便才能卓著的，如果不从科目出身，终不得做高官，为国家施展才华，贡献谋略。古人所说的乔木世臣已不复存在。因此，大臣子弟不宜与寒士争进之说，在前代则可，非所以论当今之务也。张居正所论，是科举起家的宰相等大臣的共同看法。张四维、申时行几乎都讲过类似意见。

万历五年三月初十，张居正以其子张嗣修预殿试，请求回避读卷。万历帝亲自降旨，读卷重典，卿为元辅，秉公进贤，不必回避。时大学士吕调阳亦以其子吕兴周与试，疏乞引避，万历帝也不允。结果，张嗣修中进士第二名，俗称榜眼。这自然是万历帝的旨意。三月二十四日，张居正谢恩，万历帝曰："朕无以报先生，贵先生子孙，以少报耳。"

张居正第三子张懋修，在诸子中天分最高，初学作文，便知门路，目为"千里驹"，相知的友人也对张居正说，张公诸郎，将来最先考取的应是三子。为童子时，侍业师及陆光祖年伯于坐，业师出对示懋修："书生宜立志。"

懋修对："隐士绝无才。"

业师不嗔，但改"无"字为"多"字。故一坐尽大笑。万历元年，懋修乡试落第，心里受到极大打击，情绪低落，张居正也不想让他继续走科举的路，但懋修又不甘心，二位兄长也向父亲求情，张居正遂同意再战考场。不料，懋修又心灰意冷，不想再试。张居正于是给懋修写信，以其亲身经历，劝他不能好高骛远，进而谈及他对诸子的期许，以及家风的传承。这也是张居正写给诸子信中，唯一流传下来的。略引如次：

吾昔童稚登科，冒窃盛名，妄谓屈（原）、宋（玉）、班（固）、马（司马迁），了不异人，区区一第，唾手可得，乃弃其本业，而驰骛古典。比及三年，新功未完，旧业已芜。今追忆当时所为，适足以发笑而自点耳。甲辰（嘉靖二十三年）下第，然后揣己量力，复寻前辙。昼作夜思，殚精毕力，幸而艺成，然亦仅得一第止耳，犹未能掉鞅文场，夺标艺院也。今汝之才，未能胜余，乃不俯寻吾之所得，而复蹈吾之所失，岂不谬哉！

吾家以《诗》《书》发迹，平生苦志励行，所以贻则于后人者，自谓不敢后于古之世家名德。固望汝等继志绳武，益加光大，与伊（尹）、巫（贤）之俦，并垂史册耳。岂欲但窃一第，以大吾宗哉？[23]

张居正告诉懋修，要揣量自己的才质，如果才质驽下，也不可勉强，如果才可为而不为，又能怨谁呢？就拿写字一节来说，"吾呶呶谆谆者几年矣，而潦倒差讹，略不少变，斯亦命为之耶？区区小艺，岂磨以岁，乃能工耶？吾言止此矣，汝其思之"。张居正全然没有柄国宰相的威严，如平常百姓教育儿女恨铁不成钢一样，有的只是谆谆教诲。

在父亲的督教下，懋修痛改前非，进步很快。张居正又把张嗣修、张懋修二人托给同年汪道昆学古文词。殷正茂于万历六年致仕家居，次年张居正告诉他，张懋修场中五策，仿效汪公一二，寄二册给殷公，烦请转寄汪公呈览，以谢其指教厚意。然婴儿学语，殊未成音，聊以博笑。

万历八年三月二十二日，长子张敬修、三子张懋修参加会试时，时逢张居正第一次正式上疏乞休，而张四维之子张泰徵亦应试，张居正为远嫌，请准由大学士申时行撰拟策题。二十七日大雨，万历帝遣司礼监传免读卷，命辅臣封进，万历帝览卷，以第三为第一，第一为第二，第二为第三，第一即张居正子张懋修。二十九日，万历帝在文华殿召见张居正，张居正以乞休未允，致词谢，复以男懋修蒙恩，特赐及第谢。

张懋修中殿试第一，时年二十六岁，长子张敬修也中进士。黄洪宪祝贺送礼，张居正谢绝，并说二小儿承蒙教诲，今年一并告捷，不敢忘所由来。我德薄享厚，小儿又点仕籍，甚为恐惧。次年，黄洪宪仍以编修充会典纂修官。黄洪宪一直未任实职，或是在京城兼做张家馆师的缘故。张居正去世后，黄洪宪多次受到参劾，说他通关节。

张懋修高中后，陆光祖也送礼以贺。陆光祖是张居正的同年，万历初任大理寺卿、工部侍郎等，因被御史弹劾，引归后不再仕进。张居正告诉他，今年传胪（殿试揭晓唱名）小儿，即少时妄对"隐士绝无才"者。陆公当国家兴盛之际而隐居不仕，是否会为儿曹所嘲讽？一笑。

爱屋及乌。张居正的女儿貌美如天人，平居不苟言笑，每日静默而坐，或暗诵经咒，有人问她所诵是何经书，她也不答。张居正对她非常宠爱，许聘给夷陵人刘一儒的长子戡之为妻。当时张居正权势最盛，刘一儒却愿处于闲散官衔，张居正说他有意疏远自己，已不相悦；每遇张居正行法严苛，及刑辱建言的人，辄苦口规劝，两人遂生芥蒂。戡之少年美丰姿，有隽才，张居正对其很是器爱，当赴省城乡试，据说张居正授意主试的考官录取他，其父刘一儒得知后，令谢病不入考场，张居正不解，后以任子得官。

湖北当阳有一处名胜之地——玉泉寺，张居正曾游历于此，非常喜欢，想在这里买一块地，作为归老后往来寻胜驻足之所。张居正安葬父亲回朝后，亲家刘一儒三次写信安慰，张居正母亲舟行赴京，也是亲家一路安排、照顾，张居正告诉他，已过洪入闸，走的也是运河，九月初可到京城。刘一儒与当阳县令胡某说了张居正的想法，当阳县令表示把玉泉寺附近的院落馈赠给张居正，并把图样通过刘一儒送给张居正。张居正见图样结构不小，费用不下千金，是一个县令难以办到的，势必向上司申请经费，如此一来巡抚、巡按定会动用公帑支出，纷纷多事，徒增烦扰。张居正告诉刘一儒，现在身为政务所羁绊，归期不知在何时，即便得归，也不过芒鞋竹杖，垂垂老矣，与闲云野鹤徜徉于烟霞水石间，全然不同，自己老了，何能买山结庐，为人所笑！张居正还说，我近日严禁各处创造书院，聚徒冗食，乃身自犯之，何以率人？请转告胡县令，即行停止。

万历帝经常对张居正表示，先生精忠大勋，朕言不能称功劳述，官爵不能酬答，唯我祖宗列圣必垂见之，护佑先生的子孙世于国家万代。张居正诸子中高第，可以说是万历帝对张居正为国担当的一种酬劳，而张居正用心督教，课子极严，又得有名馆师数人长期教授，所得进士如张四维向万历帝奏请的那样，理所应中，只是二考中三子，又是状元、榜眼，以此引起士人的嫉恨。当时有这样一副对联：

> 状元榜眼尽归张，岂是文星照楚乡。
> 若是相公身不死，五官必是探花郎。

张居正的第四子张简修是武途出身，授锦衣卫指挥同知。嗣修、懋修共列史官，每当出游，一些人尾随在后面相指而诅咒，有好事之徒在宫墙门上张贴俚语以讥讽。还有人送了一副对联以谄媚，张居正颇为得意，欣然悬于家之厅堂：

> 上相太师，一德辅三朝，功光日月。
> 状元榜眼，二难登两第，学冠天人。

对张居正诸子中高第，万历帝与张四维、申时行都非常清楚。但万历帝不从，自批子孝疏：张懋修等都着革职为民。

在黜革张居正诸子的同时，高拱的门生故吏以为有机可乘，打着为高拱昭雪的幌子开始活动，并把匕首指向张居正。当时在南京任职的范守己写了一份要求追戮张居正的疏文，这篇长文几乎列举了此后追讨张居正的所有"罪状"，而以张居正与冯保合谋，诬称高拱欲迎立外藩而将其驱逐最为耸动听闻。据范守己说，此疏于万历十一年二月，赍发至京，"因有阻者不果上"。这个"阻者"极可能是首辅张四维或申时行。因为这枚重型炮弹一旦打出，就会让天下人知晓张四维落井下石。范守己还代为高拱的妻子张夫人起草了两份疏文，一份是请求为她的丈夫高拱昭雪疏，除了言驱逐高拱一事外，主要讲了张居正与冯保通过王大臣案倾陷高家，还有高拱去世后，张夫人向朝廷乞恩疏为张居正抽换原本，激怒皇帝，致使减葬。另一份《乞补恤典疏》，仍抓住张居正诬称高拱欲迎立外藩，致使高拱被逐大做文章。高拱夫人的这两份奏疏是否上达，未见明载。而万历十一年闰二月初二，万历帝命刑部录进王大臣招情原案，当天御览后，派遣文书官传旨："此事如何止这每就了？着查原问官，与冯保来质对。"张四维等疏言：原案当时是东厂、锦衣卫会同审问，掌东厂事的是冯保，掌锦衣卫的是朱希孝；参详情节，中间委有可疑，但事经十年，罪犯已决，希孝又死，无从质对；陈希美奏称王大臣系冯保潜引，亦无的确可据实据，揆之情理，似未必然。若复加根究，恐骇观听，且开奸人告讦之端，将来未免多事，请皇上不追既往。万历帝乃置不问。三月，夺张居正上柱国、太师兼太子太师之衔，其子锦衣卫指挥张简修为民。

这期间，经过改造、加工，假托高拱所著的《病榻遗言》开始在京城四处流传，成为推动清算张居正的又一路径。张四维与高拱关系最密，这件事也不排除张四维暗中操纵。

对张四维通过翻覆张居正在世时的所有做法，暗中充当万历帝的马前卒，清算尸骨未寒的故相，张居正的儿子们多次向其致信，希望看在昔日之情伸以援手，还请他转交给皇上的谢恩疏，见张四维不闻不问，张公子不乏责问。此时的张四维见翻覆大局已定，才给张公子复信，称"札示数折，览之刺心"，重点解释举朝追责故相的缘由，以及他倾力相助的苦心，还假言假意安慰诸公子，此事到此为止，还说他正在撰写岳老墓志铭，不日当完：

> 缘冯奄（冯保）横肆，圣怒积久而发，赫不可遏，惟以平日交契绸缪，迁怒尊翁，谓为同罪。仆于时若堕汤火，以去就争之，寝食俱废者数日，幸得从宽，真不异回天也已。而呶呶者不息，乃使诸友无端被抑，仆疚心特甚。其异时罪斥诸人，往往撼拾无根，若刘若陈，源源不已。仆心力俱竭，幸圣心渐解，以后必无意外之虞。希诸友善奉老伯母，无过忧也。[24]

因诸公子被黜革为民，不能直接上疏，遂请他转呈谢恩疏，张四维以"此时尚非宜"而拒绝。尽管张四维为自己开脱，但通过《复张公子书》可以明确，万历帝已对张居正记恨很久了。

四月初六，张四维接到其父张允龄于上月二十三日去世的消息，当天即回京城寓所。申时行和余有丁向万历帝奏报，万历帝毫无挽留之意，用了"兹当守制"，就把在内阁九年，任首辅十个月的张四维打发了。张四维冷暖自知，于十五日夜对月泛湖，赋诗一首：

> 一时僚佐俨如云，今日清光照秋草。

世事阴晴不可寻，等闲圆缺成古今。

但愿年年三五夜，扁舟新酿对知音。

——《十五夜对月泛湖》

十八日，张四维回籍守丧，经直隶而西，过太原、运城，因冒暑而行，毒发腋下，历时两月有余，于六月二十二日抵达里门。其继母、两弟相次而逝，他几乎不能成丧。

"首辅如天之运行，有春必有夏。"张四维一语成谶。申时行晋为首辅，万历帝敕吏部，詹事府掌府事，吏部侍郎兼翰林院侍读学士许国升礼部尚书，兼东阁大学士，入内阁，同申时行等办事。张居正任首辅时，增补阁臣都是"随元辅办事"。

内阁首辅易人，能否给追罪正酣的张居正家族带来命运的转圜？

万历帝构陷"禅让"逆罪

张居正去世之初，万历帝无意把"元辅张先生"打入万劫不复的深渊。张四维授意同里门生御史李植弹治冯保等伙党，用来试探万历帝的意向，最初也无一字涉及张居正。冯保被发配到南京并抄家，方知万历帝对张居正的信任已然动摇。而通过查抄冯保家产，万历帝得金银百余万，珠宝瑰异更多，从中尝到了甜头。冯保最初发南京，太后问故。万历帝说："老奴为张居正所惑，无他过，行且召还。"当时潞王将大婚，所需珠宝尚未备办，太后与万历帝说到此事，万历帝说："这些年来，无耻的臣僚把财货全都献给张、冯二家，致使珠宝价格骤然大贵。"太后说："已经抄家了，一定可以得到。"万历帝说："奴才黠猾异常，私下先运走了，查抄的人又暗中偷窃，未全得到。"此时锦衣都督刘守有与僚属张昭、庞清、冯昕等人，都因借抄家之机，多所隐没而得罪。御史李植及张四维门客羊可立、江东之随即接连上疏，参劾张居正，从而揭开"倒张"大幕。

至张四维回籍守丧，不但张居正提拔的人大多以阿附、亲信等各种罪名被清除殆尽，而且张居正生前死后的诸多头衔大多被褫夺，四个儿子也被革职为民。张四维仍不甘心，想东山再起，而积金百余万就是他再起的资本，他用大把的银子用来贿赂万历帝身边的太监张鲸、张诚等大珰，"使为间（申）时行，（皇）上颇心动"。[25]

万历帝这时超擢张居正柄国时弃而不用、报复心又极强的丘橓，从而为抄家治罪做了最后的人事准备。

丘橓，字懋实，号月林，山东青州府诸城县民籍，国子生，治《礼记》，排行第四。嘉靖二十九年，时年三十五岁，中进士，任给事中，好搏击权贵，多名封疆大吏因他的弹劾而落职。嘉靖四十一年，湖广巡抚方廉私下馈送他五两银子，丘橓竟然向朝廷举报，还同时参劾南京兵部尚书李遂、两广总兵官陈王谟、锦衣卫南司管事指挥魏大经等人，说他们都是用重贿而得官。嘉靖帝令方廉冠带闲住，李遂因功多照常任职，陈王谟革任，魏大经下法司逮讯。次年，蓟辽总督杨选被逮，及俺答退走，丘橓作为兵科给事中，条陈边臣善后事宜，指切边弊，嘉靖帝大怒，说："丘橓等人既然所见如此，何不先言？且逆囚欺君谤上，勾贼入犯，兵科本职如何？"将丘橓下锦衣卫狱，杖六十，黜为民。丘橓回到家乡后，对当地官员的馈遗一概拒绝，却经常欠缴应纳钱粮，达数百十金，地方县令以其虚矫，把他拒绝的礼金积攒起来向巡抚、巡按请求，扣抵所欠国税，丘橓得知后羞愧不已。

丘橓具有典型的缺陷型人格。徐阶当国也不敢用他。隆庆初，起任礼科都给事中，不到任。四月，擢南京太常寺少卿，次年三月进大理寺少卿。后以病免。神宗即位之初，言官交章举荐，张居正却很厌恶他，说："此子怪行，非经德也。"意思是他并非德行先生，而是沽名钓誉，最终也不召用。丘橓赋闲在家十几年，眼看已年近古稀，他把平生的不遇都算到张居正的头上。万历十一年八月，六十八岁的丘橓，被起用为通政使司右通政，未到任，即擢左副都御史。他入朝伊始，就奏陈吏治积弊八事，在他看来，张居正柄国十年是民不聊生、暗无天日的十年。说他赋闲的十余年，贪墨成风，生民涂炭，所条列的八大积弊，败坏的根源不在于外省，而转移之本也不在于下面，过去齐威王烹一阿大夫，封一即墨大夫，而齐国大治。陛下如果大奋乾纲，天下可立治。

丘橓引用田齐烹阿地大夫的故事，朝中的人都清楚他的用意，是暗示万历帝应该追戮张居正。万历帝却对此疏称善不已，敕令有关衙署下抚按奉行，不如诏者重罪不饶。万历十二年三月十四日，丘橓升任刑部右侍郎。隔日，他仍以左副都御史条陈三款，其一是请广搜被张居正屈抑的天下之士，其二是请惩处邪媚之臣。他像煞有介事地说，近日铲除邪党，如江西巡抚王宗载、巡按于应昌致死御史刘台，主谋王宗载已拟充军，于应昌不但同谋且又下手，却仅是罢官，这是失刑之中。又如福建巡抚劳堪致死侍郎洪朝选，两巡抚都是张居正的鹰犬，杀其仇以献媚，其妄杀之罪也相同，而今王宗载充军，劳堪仅是罢官，这也是失刑。张居正、王篆诸子中试所取为不法。接下去，丘橓说出极为耸动万历帝的话：

况搀剔湖广一省之脂膏，半辇载于张（居正）、王（篆）

二家，是尚为有纲纪乎？

他说臣去年冬季一到任，就曾发誓，谓数月以后如果积弊仍然不除，世态如故，是臣担任都察院不称职，臣甘愿坐不职之罪，现在三个月过去了，臣还听闻各省大吏恣肆如故，有司贪残如故，百姓愁苦如故，四方馈遗相望于辇毂如故，臣又一切付之罔闻，不行报奏，以臣前日之言责臣今日之罪，臣将何辞以解？乞罢臣官，加臣罪以风示天下。

万历帝御览丘橓的这篇激切长奏，为"一省之脂膏，半辇载于张、王二家"而动心，他贪婪的心被搅动得无法自抑。当即下令各部院对官员进行一次集中甄别，清查奸邪与谄媚两类，并把名单报上来，敕丘橓即遵新命到刑部供职，皇帝还有更重要的事交给他办。不久，劳堪与张一鲲革职为民。

丘橓此前没有在万历朝为官一日，在隆庆朝也仅短暂为官。当时万历年幼，不可能知晓张居正与丘橓结怨的事。这或是有人在背后为万历帝谋划，或是万历帝"访求"而来。

万历帝为何在此时调丘橓到刑部？而在离任都察院前日，丘橓为何急不可待，抛出"一省之脂膏，半辇载于张、王二家"这类极具煽动性的大题？二人是否有意演"双簧"？如果与烹阿地大夫联系起来，其指向张居正的意图昭然若揭。但即便在举朝皆为构陷张居正而癫狂时，仍不乏正直而清醒的官员。

原来，辽府次妃向刑部告发张居正侵占辽府故地，尚书潘季驯立即意识到这是要把诬枉之罪加到尸骨未寒的故相身上，他想把这件事压下来。但万历帝不达目的不罢休，他要找个朝臣无法阻拦的理由，抄张居正的家，于是调丘橓任刑部侍郎，要他充当杀手，丘橓也愿意挺身而出。对万历帝如此破格"提拔"丘橓，申时行等内阁大臣完全明白万历帝的用意，他们公开抵制。史书记载，万历帝超擢张居正所抑丘橓、余懋学、赵世卿及李植、江东之共五人，申时行等力言，丘橓等不宜骤迁，但万历帝铁下心要整治张居正，所以才出现少有的"重违大臣意"。

几乎与此同时，御史丁此吕抛出"禅让"大题，欲中张居正以大逆之罪，也赖申时行等力争得免。丁此吕是江西新建人，万历五年进士。张居正去世后，由漳州推官征授御史，他上疏重用谪戍诸臣，清除张居正余党，诛杀徐爵、游七等人。万历帝即位之初，一个不足十岁的少年天子，仿照文人的做法自号"禹斋"。万历七年，礼部侍郎高启愚主试南京，据传拜别张居正，见其堂上悬挂舜禹授受图，故主试时出题"舜亦以命禹"。万历十二年三月二十日，丁此吕参劾高启愚命题有禅让之意，欲中人以大逆。初，兵部员外郎嵇应科、山西提学副使陆橬、河南参政戴光启为乡会试考官，张居正之子张嗣修、张懋修、张敬修中第。张居正死后，丁此吕发其事，说礼部侍郎何雒文代嗣修、懋修撰写殿试策，而侍郎高启愚主南京试，至以"舜亦以命禹"为题，显然是为张居正劝进。

构陷张居正"禅让"之事，正中万历帝下怀。次日，即令内阁申时行等票拟。申时行如果稍有闪烁犹疑，必兴族诛大狱。申时行与许国据理力争，举宋朝及本朝事例，反复开导万历帝。

内阁票拟说，万历四年丙子乡试，嵇应科为经房官，许国为主考；万历八年庚辰会试，陆橬、戴光启为经房考官，申时行、余有丁为主考，现今在任的三位阁臣全都参与其事。而两京乡会试，与各省不同。各省巡按监临，外廉官犹看墨卷；若是乡会试，内廉所看是誊过的朱卷，只有字号而无姓名，又无笔迹，鬼神莫知，难容私意。臣等都是身亲目击，并无私弊实迹可据。如果诸臣以此被罪，则同事之臣岂得诿之不知？即臣等有不能逃罪者矣。至于论高启愚，只以应天乡试题目为证。然先年科场中，以尧舜禹汤文武出题也是常有的事，万万没有以题目来媚人的道理。若以文字影响疑人，而陷之以莫大之罪，则谗言讦害者接迹而来，清明之朝，岂宜有此？昔宋臣苏轼作诗有曰："根到九泉无曲处，世间惟有蛰龙知。"想陷害苏轼的王珪对宋神宗说："陛下龙飞在天，苏轼以为不知己而求之地下蛰龙，非不臣而何？"给苏轼扣上"不臣"的罪名，指以为怨望，欲罪之。神宗回答说："彼自咏桧耳，何罪？"史册书为美谈。近年赵文华以吏部试题倾害尚书李默，至今人为他称屈。御史以此论人，是为搜求，殊失正大公平之体，难以揣摩一面之词，加人暧昧难明之罪。请将丁此吕上疏，交吏部看详。[26]

丁此吕上疏交吏部议复时，朝野哄传尚书杨巍是张居正党羽，以此来胁迫他就"禅让"议罪。但杨巍在大是大非面前绝不让步，议复原任礼部侍郎何雒文应当休致，兵部员外嵇应科当调外任，山西提学副使陆橎当别用，原任翰林院修撰沈懋孝、原任都给事中今升参政戴光启，均当留用。而对丁此吕通过高启愚命题，陷人以族诛之罪，杨巍异常气愤，题复说："礼部侍郎高启愚，侍从日久，谨愿端悫，已荷留用，无容再议。"随即他又义正词严地驳斥说：臣等经常谈到，人君应当宽容谏臣，因为谏臣言事，多出风闻，像"舜亦以命禹"这句，说的明明是帝王治理天下，承继相传之道，所谓"禅继之说"，不知出自何种注疏？丁此吕是台谏官，以此害善良，应贬为外官。

杨巍将丁此吕贬为外官的议复和"谏臣"之论，含有劝谏万历帝之意。御史李植、江东之及同官杨四知、给事中王士性等揣度万历帝旨意所向，交章参劾杨巍，并说申时行"实党居正而主之"，即实是张居正的党羽而主持压下这件事。江东之还上疏说："时行以二子皆登科，不乐丁此吕言科场事。杨巍虽庇护张居正，实是献媚申时行。"四月初一，司礼监文书官李浚口传万历帝圣旨："元辅拟出温旨，令尽心赞理，不必介意。高启愚着冠带闲住。丁此吕姑留用。"万历帝留丁此吕在朝，显然是要追张居正"禅让"之罪，而不留尚书杨巍，是恨其主持公道，意图将他赶出朝廷，一来震慑申时行等人，二来使得丁此吕辈放手罗致张居正之罪。

按照明朝制度，一旦内阁官员被论劾，可以单独上疏申辩，但不能参与票拟。此时，次辅余有丁和阁臣许国秉持正义，不向皇帝低头，他们票拟支持杨巍和申时行，说杨巍素性刚直，廉洁自律，以至孝事亲，家居十余载，起用吏部也是众望所归，臣等保其必无阿附首辅（申时行）之意。近日皇上乾纲独断，首辅奉行还唯恐不及，又岂敢专擅行私？请留老臣杨巍，而皇上留用丁此吕，恐无以安首辅及杨巍之心。

申时行深知万历帝对"专擅"不能容忍，上疏乞休说："今皇上春秋鼎盛，总揽权纲，凡有票拟，必经御览，凡有处分，必奉宸断，臣何敢毫发擅专，臣不擅专，部臣何所忌惮而曲为阿媚？"并说票拟丁此吕一节，他是根据文书官口传圣旨"丁此吕出旨处他"而为。申时行上疏后，即不出理内阁事。

三日，大学士申时行、许国，吏部尚书杨巍分别上疏乞休。四日，申时行、许国三疏乞休。内阁处于停摆状态。在朝大臣人人自危，重足而立。阁臣余有丁上疏说，朝廷"因调一御史，遂使辅臣闭门思过，宰臣席藁待罪，而二三大臣许国等，莫不感慨激烈，自劾求罢。臣目击一时气象，非盛世所宜有"。请皇上切责言官，留用杨巍，或降手札，或派中使，谕勉申时行、许国入阁办事，使人心帖定，国是昭明，而天下得享和平之福。

五日，万历帝迫于内阁及朝臣的压力，派文书官捧圣谕，分别前往申时行、许国宅第，谆切慰留。[27]

这场历时旬月之久，"旃席之地，几成讼庭"的纷争，实则涉及天下公道是非。张居正柄国十年，皇帝年幼，他代行的实是皇帝权力，因此"专擅"种种指责他责无所逃，但以"禅让"嫁祸，关系君臣名分与纲常义理，实是捕风捉影，欲加之罪。内阁集体辞职、尚书杨巍抗疏激愤，左都御史赵锦、副都御史石星、吏部侍郎陆光祖等各自上疏力挺申时行、杨巍，词语剀切。特别需要说明的是，在所谓张居正之亲信党羽扫除殆尽的情况下，朝臣仍坚守正义，使得张居正未能被加以"禅让""篡位"之罪，这对于九泉之下的张江陵而言，可差强慰藉。宋学洙考论张居正致祸根由的最后结语，独具法眼，足以发人深思：

> 江陵薨于壬午（万历十年）六月，祸发于甲申（万历十二年）初夏，迟久兴波，亦想见江陵之瑕颣不易摘，而公道之在人心，欲遽泯者，难也。[28]

辽府嫁祸：授意还是恩怨？

"事明主易，事中主难；事长君易，事幼君难。"

张居正仿佛是预言家，他既预言了万历帝是何等君主，也预言了自己身后之事。

酒、色、财、气，万历帝是"四毒"皇帝，实际应把"财"排在第一。贵为九五至尊，富有天下，岂能把"财"排在第一位？朱东润先生说，万历帝是小农的外孙，禁不住金银财宝的诱惑。此评论似嫌表面。

经万历帝谕勉，申时行、许国重新回到内阁。朝政开始恢复运转。

四月初八，万历帝收到户部尚书王遴的辞职报告。王遴是张居正的进士同年，当年杨继盛因疏参严嵩论死，王遴将女儿许嫁杨继盛之子杨应箕。此次王遴因宫廷开销甚大致使国家财用不支而提出辞职。明朝"故事，户部银专供军国，不给他用"，皇帝宫廷等开销，由每年一百万（自万历六年起增加到一百二十万）金花银专支。因皇子诞生、封妃嫔、潞王大婚、封国建府等大典礼，皇室用度急剧增加，张居正励精图治留下的三百多万两太仓银（户部银），很快花光。王遴于去年底到任，就疏请皇帝，敕令官员各陈理财之要，以凭会议，但四个月过去了，并无人为他划一策，故此向万历帝奏报，说万历十一年，太仓银库所入，只三百七十二万有奇，而所出则五百六十五万有奇，所出超出所入高达一百九十三万，令他不解的是，"财不在官又不以民，臣不能讲求其故"，为此乞休。万历帝慰谕不允。[29]

第二天，万历帝临朝，降旨查抄张居正。原来，辽府次妃王氏奏："张居正谋陷亲王，强占钦赐祖寝，霸夺产业；辽邸金宝万计，悉入居正家。"王氏所谓"金宝万计，悉入居正家"，是仇视张居正之语。与丘橓日前所奏"湖广一省之脂膏，半辇载于张、王二家"具有同等蛊惑、煽动、诱导万历帝的功效。部复当日奉旨：

> 张居正侵盗王府金宝，伊父占葬王坟，掘陷人墓，罪犯深重，如何通不究拟？令司礼监太监张诚、刑部侍郎丘橓、左给事中杨廷相、锦衣卫都指挥曹应魁，前去会同抚按官查照本内，王府仓基房屋并湖地洲田及一应财产，都抄没入官，变卖解京；原占坟地归湘府军较管守，积欠税课追并完纳；还将王氏奏内金银宝玩等物，务根查明白，一并追解。如有

漏透、容藏者重治。³⁰

文中的部复是指刑部，此前尚书潘季驯将次妃王氏上奏压下。此次"部复"，或是万历帝直接敕谕，或是丘橓主持。原来，万历帝兜了偌大一个圈子，抄家才是他的真实目的。

四月十九日，南京史科给事中刘一相，再次就科场命题罗织张居正重罪，说什么高启愚从王篆处得知，张居正厌恶他人把他与伊尹相周相比拟，于是以舜禹禅受，为张居正祝寿，故出"舜亦以命禹"试题。此事经内阁集体及朝臣抗争，本已歇止，但万历帝仍大怒，将王篆、高启愚革职为民，追夺诰命。由此可见，万历帝是要治"元辅张先生"以大逆之罪的。

从起用丘橓出任都察院堂官，待其几次上疏公开要治张居正重罪，随即改任其为刑部侍郎，到丁此吕架"禅让"大题，再到辽王次妃上奏，这一系列追罪张居正的大事，都发生在万历十二年三至四月之间。这一浪高过一浪，不间断的系列组合，在前台表演的是"呹呹的鹰犬"，而真正的主持人，就是张居正在世时"元辅张先生"不离口的万历帝。

"抄家组"由四人组成，但丘橓职任刑部堂官，"部复"也由他主导，且地位最高，又是职掌所系，其他三人职责在于监督保障。于是，正直官员纷纷致信丘橓，请他手下留情。

七月中，阁臣余有丁请假，十一月十七日去世。他是浙江鄞县人，十六岁时，其父卒于官，当时家徒四壁，孤苦无依，母亲水氏，白天操井臼，为婆婆菽水之供，夜里治丝麻，为丈夫换取灯火之费，劝有丁力学。嘉靖四十一年，三十五岁的余有丁高中一甲第三名，俗称探花。为官二十多年，丁氏不妄衣寸帛，使有丁多年为官而无后顾之忧，与同科状元申时行在内阁为官，尤为默契。《明史》称他性格阔大，喜宴宾客，不设城府，其在内阁，如救张居正绝无反逆状、称陆光祖为正人君子，这二件事尤为突出。所谓救张居正无逆状，说明查抄张居正前后，朝中乃至万历帝是要把张居正案定为逆案的。

查抄令下达次日，左都御史赵锦疏称，嘉靖末年查抄严嵩父子，籍没的财物大半出于无辜之民，流毒江西一省，今张居正之家，比之冯保，万分不等。而张居正之罪，迁延日久，即便有些许藏匿，也多散灭，况且人心愤恨，所言张居正之罪常过其实，即便查抄所得，也应该不及严世蕃的十分之一，而流毒三楚，更有十倍于江西之民的。况且，张居正身死名毁，生平所蒙官爵、谥号，与其子弟官职全部褫夺，也足以正其罪恶而垂戒将来，然张居正实在未尝别有异志，而他受先帝顾托，辅佐皇上于冲龄，夙夜勤劳，中外安宁，其功亦有不容全都淹没的。万历帝对此愤愤然，说：张居正负朕恩眷，蔑法恣情，至侵占王府坟地产业，岂可姑息，你们大臣为何申救？ [31]

张居正柄国期间，赵锦以其为政操切，颇有訾议，张居正令给事中费尚伊弹劾赵锦，"讲学谈禅，妄议朝政"，使赵锦乞休而去。万历十一年十一月召拜左都御史。作为帝国的最高监察长官，赵锦的最后努力，也未能挽回故相家的噩运。

同一天，首辅申时行私下给丘橓写信，说张居正未必没有受贿之事，但也仅限于知交密戚之内；边帅公卿有贿，十人有九人被其拒绝，故其所入有限。况且，他以盖世之豪自雄，固不甘为污鄙，乞求给张家留下聚庐之居，怜悯有立锥之地。丘橓得书，不纳。

翰林院侍讲于慎行，是山东东阿人，二十三岁中隆庆二年进士，是丘橓的同乡晚辈。他在翰林院任编修时，参加张居正领衔修纂的《穆宗实录》，颇受赏识、器重，进修撰。按照明朝故事，大多以翰林高官充当日讲官，从没有以史官而充日讲官的。于慎行与张位等，以史官充日讲官，乃是罕有的"异数"。一次，日讲结束，万历帝拿出御府图书，令讲官分别在上面题写诗文。于慎行书法一般，不敢在皇上收藏的图书上题字，诗写好后，请他人代书，万历帝问故，他以实对。皇帝非常高兴，书大字"责难陈善"赐之，一时词林传为盛事。刘台参劾张居正被逮，僚友避之唯恐不及，只有于慎行前去看望。张居正夺情，他携同官疏谏，为次辅吕调阳压下，不得上。张居正得知后，有一天质问说："你是我看重厚待的人，怎么也做反对夺情的事？"于慎行从容对曰："正是因为张公见厚，才这样做啊。"张居正不高兴。慎行不久以疾归。[32] 查抄令下，公卿疏救，但都被万历帝压下。于慎行本想当面拜访丘橓这位先辈，担心稠人广众之下，不能尽所欲言，遂于四月二十日，丘橓出发前，奋笔疾书，将《上月林丘少司寇橓书》送呈。此文颇有影响，申时行写给丘橓的私信多援据此，坊间也多有刊刻，可以视为对张居正的声援，代表公道不泯。他以自己在翰林院任职多年的经历，目睹张居正为国家殚精毕智及结怨上下的全过程，说连日来朝中士大夫见对其处分过当，亦有感到可惜、遗憾的，尤其是都御史赵锦一疏，切中机宜，关系国体，莫不传诵欣服，以为义举。"然主上愤结之日久矣，又有积怨于海内，一欲有所出之，其是非功过，卒难别白，且方此其时，论亦未定也。惟是籍没一事，责在使者。"意思是皇上内心早就对张居正不满，又加之张居正厉行改革，得罪很多人，一旦有人落井下石，张居正生前的是非功过，又不是很快得以辨明的，而抄家的执行者，执行尺度如何，又异常关键。

在分析万历帝籍没张居正的动机及要达到的目的一节，于慎行说："一则恨冯珰（保）之厚藏，而欲求当于外；一则考某某（严嵩）之故事，而欲合符于前，故致在必行而不恤也。"但以事理而论，张居正与冯保绝不相同。因冯保所取，都是太监的积蓄，宦官有二十四个衙门，包括所属门厂库藏打杂的，何止万人！每有一缺，都要向冯保交孝敬费。给予冯保的人不以为这是贿赂，而认为是照例行事；接受的人也不认为这是贪污，以为是惯例。张居正怎么有这些？！再者，自嘉靖朝以来，陪侍皇帝在西苑斋醮的近臣，积资巨万的不知其数，近年大多老死。他们所遗留下来的巨额财产，也全都归了冯保，这样的又何止数十家，冯保所得的，怎么可以掂量？张居正哪里会有这些？！这就是赵锦疏中所谓"比之冯保，万分不相等的啊"。

至于把张居正与某某（严嵩）之事相并论，更属不然。因某某（严嵩）当政时以卖官鬻爵为常事，相反，张居正平生以英豪自诩，他名望甚高，暗中也多少有些积蓄；他以法绳天下，偶尔也施恩收拢人心。以下于慎行所论张居正接受馈遗一节，用了与申时行私信丘橓完全一致的文字后，说张居正对其诸子，约束很严，他的父亲、弟弟在荆州老家，或许乘张居正约束不到的间隙，有些许收受，即便如此，其所入也非常有限，这就是赵锦疏中所谓"不及两人十分之一者也"。居正所有，虽不及冯保、严嵩十分之一，而其积愤结怨，却十倍于两人。籍没时如果一定要完成皇上要求的目标，势必会株连全楚，公私重受其累。

于慎行及满朝文武都深知，万历帝把司礼监太监张诚列在钦差首位，就是要比照冯保查抄所得，不达目的绝不罢休。为此他请求丘橓派人向张诚讲明，不要拿冯保抄家所得来比张居正，而把彼此不同的情形，反复向他讲透，使其辞行前向皇上面奏，万一皇上开悟，责望稍轻，老伯到湖广，也容易处置，回京也好向皇上交差。

于慎行最后恳求：

> 江陵太夫人在堂，年八十老矣；累然诸子，皆俳狷书生，不涉世事。籍没之后，一簪不得著身，必至落魄流离，无所栖

止，可为酸楚也。望于事宁罪定，国法已彰，恤其孤嫠，存
其血食，或为之疏请于上，乞以聚庐之居；或为之私谕有司，
恤以立锥之地，使生者不至为栾、郤之族，而死者不致为若
敖之鬼。又惟老伯高谊能行之。悠悠世情，他又何望哉！ [33]

栾、郤之族，是指春秋时晋国有名的两大族，后被灭；若敖氏，又
称若敖族，是活跃于春秋时期楚国的芈姓家族，后被剿灭。

丘橓得书，不纳。《国榷》记载说，丘橓乘居正败，覆张氏甚惨。

万历帝降旨抄没的范围，原来是查照辽府次妃王氏奏本内的事项，
主要是非法侵占部分，并不涉及张居正的个人财产。但王氏所奏有"辽
邸金宝万计，悉入居正家"，查抄谕旨也有"将王氏奏内金银宝玩等物，
务根查明白，一并追解"，这就使得张居正的家产也被作为"辽邸"财
产查没，从而殃及张家乃至湖广。由此，不得不辨析张家是否像王氏所
告发的那样，侵占了辽邸金宝等物。因王氏原奏不存，只能从其他案据
上寻找真相。

最早明言"侵占"辽王府的，是辽东巡按刘台，他于万历四年参劾
张居正"规利田宅，则诬辽王以重罪，而夺其府地。……起大第于江陵，
费至十万，制拟宫禁，遣锦衣官校监治，乡郡之脂膏尽矣" [34]。据刘台
疏文，无法确定张居正在家乡修造的大学士府，是不是在废辽王府所
建。康熙时官修《明史》称张居正所建大宅，即在废辽王府。为此，张
居正曾孙，生员张同奎在《上六部禀帖》中予以驳正，说先祖庐在郡东，
而辽藩故官，则赐广元王也。 [35]

张居正去世安葬不久，万历十年十二月，兵科给事中孙玮，就参劾
左副都御史劳堪杀人媚势，说原任刑部侍郎洪朝选以勘查辽藩之事得罪
张居正，劳堪杀洪朝选以媚张居正，后来洪朝选之子洪兢赴阙控诉，劳

堪得知后飞书报冯保，洪兢几乎被杖死。万历十一年五月，给事中戴光启等人再参劳堪，万历帝将劳堪解职。九月，云南道试御史羊可立奏称，张居正隐占废辽府第田土，请求朝廷严行查勘，万历帝命湖广巡抚李江，会同巡按查勘。李江的勘报详情不见记载，但肯定不利于张居正。

万历十二年正月，原任都察院检校洪兢上疏为他的父亲洪朝选讼冤，据他讲：他的父亲勘查辽王府狱案，想轻其罪以全朝廷亲亲之恩，而张居正对他的父亲心怀不满，洪朝选离开京城，疏中有"权势主使"的话，张居正得知后益加愤怒，洪家世仇刘梦龙等人乘隙行间，说臣的父亲与邹元标、吴中行私下交通，造作蜚语，以激怒张居正，杀臣父之意益不可解。劳堪受张居正之意，恰好同安知县金枝曾因漏报贼情，为时任总督的劳堪罚俸禄，他怀疑臣的父亲从中说了坏话，立即与刘梦龙等人百计罗织，吕应魁伪造条款申报劳堪，劳堪诬奏。朝廷抓捕的命令一下达，劳堪立即派遣把总杨昌言差兵三百名，五鼓时将居室毁坏，强行把臣的父亲缚押到兴化知府衙门，幽禁在一间冷铺里，饭食不给。劳堪又添差官军将臣父押到省城，关入按察司重囚监禁，不到二日臣父身死，劳堪还谎称，臣父在四川有还魂丹，严禁不准收殓，直至第六日，尸体臭腐难近，方许舁出。

万历帝命法司勘实奏报。但此案历时三年有余，直至万历十五年五月，福建巡按连格奏报，他奉命会同司道勘问，据医生何禄等称，密授红帖，以计抓获洪朝选是知县金枝合谋，送劳堪收禁后数日，洪朝选缢死。又据各官审出，洪朝选居乡，夺人产业，其弟侄倚仗权势，吞骗乡人产业，都有原来受害人做证，后将洪朝选之弟洪朝冕等四人判发充军，童绍玉等十八人判以徒罪。审得洪家的仇人刘梦龙，构兴大狱，"然受故相之意，微暧无证"。最后经都察院等复核，结论是：洪朝选有自己招致的过错，而死于狱中，超过他应得之罪。万历帝依拟，将劳堪押发边卫充军，刘梦龙照原拟发遣。

"受故相之意，微暧无证"是结案的定性语言。因此指控张居正授意劳堪致死洪朝选，是捕风捉影之词。

那么，洪朝选勘查辽王府不法之事，究竟是不是张居正挟私怨，主导废黜辽王为庶人？张家与同驻一城的辽王府又有哪些恩怨？张居正家是否将废辽王府邸占为己有？这涉及张家与辽王府的几代恩怨。

事情还要从隆庆元年十月案发说起。

辽王恣肆不法，无恶不作，是江陵乃至湖广一大公害，但他有嘉靖皇帝撑腰，别人敢怒不敢言。辽王朱宪㸅好近妇女，甚至到了无所不用其极的程度。他平时爱骑一个黑驴，微服进入他人房舍，戏为禽兽之行。遇有谁家设醮，亲来上章。每次出王府，有妓女数十人前呼后拥，斋醮完毕，主人献金钱或馈送酒食，无论多寡，全部收纳。由于奢侈淫荡，要用庞大的产业支撑，故四处兼并，封国之人为此苦之甚久。凡宗仪有犯，笞辱备至，必索要贿赂而后已，贫穷的拿不出钱，就幽禁起来，很多人因此致死，他还多次用炮烙之刑，故恶名传四方。他还轻辱郡国守相。嘉靖、隆庆之际，曾将荆州库吏雷大夏鞭打致死。

隆庆元年，施笃臣由工部出任荆州分察使。此人好气多智谋，他初见辽王，宪㸅身着道士羽衣而入，施笃臣大感诧异，对宪㸅身边的宦官说："我拜见的不是王爷，而是一道士。"宦官告诉他："王所服的，乃是先皇所赐。"辽王喜欢上一个优伶的妻子，后来还与她生了一个儿子，于是召伶人妻子入宫，纳为姬，并为其子请封爵位，每日狎伶人出入。有一天辽王宴请当地官绅士大夫，施笃臣与宦官向参加酒会的各位士大夫献酒，伶人也戴着宦官的帽子一番一番轮流献酒。施笃臣离席后，问辽王："敢问那位长胡须而阉割的是何人？"辽王直言相告，说："这是寡人所狎的优伶，戴的虽是宦官的帽子，但他是假的（宦官）。"诸大夫闻言，无不大惊失色。酒过数巡，诸大夫全都借故离席而去。施笃臣查得辽王恶事，在衙门前张榜说："有投诉辽王不法之事的，许不时陈状。"诸宗仪络绎不绝，前往施笃臣的分察使衙门投牒状。

有一次，逢圣寿节，宪㸅在他造的宫殿向皇帝遥拜，雨下得特别大，将在大殿遥拜时，辽王故意让诸位官员站立雨中很久，官员们被淋得像落汤鸡一样，穿戴的衣冠被溅污得不能成礼，出去后全需更换。施笃臣坚不更衣，穿着被淋透的衣服回到官舍，曰："不更王，有如此衣。"他想，仅仅凭一桩致死雷大夏的事不足以倾覆一王国，乃搜取辽王不轨之事数端，密揭巡按御史陈省。

隆庆元年十月，湖广巡按陈省经过查勘，劾奏辽王宪㸅僭侈乱伦、多杀无辜等诸多不法之事。隆庆帝降旨，革其真人道号，追夺所赐金印及禄米三分之一，所有从中拨弄的奸人，全由巡按御史按问奏报。一年后的隆庆二年十月，巡按御史郜光先再次上疏，参劾辽王十三大罪，刑部侍郎洪朝选等奉皇帝敕谕前往勘查，俱得其实。在这十三条大罪中，最重的是第一罪，即以乐妇之子川儿冒请封名，以乱宗统，并因此逼死承差等王府官员。以下尚有：

> 先帝哀诏至，越五日不举哀成服，更纵饮游猎；淫乱从姑及叔祖等妾；逼奸妇女，或生置棺中烧死，或手刃剔其臂肉；殴死仪宾，禁锢县君，勒诈宗人，戕杀官校，收人之妻，攘人之产，掘人之冢，燔人之尸，不可计数；用炮烙、割剥等非刑，剜人目，炙人面，辉人耳；纵伶竖渎乱宫中；创立离宫，私造符玺；宠信私人，借用侯伯金吾等官名，赐蟒衣玉带；凌辱府县等官，蔑视天子命吏；诡请金印，刊刻妖书，与徽王通，谋不轨，及奉诏追夺，匿不肯献；盖造美花等院，

混藏恶少；违例收买应禁器物；假名游猎，阴演阵法，震惊远迩。

洪朝选等具章奏报朝廷，隆庆帝将此案交给礼部，会同多官杂治，凡再复，皆如其言。隆庆帝降旨：

> 宪㸂僭拟淫虐，罪恶多端，背违祖训，干犯既多，官核实参奏，本当尽法，姑革爵禁锢，削除世封。其遣驸马邬景和，告太庙，仍以书示各王府知之；拨置群党，俱下御史按问。[36]

施笃臣本来与辽王宪㸂有过节。洪朝选到荆州勘核时，施笃臣诈称宪㸂写信贿赂洪朝选，以此相挟持。宪㸂不服，在辽王府内扎起大白纛，上疏"讼冤之纛"。施笃臣大惊，说："辽王反了，不然为什么要竖纛？"当即派五百兵力包围王府。施笃臣认为，应当以反叛罪惩处辽王，参劾疏内有"观兵八里山之说"。经洪朝选勘核，认定辽王确实做了很多不法之事，但没有采信谋反。于是，辽王被废为庶人，禁锢凤阳高墙。辽王在被勘核的一个多月间，每天照常饮酒赋诗，毫不在意。前往凤阳圈禁时，上表与毛太妃相别，血泪淋漓，把表都浸湿了。安置凤阳高墙后，他每日画一只猫，让人拿到集市上换米粮生活。万历十年，辽王去世。

辽王除国是一件大事。此事经过湖广巡按参劾，经刑部侍郎洪朝选勘实，案件回到朝中，经礼部会同多官杂治，经"再复"，隆庆帝亲自降旨废黜，告太庙。应该说，从犯罪事实到审理程序都非常慎重，并无瑕疵。故此，万历时沈德符说，"故废王朱宪㸂淫虐不道，巡按御史陈省劾其罪，皆不枉，江陵初无意深求，事在隆庆二年，张为次揆，不得谓居正独主灭辽"[37]。王世贞在《嘉靖以来内阁首辅传》中，对辽王除国与沈德符意见一致，说辽王"淫酗暴横，其国远近皆苦之，弹劾屡上，后遂至削国以幽死。当削国时，居正虽在阁，然不甚当事"[38]。但又为辽王辩解说，辽王的种种不法之事，都发生在隆庆即位大赦以前，其晚年近二十年间，已不能与女人亲昵，而且对地方官礼敬有加，辽王府也没有护军兵力，他谋反又从何说起？辽王之废处理得实在过分，还赋诗《江陵伎》为辽王鸣不平。王世贞的"辩解"无法令人信服，好像辽王不能亲近女人，就不能治罪，如此说来，倒推二十年，恰是嘉靖中期，也正是辽王所做种种不法之事最猖狂的时期。隆庆治罪恰当其时。

张居正是隆庆元年二月入阁，排在六位阁臣的最后一位。湖广巡按御史陈省劾辽王事在十月，当时郭朴、高拱已罢官回乡。辽王宪㸅之废，是在隆庆二年十月，当时徐阶致仕回乡，张居正疏陈六事，第一件就是宗室，并举宗王多件不法之事为证，虽然没有指名，但所举的事实件件都指向辽王。此时内阁有三人，首辅李春芳是张居正的同年，次辅陈以勤是张居正的老师，张居正虽排在内阁大臣的末位，但他的影响似乎要超过首辅与次辅。

辽王国除后，对原王府官员、军卫、金宝器物、土地等均有处置。时间是两年后，即隆庆四年十一月，湖广抚按官上奏说：辽庶人宪㸅已发凤阳高墙，原王府长史、承奉等官，全部应当裁革；原来拨给王府的荆、右二卫一切基地、屋宇全部变卖，所得款项用来接济边饷；金宝器物，挑选精华的解送到京城，余下不堪进呈又非民间可以使用的，酌量用作抵宗仪的禄钞；其店房、庄屋、田洲地，原来如果是百姓投献而被辽王侵占的，还给小民，其余的核查数目征税。隆庆帝下诏允准。

废辽府财产处置后，据沈德符说，原辽王宫殿由万历帝赏赐给张居正，张居正在原址基础上又进行拓展，作为相国在家乡荆州的第宅。由此，太妃后来有借口向万历帝奏请退还。[39]沈德符是万历时期人，他的记载或可以相信。万历十五年六月，抄没张居正家已结束三年，万历帝还询问工部：从前抄没张居正房屋，曾否有人居住？为何这么久还不卖出？这似乎说明，张居正所建宅邸难以处理。

对张居正在辽王府原址扩建大宅，后来出任湖广提学副使的董其昌深表怀疑，他居住的学使官署与辽王废宫接壤。为此他查阅府志，得出废王府宫殿与张居正在荆州被查没的宅邸相去甚远的结论。到了明末，辽藩后裔孔自来也明确说，万历帝赐给张居正的纯忠堂在荆州城东，距离张家老宅非常近，与张居正乡居其间所修的乐志园均在荆州城东。[40]

关于张居正是否僭占辽王废府，这场争议一直延续到清朝。康熙时期，张居正的曾孙张同奎，向六部上贴文，驳斥官修《明史》关于其先祖在辽王府建造宅第的记载。乾隆时著名史家全祖望却说，张居正将废辽府买来作为宅第，即神宗时抄没的地方。[41]而稍后的人对此提出反对意见，乾隆时浙江人如万斯同及全祖望，都深深诋毁张居正，但他们所修《明史》，都不是客观之论。

如果说张居正在家乡所建相国宅邸，究竟是不是在废辽王府原址上扩建一直存有争议，而奉旨查抄所涉坟地一项似乎明确，即张居正父亲张文明所葬之地，乃是原湘王所有。大约在万历初年，张居正出任首辅不久，其父张文明寻找墓地，后来在湘献王葬地修建，地址即荆州府城西门外太晖山的湘陵之西。这极有可能得到了万历帝默许，但因涉及风水等敏感事，又不能公开乞赐。张居正回乡葬父，写有《葬地论》，驳斥葬地能令人富贵之说。这给人一种此地无银之意，或许张居正听到一些议论，因此才出来辩驳。清朝人查继佐在其《罪惟录》中记载说，辽王被废后，"居正穿父塚，夷入湘献王坟园。又久之，居正卒，辽王母讼王冤，天子竟籍张居正家"[42]。明确张居正为他的父亲张文明建造葬地时，平整湘献王坟园，在这里下葬。这与万历帝所下查抄谕旨相吻合。

湘献王朱柏是太祖朱元璋的第十二子，封国在荆州。建文元年因伪造宝钞、招练士马事发，朝廷派人马收服，湘献王图谋举兵抗拒，王宫被重兵包围，湘献王与宫人焚死于大火。建文帝下诏，将湘献王废为庶人，无子，国除。永乐初复其位，谥献，治坟祠。[43]

抄没张居正家产时，因奉旨涉及坟地，张文明墓由张居正的儿辈迁回张家祖坟，即江陵青阳山。万历十二年八月，神宗发布结案谕旨，起始一句是"张居正诬蔑亲藩，侵夺王坟府第"。这是为了与查抄谕旨相呼应，这里的"侵夺王坟府第"应指临近湘陵的太晖山。因此才有迁葬之令。明末辽藩后裔孔自来称，湘献王陵时人呼为湘陵，葬地在太晖山。[44]张居正去世后，最初的葬地极有可能也在湘陵，距离其父亲墓地不远。抄家时也殃及于此。万历时，江陵知县石应嵩在《张文忠公改葬碑文》中记载当时"仆碑衢路，行人益掩泪于雍门"[45]。大概是指张文明、张居正父子迁葬的事。

破家沉族之祸，对张居正的全面清算

本来，万历帝的查抄谕旨并不包括张居正的个人财产，但因原辽王府王氏告发张居正把辽王金宝等物攮为己有，万历帝也降旨指示，就此查抄，这就使得张居正家族的财产也难逃被查没的命运。

张居正在京城的宅邸先后有三处。万历以前，张居正一直住在宣武门，今虎坊桥三号。出任首辅后，建造宰相府邸，这就是后来改名的全楚会馆，清朝称湖广会馆。张居正最后在京城居住的地方，是大纱帽胡同里的普通住宅。此时张居正诸子都为父亲守丧，后来又革职为民，他们的祖母赵太夫人也在张居正的灵车发引两天后，经官府驿递回到家乡荆州，京城宅第由张家仆人看管。查抄令下达第十天，即四月二十日，刑部籍没张居正在京庄房、金银等物品，值价10,670两，原住宅内黄金400多两，银107,700多两，金器3,710两，金首饰900两，银器5,200两，银首饰10,000两，玉带16条，蟒衣、䌷段、纱罗、珍珠、玛瑙、宝石、玳瑁等，尚未统计确实。

因丘橓转任刑部前，上疏有"湖广一省之脂膏，半辇载于张、王二家"的话，故万历帝对查抄荆州张府抱以极高期待。丘橓临行前，发给他的敕谕具有授权性质，内容包括三项：一是三司以下官员听尔委用；二是官吏人等敢有遗漏、容藏、庇护等弊，听尔径自拿问，应参奏者指名参奏；三是不得轻听攀指，株连无辜，贻害地方。至于万历帝下达的查抄数额，多种记载都引述了张居正长子张敬修临死前"血书"所写的200万两。

此次查抄历时半年有余，动员了湖广几乎所有行政、监察力量，而以张居正之长子张敬修之死，分为前后两个阶段。其间，丘橓多次向万历帝长篇密奏。一切抄没、勘问、查访、估追等事，全都会同巡抚李江、巡按御史任养心，委派三司及各道官，分任而责其成。李江是山东武定人，嘉靖己未进士，万历十一年初，由广东布政使升任湖广巡抚，当时驻扎在武昌。查抄令下时，湖广巡按空缺，任养心主动请缨，他是山西芮城人，万历二年进士。当时言官竞相论张居正不法事，皇帝下令籍没其家，很多人不想前往。任养心奋然曰："人臣之义，事不避难。难而避之，谁为朝廷任此者？"于是复按湖广。因万历帝对张居正震怒异常，任巡按立即整理行装，乘驿传不分昼夜一路南奔。他出发前还给荆州府、江陵县发去急报，令先期封锁张宅。

张家在京城的人也第一时间向荆州报信，并于四月二十一日，先于任巡按所发急报一天到达江陵张家。当天夜里，长子张敬修率家人将张家保存的有关碣的物品进行简单清点后予以焚烧。次日凌晨，荆州知府、江陵知县按照巡按御史的指令，带领大队兵役将张宅封锁，当即登记人口、财物，问讯录供后，将张家无关紧要的工役人等放出，而张家的子女被临时安置在多年不用的老宅的一所空房里，封锢其门。因事出紧急，知府率人在张府录供，等到打开张家老宅子女所在的空室时，竟有十余人被饿死，尸体掖出为野犬残食殆尽。张家妇女自赵太夫人而下，开始出宅门时，负责监搜的人从头到脚，乃至脐腹以下全不放过。此种情况，历史上只有金人占领北宋都城，搜索宫掖时发生过。一时道路远近，哄传种种。

丘橓率队在途中也听到各种传闻，有的说张家死了多少人，还有的说张居正诸子中有削发远遁的。丘橓于五月初三抵达荆州府，一入境即闻知张太夫人安然无恙，诸公子都在，并没有所谓削发远遁的，私心大为欣幸，以为此行可以完公事。他没有立即前往张府，而是先给张府诸公子写了一封手札，透露此行是奔张家财产而来，如将所有财产交出，就会换来平安。这实是万历帝的真实意图：

> 皇上此举，不忍罪旧臣之婴孺，而但姑示薄罚，以罄竭汝家之赀产。……倘使汝辈无立锥之地，且并一锥而亦无之，则财与祸而俱去，身与家而举安矣！[46]

五月初五，丘橓来到张家府邸，拘押张氏诸子，并开始起赃。此时距封锁宅门已近半月，而查抄所得仅黄金万两、白银十余万两。这与皇帝下达的二百万"指标"，以及他上疏所说的湖广财富半入张、王二宅相差太大，于是将张居正诸子全部拘讯，进行拷打。而太监张诚代表皇上前来监督查抄，又有散在各处的太监"密侦"，这让丘橓压力倍增。五月中的荆州酷暑难挨，张居正诸子暴露于烈日之下，掠治惨烈。

初七，提张居正长子、礼部主事张敬修面审。丘橓软硬兼施，要张敬修承认赃银二百万两，张敬修严词驳斥，说他父亲清廉自守，对家人要求极为严苛，这是远近皆知的事，不但变卖所有资产不能完此数目，即使粉身碎骨也交不出二百万两。丘橓见此情状，恼羞成怒，命将张敬修首戴蒙巾，动用大刑，又要他诬扳曾省吾寄银十五万，王篆寄银十万，傅作舟寄银五万，丘橓威胁说："从则已，不从则奉天命行事！"但张敬修誓死也不承认。到了初十这一天，丘橓担心张家人关押一处，会有串供之嫌，因此出牌分别关押。当天晚上，张敬修想到丘橓不但屈坐他父亲二百万两之赃，而且还要诬攀曾、王、傅三家，又为会审时罗织锻炼而惶恐不安，想到祖宗祭祀与祖母、老母，有诸弟在足以奉承，决意一死。当天夜里，咬破手指，写下一份如泣如诉的血书：

先公以甘盘旧眷，简在密勿，其十年辅助之功，唯期奠天下于磐石，既不求誉，亦不恤毁，致有今日之祸。……先公在朝，有屦满之嫌；去位，有忧国之虑。惟思顾命之重，以身殉国，不能先机远害，以至于斯。而其功罪，与今日辽藩诬奏事，自有天下后世公论，在敬修不必辩。独其虚坐本家之银，与三家之寄，皆非一时可了案，则何敢欺天罔人，以为脱祸求生之计。不得已而托之片楮，啮指以明剖心。[47]

张敬修想到，自己的母亲素受辛苦，妻子素来贤淑，次室尚是稺子，俱有烈妇之风，想自己一死，料不能自保。六岁孤儿也不能存活。写完后昏昏然做了一个梦，似乎事情有缓，因此停止。第二天，丘橓得到张敬修在狱中的血书，不但对他不加保护，而且见血书有"先人在国数十年，赉赏之外无私入，赐第之外无别椽，刚介之节，海内共知"等语，愈加愤怒，考掠愈急。到了十二日会审，刑逼诬扳，颐指气使，听其死生。此时，张敬修知道自己万无生还的可能，决意一死。他又一次啮指，沾着斑斑血迹，写下平生最后一段话：

> 由含沙以架奇祸，载鬼以起大狱，此古今宇宙稀有之事。……丘侍郎、任抚按，活阎王，你也有父母妻子之念，奉天命而来，如得其情，则哀矜勿喜可也，何忍陷人如此酷烈？三尺童子亦皆知而怜之！今不得已，以死明心。呜呼！炯矣，黄垆之火，黯如黑水之津。朝露溘然，生平已矣，宁不悲哉！有便，告知山西蒲州相公张凤盘（张四维），今张家事已完结矣，愿他辅佐圣明天子于亿万年也。[48]

他将血书悬挂在梁上，自缢身亡。张敬修之死是张居正去世后接连不断的清洗行动的标志性事件，也是张家最悲惨的一幕。敬修自缢后，妻子高氏闻变，拊心大哭，投缳求死不得。一日，忽然从婢人手中夺茶匕刺其目，血流被面，左目遂枯。他的弟弟张懋修，是张居正第四子，得知长兄自缢而亡，怨愤投井，不死，绝食累日又不死，遂脱屣一切，日抱其父奏对尺牍诸手迹，每有感触，则呜咽泣不成声！

张敬修之死的消息，连同他的血书一时传遍荆楚大地，也震动了朝野。五月二十八日，神宗接到太监张诚关于张敬修自缢的报告，当天命令逮捕荆州知府郝如松。同一天，一向主持公道，也是职责所在的刑部尚书潘季驯，上《保全旧臣余孽事》一疏，请将张居正家属暂行保放。因极度愤慨，潘季驯批评皇帝好货贪财，并说丘橓等人"铜桦铁夹，断肢解体，拷毙数命，饥死十人"，查抄张府是损德伤体之事。吏部尚书杨巍等亦以为言。

在强大的道义压力下，万历帝降圣旨：罪犯财产既尽法抄没，其家属听审的，抚按官亦合防范保全，如何致令自尽？殊失罪人不孥之义。你部里便行文与抚按官知道。但圣旨并没有如何保护张居正八十岁老母的内容，冰冷的话语背后，反映出万历帝对张居正的恨意之深。

但"罪人不孥"的谕旨，却成为挽救张家更多生命的令牌。大学士申时行、许国等人分别在第一时间给丘橓写信，希望这位复仇心极强、心理扭曲的丘大人，对张家人手下留情。五月三十日，大学士许国致信丘橓，语气毫不客气，充满指责：

愿推罪人不孥之义，以成圣主好生之仁，且无令后世议今日轻人而重货也，上累圣德，中亏国体，下失人心，奉旨行事者亦何所辞其责！

申时行给巡抚李江写信，语带责备地说：

江陵籍没之事，出自圣怒，势不能挽，而吾辈将命行事，审法求情，要当于无可奈何之中而求有可少宽之路，且如抄没财产明旨也，一毫一缕岂得不严为搜求？至于鞫审之际，或刑至童仆可矣。诸子尝忝衣冠，非有叛逆缘坐之罪及考掠之旨，而概被刑具，窘辱备至，此敬修所以死也，亦可悯矣。昨见传来遗帖，行道之人，皆为陨涕。此上关国体，下系人心，岂眇小哉。

李江接到申时行信后，也向朝廷奏报，请保全旧臣。至此，所有人都清楚，威逼人致死的不是他人，而是丘橓。

因为皇帝圣旨没有明确对张居正老母如何保护，这对于风烛残年的老人，意味着随时都有意外发生。为此，六月初四，大学士申时行等上奏，请求万历帝保全张居正老母，宽待张居正的子孙，不要让他们衣食无着，颠沛流离；被攀连的家庭，也不要用威刑考掠。万历帝命给张居正老母拨空宅一所，田地十顷，以作赡养之用。

史学家谈迁评价说：

> 江陵柄国，功十而罪一，身没之日，怨口方注，犹曰权相之常。自丁此吕诬以谋逆，祸同赤族；更激于辽邸之事，始籍其产。……诸子累囚，阖门刑辱，而赀不逾十万，至流毒三楚，蔓延数年，以分宜之报，概于江陵，吾知江陵之目不瞑也。吴县因江陵起家，晚加溢罚，所谓树荆棘者蒙其刺耶？！**49**

谈迁不愧为著名史家，他的眼光独到而犀利。最后一句是说申时行担任首辅，鉴于张居正为国担当的结局，一切不敢有为，最终让明朝的江山几乎在万历帝手上葬送。

丘橓在回答内阁大臣的《与政府书》中，不忘为自己开脱，说"变生意外，保护欠周，大有负于简任"，"即使从此处置事事得宜，而死者不可复生，将何以赎伯仁由我之罪哉"？申时行不敢刺激丘橓，回信很客气，说江陵财产搜籍入官，天威已彰，国法已尽，死者不可复起，而生者尚可曲全。说他非为江陵惜，而为国体惜。六月十二日，丘橓前往张府安慰诸子，把张敬修之死视为张家的幸运之事，"以一身之不幸，而成汝一家之幸"。表示他临行前，招诸子面议，"以定汝百口将来之计"。

次日，原任工部尚书、已革职为民的曾省吾上疏奏辩，说张敬修寄银乃是诬捏。原任吏部侍郎、革职为民的王篆亦有此奏。万历帝命张诚从实查勘奏报。

同日，万历帝收到太监张诚奏报抄没张居正住宅、坟地财物及诰命牌坊，并分路解进的奏疏后，下达旨令：把原给张居正的诰命及特降谕札予以追缴；石兽等物并应拆牌坊，变卖后将所得款项解送京城；张居谦等人免予抄没；隐匿、接受寄存财物的查勘属实后一并追缴；张家侵占府第、王坟等罪及有关人员，等勘明辽府之事时，再拟奏夺。

七月初六，张诚再次奏报说：张居正宜抄没者已行抄没；其衰母宜赒恤者亦行赒恤；空宅一所，田十顷，拨付伊子张嗣修。曾省吾等三家受寄银两，应否追解，请皇帝降旨。万历帝降旨："家产既抄，眷属准保放。曾省吾等受寄银两，其查审追解以闻。"至此，张府抄家事似将结束。三天后，丘橓写了一封信给张府诸公子作别。据其信可知，张家免于抄没者有五人。

但万历帝并不满足。在报复欲极强、毫无良知的言官鼓动下，万历帝甚至连枯骨都不放过，想对张居正开棺戮尸。大学士许国义愤填膺，四次上疏乞休，明言邪正混淆，是非倒置，并在经筵中极力劝阻，说"枯骨无知，如此有伤盛德"[50]。

七月初五，当万历帝得知张府因抄家而死的仅有二人，而不是先前所说十几人时，龙颜大怒，命严厉查问。首辅申时行给皇帝票拟了两套方案，一是免查究，二是令回话。万历帝盛怒未解，仍令核查"饿死十余人"的信息来源。随后，给事中杨毓阳上疏认罪，被夺俸一年。十四日，万历帝谕内阁拟旨，罢黜锦衣卫都督同知刘守有，破格升任丘橓、余懋学、赵世卿、李植、江东之五人。申时行等内阁大臣不再唯唯诺诺，将万历帝的旨意全部退回。说刘守有敬慎无过，张简修携金宝潜匿其家，事属捕风捉影。一向温和的申时行气愤地说：

> 居正罪状，二年来章满公车，奉旨籍没，无复未发之奸、可加之法矣。如（刘）一相言，更欲皇上如何处之乎？

他代表内阁把皇帝的旨意驳回：丘橓等人优擢的事情，等查抄之事完成时另议；刘守有不能罢免。对此，万历帝极度不满，说张居正罪重，孽由己作，你们大臣为何纷纷党护？

至此，所有人都清楚，原来以张居正作为分界线，凡是为张居正说点公道话的，就是张居正的同党；反之，对张居正猛追猛打的，则是朝廷的忠臣。第二天，御史李植再参张居正"残害忠良，荼毒海内，诸臣所已言者，不敢复赘"。随即将张居正之罪上升为"逼位之大逆"，并说张居正盗取天下金银珠宝，由此直接促成万历帝下诏，第二次对张居正家产进行查抄。李植说：

> 如撰昌邑王之传，进放太甲之言，是以伊（尹）、霍（光）自处也；而呈献受符之镜，迎传命之鼎矣；托龙飞之梦，假甘露之祥，是以篡逆占人也。而诸子巍科，取之如寄；四方珍献，归之若流矣。辽王之淫纵，罪止一身，修其小嫌，而诬以谋反，且并亲王坟地，夺之以窃王气，九庙之灵，有所不安矣。……即斩棺断尸，尚有余罪。[51]

我们没有在张居正的文集中发现他撰写的"昌邑王之传"，但这个传主的故事我们不陌生。汉昭帝去世后，膝下无子，昌邑王刘贺进京即位，但不足一个月即被废黜，史称"汉废帝"。刘贺被废后回到封地昌邑（今山东菏泽巨野县昌邑镇），九年后又被贬到江西永修县一带。据称，他就是近年考古发现的海昏侯墓的主人。

伊尹放太甲，更是古史上一桩著名的故实，说的是伊尹辅佐太甲做明君，遵守祖先的制度，后来大失所望，将太甲放逐到商汤的墓地桐宫（今河南商丘虞城县），伊尹自己摄政。后见太甲痛自悔改，又迎其为王。

李植捕风捉影，连张居正的梦境都作为篡逆的证据，只要是个正常人，都能辨其真伪。

李植同疏参劾刑部尚书潘季驯是张居正的私党，指其为张居正所发的正义之言"为跖犬之吠，不曰居正之产宜抄也，而曰皇上好货贪财，不曰居正之罪宜诛也，而曰皇上损德伤体"，如果不速行斥逐，恐以下讪上，以臣议君。由此他奏请万历帝，先定张居正的罪，然后抄家才名正言顺。

李植眼中的张居正，是十恶不赦的罪魁祸首，是预谋篡夺皇位的叛逆，应该千刀万剐，诛灭九族，开棺戮尸绝对不足以当其罪。就是这样一份颠倒黑白的奏疏，万历帝竟然信服，他览疏大怒，诏令潘季驯对状。潘季驯只好上疏认罪，随即被革职为民，追夺诰命。

将潘季驯革职为民，目的是杀一儆百，让那些有正义感，有是非观，为张居正说公道话的人三缄其口，从而为接下来更猛烈的查抄廓清道路。

万历帝越过内阁，直接下诏给吏部，说御史李植、江东之、羊可立尽忠言事，摘发大奸，有功，俱于京堂不次擢用。在这种情况下，申时行等内阁大臣不能再为张居正说话，吏部也只能按照皇帝的谕旨来办，三人由从七品的御史连升六级，成为正四品的京堂官，李植为太仆寺少卿，江东之为光禄寺少卿，羊可立为尚宝司少卿。这三个人，以及想把张居正定为逆案的丁此吕，乃至攻曾省吾的王继光，都是万历五年进士，与张居正长子张敬修、次子张嗣修是同榜进士。他们又是张四维的门生、门客、同乡。

户部于潘季驯革职为民的当天早些时候奏报，籍没张居正金银宝玩，共一百一十杠，万历帝命内库查收。十九日，司礼监太监张诚等恭报事完复命，丘橓、张诚等随即离开荆州，返回京城。但在中途接到李植参疏及万历帝据此所下继续查抄的谕旨，谕旨明确："其藏匿辽府金宝，还须与彼处各官严行追问明白。曾省吾等受寄财物，尽法严追，不许疏纵。"丘橓等人立即折返荆州。

丘橓等人于八月十七日回到荆州，同巡抚李江、巡按任养心，提审张居正次子张嗣修等人，及其家仆张舒等人，又提曾省吾、王篆等人，并其亲男王之衡、王之鼎、王之宸等人。因有"尽法严追，不许疏纵"的谕旨，丘橓再次对张嗣修等动刑。关于侵藏辽王府金宝一节，张嗣修等招称：彼时年幼读书，委实不知下落。辽妃王氏亦称只凭人言，原无明证。先经具由奉报外，今逐一复审无异。

张懋修也受到刑讯，或是有李植对张居正"大逆"的参奏，丘橓质问懋修："汝先大夫与戚帅相结，凡有书问，虽夜中开门递进，意欲何为？莫非反状乎？"懋修答曰："边烽警急，宰相或不得坚卧不省。"丘橓意阻。

接下去的重点，是受寄银两一节。曾省吾等人衔苦呼天，说："（诬扳）银数太多，难搬易露，即便私相授受，何至知见无人？"丘橓等人经过广泛暗中查访，又进行多次严刑拷追，再发给各府、道严刑拷追，又添加府推官（府的佐贰官，主管刑名等事）等严刑拷追，但经各方多次研究审讯，最终也没有切实证据。他密奏说：张嗣修所有房屋已经抄没，大概能完银三万两；曾省吾原认银三万两，王篆原认银五万两，张居正的姻亲，江陵人傅作舟原认银一万二千两，三人自案发就自悔妄认，不肯速完。

丘橓感觉压力极大，如果就此罢休，无法向皇帝交差，也与他当时煽动的"一省之脂膏，半辇载于张、王二家"大相不符；如果继续查抄，张敬修之类死人的事会再次发生，他无以向天下士人交代。丘橓在煎熬中良心发现，他向皇帝讨饶一般的奏报说，各犯所能完纳的，仅有这么多，如果再加追究，则家无余积，人鲜完肤，唯有蝼蚁之命而已。丘橓找理由，说张嗣修等，先年一闻冯保被抄，就将异物奇宝烧毁，"烟浮街巷，数昼夜不息，合郡皆知。金玉之属，则前解已讫，无复孑遗。今计无所出，俱连日不食，以求速死。曾省吾、王篆如丧魂魄，惟垂首以听诛谴；傅作舟卧病经时，奄奄待毙。王之蔚又畏刑不食，俱保领调理矣"。他请求皇帝"宽臣等完结不敷之罪，并原各犯窘迫莫措之情"。随即将张嗣修、曾省吾等已完过十二万二千两，王极、唐应运等已完十三万五千两解进。"恭候明旨到日，臣等方敢启行。"[52]

至于张敬修被逼诬扳的殷正茂、梁梦龙、朱琏三家，因牵涉湖广以外省份，丘橓明知诬扳不实，奏报未敢轻信，但因万历帝下诏，也进行了查抄。实际查抄数额不详。

大约在此时，王篆派人持手书专程去山西蒲州，质问在家守丧的张四维，何以落井下石。张四维把责任完全推到一群太监身上，说王篆不幸与他们有交往相厚之迹，于是不为世人所原谅，而我张四维当时竭尽全力想周旋保全，只是力量不足，现在自己服丧在身，身体羸弱，不再问人间之事了。或是王篆担心张四维服阕期满，重回内阁，实施报复，再复信张四维时，说岳老柄国，他屡次劝谏而不听。张四维假惺惺安慰王篆，说"公之所处极难矣。当岳老末年，雄猜多忌，孤常恐因孤累公，矧其他耶？第来教所谓'屡谏弗听'，则人所不知，故迄今不能相亮耳"[53]。

在稍早的一封信中，张四维向王篆详细解释他与岳老的关系，以及不得已改变张居正在任时的做法，尽管有推卸自己之嫌，但也透露张居正祸积累日的事实，是为难得的故实。他说：

> 岳老当柄久，不似当时小心长慎，孤私忧之，密有规讽，时亦见听，然积不相悦矣。奸人窥之，遂横生枝节，多方毁诋，赖公（王篆）每事明其不然，遂全终始。然孤非欲自异，乃欲相成，顾岳老不察耳。使岳老信孤如前时，凡事相订榷求当如前时，则伊（尹）周（公）事业可冀，安有后来纷纷者？！

张四维服父丧在身，故自称为"孤"。王篆是张居正的三大心腹之一，但张居正"屡谏弗听"；张四维与张居正交往甚厚，他"密有规讽"，张居正虽然"时亦见听"，但二人关系因此破裂，乃至后来事事专断，不与张四维商量，种下"恶果"。或许张四维情绪难平，或许为推卸自己的责任。他说张居正专权太甚，罪由己招：

> 惟其末年，猜忌太甚，而中外争相谀悦，遂以交欢巨珰为安身至计，使圣主蓄念于上，四海人心积怨于下。自古迄今，未有专恣若此而以善终者也。

张居正对人的"猜忌"确实不免，也喜欢听颂扬的话，致使中外争相献谀言，听不进逆耳忠言。至于王篆屡次劝谏而张居正不听，乃至张四维"密有规讽"的事情，是不是张居正倾力推行的改革大业，已不得而知。而以张居正的角度看，这些劝谏似乎都是对改革的阻挠。张四维最后道出张居正去世后他接任首辅，不得不改变张居正所为的由来：

> 岳老既没，法当改弦易辙，以收拾人心，消释怨愤。[54]

在追罪张居正的漫长过程中，各有各的算盘。张四维要翻案，万历帝要张家的财产，废辽王府希望借此复国。早在将刑部尚书潘季驯革职为民时，外论汹汹，谓废辽王府必复，张居正且戮尸。八月初九，文书官宋坤发下会议辽府本，传旨，拟复废辽爵，及重论张居正之罪。大学士申时行等言：

> 居正罪状已著，法无可加；复爵一议，变皇考明罚饬法之典，开诸藩观望觊觎之端，修废第于民穷财尽之时，复废国于宗多禄少之日，举朝无一人以为宜者，即如勘事诸臣原疏，亦言居正所犯自足丧家，辽庶所犯自足倾国，两事原不相蒙，今既许归葬，又与花生子口粮给伊母王氏养赡，恩已厚矣。复爵之议，臣等知其不可。[55]

万历帝顾左右曰："内阁言是。"乃罢复辽议，旨下廷臣，翕然称服。当天，刑部复，斩辽府逆奴杨秀。四天后，忧攘二年之久的张居正案告结。都察院等衙门复，参故相张居正疏，奉旨：

> 张居正诬蔑亲藩，侵夺王坟府第，箝制言官，蔽塞朕聪，专权乱政，罔上负恩，谋国不忠，本当斲棺戮尸，念效劳有年，姑免尽法，伊属居易、嗣修、顺书，都永戍烟瘴。都察

院其榜居正罪状于省直。[56]

《明神宗实录》编纂完成于天启年间，当时张居正已平反昭雪。在记载以上万历帝关于张居正案结案的谕旨后，对张居正有盖棺后的定论，说"居正以长驾远驭之才，当主少国疑之际，卒能不顾诽誉，独揽大权，综核吏治，厘剔奸弊，十年来民安其业，吏称其职，虽古贤相何以加？！惜其褊衷多忌，小器易盈，怙宠夺情，本根已断，卒之身死名戮，祸至丧家。若其才其功，则固卓乎不可及矣"。《实录》是官修国史，代表官方的评价。这个评价整体客观、公允，对张居正辅佐年幼的万历帝十年间所取得的成就予以充分肯定，特别提出他不顾非议，大权独揽，综核吏治等方面的改革成就，可以与"古贤相"相齐名。称赞他的才能、功业卓然而不可及。另一方面，也探究了张居正身后落败的缘由，所谓"褊衷多忌"是说他内心褊狭，对人多有猜忌，"小器易盈"是说他容易自满，而夺情一事成为他身后之祸的种因。

九月二十七日，太监张诚等就查抄张居正并追寄放财物上奏。万历帝命严追在官的即刻起解，未完及变价的由湖广抚按官陆续起解，不许延缓，差去内外官准回京。

总计从荆州五次解进，连同京城张宅查抄的十一万两，共计约银六十万两。这包括三部分：一是张居正家族的财产，除张居正之弟张居谦早已分户，没有查抄外，自张居正父亲至张居正及诸子三代，包括拆毁房屋变价所得，及京城查抄，最多不超过四十万两；二是张敬修被逼诬扳的曾省吾、王篆等人的家产，约八万两；三是查抄王极、唐应运等十三万五千两。

张诚从湖广查抄回宫，代替张宏成为司礼监掌印太监，熬到了太监的最高职位。掌东厂印的太监张鲸后来帮助郑贵妃，想拥立她的儿子为太子，是晚明"国本案"的始作俑者。而那位欲陷张居正于大逆的太仆寺少卿李植，万历帝对他的宠信，超过任何人，达到"异眷"的程度，在宫里称呼他为"我儿"。李植也飘飘然忘乎所以，经常对人说："皇上呼己为儿，每观籍没宝玩，则必喜已。"其人毫无操守可言，卖狱渔色，无所不为。他同羊可立等五大鹰犬沆瀣一气，抱团取暖。万历十三年四月，李植等多次受到参劾，尚宝司少卿羊可立为他辩护，并一再以"奸党"发论，说什么"奸党"想重新召回冯保，把徐爵从狱中放出，恢复张居正生前所得官职。申时行对此极为不满，票拟时说：按照《大明律》，"奸党罪"应处死刑，现在羊可立上疏一再说"奸党"，而又不明指"奸党"是何人，"奸党"是何事，以至于朝廷大臣人人自危，请将他的上奏发给六科，质问他奸党是谁，有何实迹。在申时行的抗议下，万历帝不得已，明发谕旨说：冯保、张居正事，出朕独断，久已处分，谁敢怀私报复，自干宪典！以后不许借言奸党，攻讦争辩，违者治罪。首辅申时行将万历帝圣谕一道，遵藏内阁。自此，借言张居正等事以罪人的情况宣告结束。[57]

对查抄张居正财产一事，一向严谨而客观的晚明史学家谈迁大感不平，他说张居正虽身份贵显，但很少接受馈遗，所籍没的赀财大多都是他的父亲、弟弟所敛。谈迁还举了一个例证：辽帅李成梁封伯，馈送黄金一千两，白银一万两，张居正拒绝，对李将军派来的人说："你的主人以血战功封一官，我若受之，是且得罪于高皇帝。其毋再渎。"谈迁所举的，仅是张居正无数次拒绝馈送的一次。

张居正的尸骨最后埋在张家的祖墓。大明相国地下有知，当感谢申时行、许国、余有丁三位大学士，如果不是他们，还有像潘季驯、赵锦等这样有正义感的庙堂高官的坚持，张居正恐怕尸骨难全。

张居正的墓很坚固，后来其墓室被摧毁。掀开张居正的棺盖，除保存完好的一副尸骨外，袍服尽烂，棺内只有一条玉带和一方砚台，没有任何陪葬品。

张居正的身后事

走笔至此，张居正的身前死后，本该写完了。但似乎还有事应该交代。

长达三年多的大清算，因张居正直接受到革职等处罚的高官有二十八人，加上受牵连的，多达上百人。当时有"六卿半易，省署为虚"的记载。帝制时代，人事与朝政如孪生兄弟，密不可分。由人事更替引发的政策翻覆，致使张居正生前持续十几年的改革举措，在一年多的时间里，几乎全被推翻。

万历十一年四月，因御史条陈清丈田地，增税殃民，户部议请，凡是有短缩弓步、虚增地亩的，查摘改正。

同月，因直隶巡按李植题请，兵部复准，京堂三品以上，布按二司掌印官入觐，俱给勘合，京职及方面以上官员，准许宿公馆，量送薪米，半年后恢复驿递站银。

五月，因巡按御史陈荐疏言捕盗立法严苛，刑部会同兵部将万历二年以后新订立的捕盗条格，重新修改，作为法令。

七月，命各衙门原裁革归并事务，照依原分职掌管理。张居正所裁冗官，全部恢复。

十月，因给事中邹元标疏陈禁毁书院事，礼部奏准如有先贤所遗或系本朝敕建者，曾经拆毁，量为查复。其后书院纷纷创设。

万历十二年三月，在言官一再攻击内阁权大的背景下，首辅申时行以祖宗旧制为名，废止考成法。

一向攻讦张居正的王世贞，也对政策翻覆深表忧虑，他致信兵部尚书石星说："江陵晚途，骄奢贪权，诚有罪矣，然台谏织其罪以求爵禄，不过逞一时之快而无建树，于国于民无裨益，终速大祸而乱国家。尔曹食君之禄，即当分君之忧，断此风气，方为良策。"

经历明清迭代剧痛的钱谦益，更是痛心疾首地说："张四维把张居正在任时的所有做法全部颠覆，居正所裁撤的冗官、弊政全都恢复，表面是博取淳厚宽大的名声，而阴行排挤之实。接任他的首辅申时行，完全遵循张四维的做法，致使国家纲纪废弛，侵贪越来越盛行，官吏贪婪而百姓轻慢，将帅怠惰而士兵骄横，国家财政荡然无存，累积无穷之祸。"他的结论是：

> 得庸相百，不若救时之相一。

张居正时代之后的大明，用直线下坠来形容也不为过。富国强兵是张居正改革的总目标，他对边事倾注心力最多，与边帅的交往也最频繁，这些人多受牵连。

万历十一年二月，戚继光调任广东总兵官。这是戚将军戎马一生的最后一次调任。他离开驻守十六年的蓟镇时，百姓遮道相送，街巷为之一空。

> 辕门遗爱满汇燕，不见胡尘十六年。

谁把旌麾移岭表，黄童白叟哭天边。

——明·陈第《奉送戚都护归田四首·其一》

是的。干戈忧攘的北边已安定十六年。这足以告慰掩埋荆州地下的张居正了。

四十年来汗血间，征鞍重度穆陵关。

如今南北多良将，何日天王为赐环？

——明·戚继光《赴粤途中述·其一》

三十年来续旧游，山川无语自悠悠。

沧波浩荡浮轻舸，紫石崚嶒出画楼。

日月不知双鬓改，乾坤尚许此身留。

从今复起乡关梦，一片云飞天际头。

——明·戚继光《放舟蓬莱阁下》

戚继光累了，他想回家乡。在广东闲居的日子，他静下心来整理数十年练兵的著作。《练兵实纪》《纪效新书》《止止堂集》，这些载入中国军事史上的著作，是戚帅留给后人的宝贵财富。

对张居正的清算还在深入，戚继光的广东总兵官一职也于次年解除。"人间薏苡容身易，天汉风波把舵难。"将军不用再为"把舵难"踌躇了。"人情到老方知味，世态无端尚有天。"

回到家乡蓬莱的戚继光，过着凄凉而不幸的生活。这位四提将印、佩玉三十多年的将军，竟然野无成田，囊无宿镪，甚至连请医抓药的钱都拿不出来。他万万没有料到，当年分宝剑以赠，生平视为兄弟的王世贞，在他身后竟然把他与张居正的关系，说成是靠进献女人和金银来维系，说什么"继光乃时时购千金姬进之居正"。在王世贞的笔下，张居正是贪婪的宰相，他接着写道："而成梁与两广之赂，亦接踵至，居正不能却也。"难怪后来出任吏部尚书的孙鑨说："此公（王世贞）文字，虽俊劲有神，然所可议者，只是不确。不论何事，出弇州（王世贞）手，便令人疑其非真，此岂足当钜家！"清朝的汪由敦评价王世贞平生自诩的《嘉靖以来首辅传》说："《江陵传》自是神宗朝第一大传，而王世贞逞才使气，褒贬抑扬过情，不足以据为信史。"清修《明史》，嘉靖、隆庆、万历时期主要人物的传记，也多采自此公之书，难怪陶澍、胡林翼等人称《明史》为断烂的朝报，对楚人诬枉实甚。

戚继光又遭遇家庭的不幸。他十三岁时与南溪万户所王将军的女儿订婚，十八岁完婚。王夫人过于刚烈，性格骘而张，生子多不禄，三十七岁的将军，膝下尚无一子。他苦心万状，竟瞒过夫人，私下先后娶陈氏、沈氏和杨氏，生下祚国、安国、报国、昌国、辅国五子。此事后为夫人所知，竟日持白刃，要结果丈夫性命，害得将军每日铠甲裹身，他向夫人哭诉先人遗愿，夫人原谅了他，并抚陈氏所生安国为子。但安国婚后不久而殇，夫人竟将仅有的一点积蓄倾尽以归王家。万历十五年岁末，一代名将撒手而去。好友汪道昆为他写了长篇墓志铭，并著文记述了其生平各要事。

北边不再安静。镇守辽东的李成梁也因张居正而受到多次参劾。给事中冯景隆参劾他捏报功绩，所得宁远伯爵位是行贿买来的，应该剥夺。李成梁在强大的压力面前，不得不上疏乞休。首辅申时行虽然承认李成梁身经百战，屡立奇功，封疆赖其保障，但也以世授伯爵，一门父子，两镇总兵，应当稍加限制，其子李如松见任山西总兵，应当令他主动辞免。万历帝命李如松回京注府管事，实际是在京城做人质。[58] 万历十六年，曾主动请缨查抄张居正的巡按御史任养心，把李成梁父子视为叛逆，说辽东总兵李成梁父子兄弟，列据宣、辽、蓟、保，恐有尾大之患。万历帝命如柏革任，回卫听勘。其后，张居正生前苦心孤诣所构筑的北边防御体系，藩篱自毁。所有镇守辽东的大将，几乎都在质疑声中履行守卫疆土之责。各省督抚大吏，也大抵如此。钱谦益说：

> 江陵所用之人，一切抑没。其精强干办之才略，奋然无复存于世。……夫江陵所用之人，良马也；江陵以后所用之人，雄狐也、黠鼠也。江陵能御良马者也，江陵以后，能豢狐鼠而已耳。国家之事，与狐鼠谋之，则良马必将迁延负辕，长鸣而不食。……江陵以后人材之升降，此亦国事得失之林也。[59]

再说丘橓查抄事毕，回到朝中，由刑部右侍郎升为左侍郎，加俸一级。次年即万历十三年四月升为南京吏部尚书，当年十二月卒于任，享年七十。《明史·丘橓传》以及乡邦文献中，丘橓被塑造成一个正人君子，一个保护张居正家属的人。事实与其完全相反，他是一个睚眦必报的人。

张四维先于丘橓两月而卒，享年五十九岁。

张敬修的妻子高氏，得知丈夫被逼自缢身亡后求死未成。张敬修留下一个孤儿，当时年仅六岁，高氏将他抚养成人，凡二十七年而终。万历三十九年（1611），地方官以其事闻，下诏建坊旌表。

张懋修充军到南昌戍所后，每有题咏，感慨不平，逢"万"字、"历"字，全部倒书。

张居正最小的儿子张静修，查抄时不足二十岁，在仆人护送下，和未婚妻、李幼滋的女儿前往江浙避祸，投奔顾璘的儿子顾峻。顾峻收留了静修一家，并为他安排了一个差事，张居正这一支从此在江苏兴化繁衍生息。

恩怨尽时方论定，封疆危时见才难。

这是后人题写在籍没的荆州张居正宅邸上的咏叹词。天启二年（1622），复张居正原官，予祭葬，家产没有变卖的一律发还。崇祯三年（1630），给还二荫、诰命。四年后，八十岁的张懋修去世。又十年，第五子张允修誓死不为张献忠做官，自杀而亡。同年，明朝覆亡。

注释：

1. 申时行.张文毅公神道碑//张四维.张四维集：中册.上海：上海古籍出版社，2018：872—873.

2. 辑校万历起居注.379.

3. 观澜张公墓志铭//张四维集：中册.上海：上海古籍出版社，2018：691.

4. 张同奎.上六部禀帖//张居正集：卷四七，第四册，附录.武汉：湖北人民出版社，1994：548.

5. 张舜徽.张居正集：第四册.武汉：湖北人民出版社，1994：497.

6. 张文忠公遗事//张舜徽.张居正集：第四册.武汉：湖北人民出版社，1994：496—497.

7. 辑校万历起居注.220—221.

8. 张舜徽.张居正集：第二册.书牍.武汉：湖北人民出版社，1994：748.

9. 张居正.张居正奏疏集：下.上海：华东师范大学出版社，2014：464—466.

10. 张舜徽.张居正集：第二册.书牍.武汉：湖北人民出版社，1994：783.

11. 张舜徽.张居正集：第二册.书牍.武汉：湖北人民出版社，1994：786.

12. 辑校万历起居注.126.

13. 张舜徽.张居正集：第四册.武汉：湖北人民出版社，1994：496.

14. 张四维.张四维集：上册.上海：上海古籍出版社，2018：197—198.

15. 刘若愚.酌中志：卷五.商务印书馆.1935：29—30.

16. 张四维.张四维集：中册.上海：上海古籍出版社，2018：518.

17. 明经世文编：卷三八七.

18. 张舜徽.张居正集：第二册.书牍.武汉：湖北人民出版社，1994：1223.

19. 王学范.王世贞抚郧诗文集.武汉：长江出版社，2010：411—414.

20. 周颖.王世贞年谱长编.上海：上海三联书店，2016：459.

21. 周颖.王世贞年谱长编.上海：上海三联书店，2016：460.

22. 张舜徽.张居正集：第二册.书牍.武汉：湖北人民出版社，1994：1235.

23. 张舜徽.张居正集：第二册.书牍.武汉：湖北人民出版社，1994：1251—1252.

24. 张四维.张四维集：中册.上海：上海古籍出版社，2018：519.

25. 王世贞.嘉靖以来内阁首辅传.北京：中华书局，1991：124.

26. 辑校万历起居注.462.

27. 辑校万历起居注.466—470.

28. 张舜徽.张居正集：第四册.武汉：湖北人民出版社，1994：497.

29. 明史：卷二二零.北京：中华书局，1987：5791；明神宗实录：卷一四八。

30. 明神宗实录：卷一四八.

31. 明神宗实录：卷一四八.

32. 明史：卷二一七.第19册.北京：中华书局，1987：5737—5738.

33. 李诩.戒庵老人漫笔.北京：中华书局，1997：325—326.

34. 明史：卷二二九，第20册.北京：中华书局，5991—5992.

35. 张舜徽.张居正集：第四册.武汉：湖北人民出版社，1994：548.

36. 明穆宗实录：卷二五.

37. 沈德符.万历野获编.北京：中华书局，1997.

38. 王世贞.嘉靖以来内阁首辅传.北京：中华书局，1991：124—125.

39. 沈德符.万历野获编.北京：中华书局，1997：212.

40. 江陵志余//中国地方志集成.上海：上海书店出版社，2001：436.

41. 全祖望.全祖望集汇校集注：中册.上海：上海古籍出版社，2000：1452.

42. 查继佐.罪惟录：列传卷之四，辽王.杭州：浙江古籍出版社，1986：1229—1230.

43. 查继佐.罪惟录：列传卷之四，辽王.杭州：浙江古籍出版社，1986：1225.

44. 江陵志余//中国地方志集成.上海：上海书店出版社，2001：460.

45. 张舜徽.张居正集：第四册.武汉：湖北人民出版社，1994：522.

46. 陈时龙.万历张府抄家事述微——以丘橓《望京楼遗稿》为主要史料，载《中国文化研究所学报》2011年第2期。

47. 张舜徽.张居正集：第四册.武汉：湖北人民出版社，1994：545—546.

48. 张舜徽.张居正集：第四册.武汉：湖北人民出版社，1994：546.

49. 谈迁.国榷.北京：中华书局，1958：4479.

50. 许承尧.歙事闲谭：卷一.合肥：黄山书社，2001：24.

51. 李植.言事纪略：卷一.

52. 望京楼遗稿：卷二，第22—24页。

53. 张四维.张四维集：中册.上海：上海古籍出版社，2018：521.

54. 张四维.张四维集：中册.上海：上海古籍出版社，2018：519—521.

55.明神宗实录：卷一五二.

56.明神宗实录：卷一五二.

57.《辑校万历起居注》与《实录》记载不同，并无独断一句。参见《辑校万历起居注》第527页。

58.李士群.李成梁研究.沈阳：辽海出版社，2017：264—265.

59.钱谦益.牧斋初学集：卷三十.上海：上海古籍出版社，2009.

附录　张居正生平大事年表

张居正，字叔大，号太岳，其先祖乃庐州合肥人。嘉靖四年五月初三，张居正出生在湖广荆州府江陵县军籍家庭。祖父张镇为辽王府护卫，父亲张文明七试不第，居家教子，以布衣终其身，母亲赵氏。

张居正初名白圭，三岁识字，五岁开始句读，十岁通《六经》大义。十二岁取中生员，为荆州知府李士翱激赏，为之改名"居正"。

嘉靖十九年

参加乡试中举，时年只有十六岁。

嘉靖二十六年

中二甲第九名进士，选入翰林院为庶吉士。读中秘书，探求国家典故与政务切要者，深得教习徐阶器重。是科得人颇盛，同年进士中，李春芳为一甲第一名，俗称状元，与宋仪望、李幼滋、杨巍、汪道昆、杨继盛、王世贞、陆光祖、殷正茂等并列有名。

嘉靖二十八年

升授翰林院编修。上《论时政疏》，针对宗室骄恣、吏治因循、边备不修、财用匮乏等时弊，首次提出改革主张。

嘉靖二十九年

俺答率部围困京城六日，史称"庚戌之变"。次年，进士同年、兵部武选司员外郎杨继盛因弹劾内阁首辅严嵩被下狱论死。

嘉靖三十三年

张居正感怀时事，加之妻子病故，告假回乡"养病"。行前致书内阁大学士徐阶，表达对时局的忧虑，冀望相国振作有为。次年，杨继盛被处死于西市。张居正"时时称老易"，在出世与入世之间蹉跎岁月，乡居六载之久。

嘉靖三十九年

严嵩办事多不得嘉靖帝意，渐失宠信。张居正乡居日久，父亲张文明为此悒悒不乐，张居正回京复职，升右春坊右中允，署国子监司业事，与国子监祭酒高拱共事，二人深相结纳，定"血食交"。

嘉靖四十一年

严嵩罢官。徐阶任首辅，将"以威福还主上，以政务还诸司，以用舍刑赏还公论"作为执政纲领。高拱任重校《永乐大典》总校官，张居正任分校官。

嘉靖四十二年

应徐阶之请，参议军国要政，在用人、军事上尤为加意。

嘉靖四十四年

景王朱载圳去世，嘉靖帝八子仅有一子裕王。徐阶设谋，将严世蕃处死，抄没严嵩家产。

嘉靖四十五年

嘉靖帝去世，裕王朱载垕登极，以明年为隆庆元年。徐阶舍内阁诸同僚，独与张居正密定遗诏起草事，遗诏颁布后，天下欣望维新。

隆庆元年

张居正由五品衔的翰林院侍讲学士，升礼部右侍郎，兼翰林院学士，旋进吏部左侍郎，超擢礼部尚书，进入内阁为大学士。时内阁倾轧，高拱与徐阶尤不相能，各引言官、私人相攻讦。张居正在师、友之间选择中立。高拱因被参劾请休，隆庆帝允准。

隆庆二年

首辅徐阶因屡次劝谏隆庆帝宫中事而不安于位，以老病请辞获准。次辅李春芳为首辅。张居正上《陈六事疏》，提出省议论、振纪纲、重诏令、核名实、固邦本、饬武备系统改革主张，经部院核议，衍发为具体条款落实。又因张居正之议，将蓟辽兵事全交蓟辽总督谭纶，将蓟镇至山海关一带交总兵戚继光。废辽王朱宪㸅为庶人，国除。

隆庆三年

礼部尚书赵贞吉入阁，参与机务。隆庆帝在校场举行大阅兵，乃数十年所未有。海瑞出任应天巡抚，惩抑豪强，勒令徐阶等退田，实行一条鞭法，次年罢官，痛斥"满朝皆妇人"。

隆庆四年

经张居正斡旋，高拱以吏部尚书兼内阁大学士重新回朝。二人以房、杜相业期许，全力推进改革。利用俺答之孙把汉那吉来投，与宣大总督王崇古、巡抚方逢时书函频往，发纵密示，于次年封俺答为顺义王，在宣大等地实行互市，史称"俺答封贡"。北边之患得解。

隆庆五年

李春芳辞官。内阁仅有首辅高拱及次辅张居正二人。

隆庆六年

高拱与张居正"生死至交"破裂。隆庆帝去世，传遗诏以冯保为司礼监，与高拱、张居正、高仪同顾命，高仪旋即去世。太子朱翊钧即皇帝位，以明年为万历元年。冯保与张居正合谋，将高拱罢官。万历帝时年九岁，张居正任柄国首辅。

万历元年

王大臣闯宫案发，冯保欲借此加害高拱，经尚书杨博等力谏，张居正仅以杀王大臣一人结案。制定并实施考成法，作为综核名实、全面推行改革的牵引。张居正出任首辅后在家乡江陵构筑大宅第，至此落成，万历帝题堂额为"纯忠"。万历帝御文华殿，张居正等进讲，自此数年不辍。

万历二年

以进士同年宋仪望为应天巡抚，整顿江南赋役。

万历三年

以礼部侍郎张四维为礼部尚书兼内阁大学士，参与机务，万历帝在诏书中加注"随元辅等入阁办事"，自此，内阁体制一变，首辅之于同僚如同属吏。整顿驿递制度，减少郡县入学名额。张居正多措并举，招致御史言官参劾不断。

万历四年

张居正门生、辽东巡按刘台参劾张居正专擅威福，意在离间君臣。刘台虽被远戍广西，而君臣之间渐生芥蒂。万历帝视朝，张居正请皇帝省览章奏，御万机。经数年整顿，国库充盈，太仆寺积金四百余万两。

万历五年

张居正父张文明卒于江陵，讣闻京师，时彗星出斗牛间，言官等据《天官书》，谓张居正应避丞相位，从而引发"夺情"之争，张居正创"在官守制"，受到朝臣强烈反对。张居正将吴中行等上疏者廷杖发戍，自是人情汹汹，怨张居正者益甚。万历帝下诏，再及夺情者，诛无赦，谤乃止。

万历六年

万历帝大婚。李太后自万历帝即位，经张居正奏请，自慈宁宫移到乾清宫与皇帝对榻而卧。皇帝大婚后，还居慈宁宫。张居正回籍葬父前，推礼部尚书马自强、礼部侍郎申时行入阁；又援本朝故事请银章一枚，有所欲言，许封章奏事。万历帝命阁臣"大事还待先生来行"。因夺皇家吉壤葬父之说起，张居正为作《葬地论》以驳之。张居正回乡往返途次，专程赴新郑探望老友高拱，二人捐弃前嫌，高拱托以身后之事。高拱去世后，张居正为之请复原官、祭葬。张居正回朝途中，户部员外郎王用汲上疏提出"逢相之恶"论，请万历帝独揽大权，张居正愈加坚定，表示既然以身许国，"虽机穽满前，众镝攒体，孤不畏也"。

万历七年

张居正纠正离京期间所谓辽东大捷乃杀降冒功，处分相关人员，致使主其事的阁臣张四维衔怨在心。潘季驯治河成功，张居正称其"功不下大禹"。在全国厉行毁书院，禁讲学。

万历八年

张居正以诸项典礼俱成，皇帝圣德日新，上疏乞休归政。李太后降懿旨，命张居正辅佐皇帝到三十岁。万历帝夜宴别宫，乘醉追杀冯保身边太监，事闻太后，宫廷哄传将有废立之大事，万历帝不得已降罪己诏书，与张居正矛盾日深。

全国实行清丈土地，限三年完成。至次年，总计全国田数 7,013,976 顷，较弘治时期超出近 300 万顷。

继万历五年张居正次子张嗣修中进士一甲第二名后，本年张居正长子张敬修、第三子张懋修俱中进士，万历帝特拔张懋修为一甲第一名。

万历九年

继江西、福建等省试行后，将一条鞭法向全国推行。

万历十年

张居正因积劳成疾，加之痔疮病发，于六月二十日病逝于京城府邸，享年五十八岁。万历帝赐上柱国，谥文忠。

缘张居正生前强力推行改革，打压反对者，积怨甚多。卒后不久，首辅张四维迎合帝意，使被戍众人俱被起用，朝局为之翻覆。至次年，朝野争言张居正之罪，章满公车，其生前所得封赏等悉被追夺。又次年，被籍没抄家，长子张敬修不堪追赃之辱，自缢而死。子孙多人发往烟瘴之地。

主要参考文献

明实录.江苏国学图书馆传抄本.

明实录.上海：上海书店出版社，2015.

辑校万历起居注.南炳文，吴彦玲，辑校.天津：天津古籍出版社，2010.

张廷玉，等，撰.明史.北京：中华书局，1987.

谈迁.国榷.北京：中华书局，1958.

夏燮.明通鉴.北京：中华书局，1980.

傅维鳞.明书.商务印书馆，1936.

查继佐.罪惟录.杭州：浙江古籍出版社，1986.

谷应泰.明史纪事本末.商务印书馆，1977.

印鸾章，李介人，修订.明鉴.北京：中国书店，1985.

申时行，等.明会典.北京：中华书局，1989.

张居正.张太岳集.上海：上海古籍出版社，1984.

张舜徽.张居正集.武汉：荆楚书社，1987.

张居正.张太岳集.张嗣修，张懋修，等，编撰.北京：中国书店，2019.

张居正.张居正奏疏集.潘林，编注.上海：华东师范大学出版社，2014.

世经堂集 // 四库全书存目丛书：集部.济南：齐鲁书社，1996.

世经堂续集 // 明别集丛刊：第二辑.合肥：黄山书社，2015.

严嵩.嘉靖奏对录.国家古籍保护中心制电子版.

严嵩.严嵩诗集笺注.鄢文龙，笺注.扬州：广陵书社，2016.

岳金西，岳天雷，编校.高拱全集.郑州：中州古籍出版社，2006.

陈义钟，编校.海瑞集.北京：中华书局，1981.

汪道昆.太函集.胡益民，余国庆，点校.合肥：黄山书社，2004.

潘季驯.潘季驯集.付庆芬，点校.杭州：浙江古籍出版社，2018.

张四维.张四维集.张志江，点校.上海：上海古籍出版社，2018.

杨博.杨博奏疏集.张志江，点校.上海：上海古籍出版社，2018.

方逢时. 大隐楼集. 李勤璞，校注. 沈阳：辽宁人民出版社，2009.

止止堂集. 王熹，校释. 北京：中华书局，2001.

耿定向. 耿定向集. 傅秋涛，点校. 上海：华东师范大学出版社，2015.

杨继盛. 杨忠愍公集 // 丛书集成初编. 商务印书馆，1936.

宋仪望. 华阳馆文集. 济南：齐鲁书社，1997.

丘橓. 望京楼遗稿. 陈时龙，点校. 中国社会科学院历史研究所图书馆藏清钞本.

李开先. 李开先全集. 卜键，笺校. 上海：上海古籍出版社，2014.

唐伯元. 醉经楼集. 朱鸿林，点校. 北京：中华书局，2013.

归有光. 震川先生集. 周本淳，校点. 上海：上海古籍出版社，2007.

吕坤. 吕坤全集. 王国轩，王秀梅，整理. 北京：中华书局，2008.

王宗沐. 江西省大志. 黄长椿，左行培，许怀林，点校. 北京：中华书局，2018.

刘聿鑫，凌丽华，主编. 戚继光年谱. 济南：山东大学出版社，1999.

徐学聚，编撰. 国朝典汇. 北京：书目文献出版社.1996.

香港中文大学历史系. 山东经会录. 济南：齐鲁书社，2018.

程任卿. 丝绢全书 // 续修四库全书. 上海：上海古籍出版社，2002.

楚宝. 周圣楷，辑纂. 续修四库全书. 上海：上海古籍出版社，1996.

黄景昉. 国史唯疑 // 中国野史集成续编. 成都：巴蜀书社，2000.

中国地方志集成. 上海：上海书店出版社，2001.

陈子龙，等. 明经世文编. 北京：中华书局，1962.

邓士龙，辑. 国朝典故. 许大龄，王天有，主点校. 北京：北京大学出版社，1993.

李贽. 焚书 续焚书. 北京：中华书局，2009.

王世贞. 嘉靖以来内阁首辅传. 北京：中华书局.1991.

王世贞. 凤洲杂编. 丛书集成初编. 商务印书馆，1937.

王世贞. 觚不觚录. 丛书集成初编. 商务印书馆，1937.

王世贞. 弇州山人四部稿.

王世贞. 弇山堂别集. 北京：中华书局，1985.

沈德符. 万历野获编. 北京：中华书局，1997.

于慎行. 穀山笔麈. 北京：中华书局，1997.

张瀚. 松窗梦语. 北京：中华书局，1985.

焦竑.玉堂丛语.北京:中华书局,1997.

焦竑.国朝献征录.扬州:广陵书社,2013.

黄宗羲.明儒学案.沈芝盈,点校.北京:中华书局,1997.

李诩.戒庵老人漫笔.北京:中华书局,1997.

谢肇淛.五杂组.韩梅,韩锡铎,点校.北京:中华书局,2021.

刘若愚.酌中志 // 丛书集成初编.商务印书馆,1935.

刘效祖.四镇三关志校注.彭勇,崔继来,校注.郑州:中州古籍出版社,2018.

孙承泽.春明梦余录.王剑英,点校.北京:北京古籍出版社,1992.

钱谦益.列朝诗集小传.上海:上海古籍出版社,2008.

于敏中,主编.日下旧闻考.瞿宣颖,左笑鸿,于杰,点校.北京:北京出版社,
2018.

吴晗.朝鲜李朝实录中的中国史料:第四册.北京:中华书局,1980.

李洵,校注.明史食货志校注.北京:中华书局,1982.

张海瀛.张居正改革与山西万历清丈研究.太原:山西人民出版社,1993.

杨知秋,注评.杨继盛诗文注评.昆明:云南人民出版社,2002.

王学范.王世贞抚郧诗文集.武汉:长江出版社,2010.

吴晗.朱元璋传.生活·读书·新知三联书店,1980.

吴晗.读史札记.生活·读书·新知三联书店,1979.

陈登原.国史旧闻:第三册.北京:中华书局,1980.

张德信.明代职官年表.合肥:黄山书社,2009.

吴廷燮.明督抚年表.北京:中华书局,1982.

潘荣胜,主编.明清进士录.北京:中华书局,2006.

孟森.明清史讲义.上册.北京:中华书局,1981.

丁易.明代特务政治.北京:群众出版社,1983.

王毓铨,主编.中国经济通史:明代经济卷.北京:经济日报出版社,2000.

王毓铨.明代的军屯.北京:中华书局,1965.

王毓铨.莱芜集.北京:中华书局,1983.

朱东润.张居正大传.武汉:湖北人民出版社,1981.

韦庆远.暮日耀光:张居正与明代中后期政局.南京:江苏凤凰文艺出版社,

2017.

刘志琴. 张居正评传. 南京：南京大学出版社，2006.

孟修祥，主编. 张居正与荆州. 武汉：武汉出版社，2019.

陈礼荣. 张居正：大明首辅的生前身后. 北京：中国文史出版社，2019.

张显清. 严嵩传. 合肥：黄山书社，1992.

曹国庆，赵树贵，刘良群. 严嵩评传. 上海：上海社会科学院出版社，1989.

姜德成. 徐阶与嘉隆政治. 天津：天津古籍出版社，2002.

崔振生. 高拱传. 兰州：甘肃文化出版社，2018.

岳天雷，编著. 高拱年谱长编. 郑州：中州古籍出版社，2017.

赵世明. 高拱与隆庆政治. 成都：西南交通大学出版社，2014.

胡长春. 谭纶评传. 南昌：江西人民出版社，2007.

范中义. 戚继光传. 北京：中华书局，2003.

周颖. 王世贞年谱长编. 上海：上海三联书店，2016.

李士群. 李成梁研究. 沈阳：辽海出版社，2017.

张健. 徽州鸿儒汪道昆研究. 合肥：安徽师范大学出版社，2014.

曾纪鑫. 大明雄风：俞大猷传. 北京：九州出版社，2015.

李锦全. 海瑞评传. 南京：南京大学出版社，1994.

贾征. 潘季驯评传. 南京：南京大学出版社，1996.

牛建强，高林华，主编. 高拱、明代政治及其他. 郑州：河南大学出版社，2011.

陈海燕. 明朝能臣王崇古和张四维. 太原：三晋出版社，2010.

阎崇年，主编. 戚继光研究论集. 北京：知识出版社，1999.

林金树. 万历帝. 长春：吉林文史出版社，1996.

樊树志. 万历传. 北京：人民出版社，1993.

樊树志. 新政与盛世. 北京：中华书局，2018.

曹国庆. 万历皇帝大传. 北京：中国社会出版社，2008.

林乾. 嘉靖皇帝大传. 北京：中国社会出版社，2008.

林乾. 嘉靖帝·隆庆帝. 长春：吉林文史出版社，1996.

韦庆远. 隆庆皇帝大传. 北京：中国社会出版社，2008.

陈田，辑. 明诗纪事. 上海：上海古籍出版社，1993.

[美] 富路特，房兆楹，原主编. 明代名人传. 北京：北京时代华文书局，2015.

［美］鲁大维.明代皇室的尚武活动.杨柳青，康海源，译.北京：社会科学文献出版社，2020.

［美］窦德士.嘉靖帝的四季.谢翼，译.北京：九州出版社，2021.

［加拿大］宋怡明.被统治者的艺术.［新加坡］钟逸明，译.北京：中国华侨出版社，2019.

韦庆远.明代黄册制度.北京：中华书局，1961.

常征，于德源.中国运河史.北京：北京燕山出版社，1989.

梁方仲.梁方仲经济史论文集.北京：中华书局，1988.

梁方仲.梁方仲经济史论文集补编.郑州：中州古籍出版社，1984.

梁方仲.明清赋税与社会经济.北京：中华书局，2008.

梁方仲.明代粮长制度.上海：上海世纪出版集团，2001.

［美］黄仁宇.万历十五年.北京：中华书局，1982.

［美］黄仁宇.明代的漕运.张皓，张升，译.厦门：鹭江出版社，2015.

彭云鹤.明清漕运史.北京：首都师范大学出版社，1995.

唐文基.明代赋役制度史.北京：中国社会科学出版社，1991.

岑仲勉.黄河变迁史.重庆：重庆出版社，2022.

傅衣凌，主编.杨国桢，陈支平，著.明史新编.北京：人民出版社，1993.

陈支平.民间文书与明清赋役史研究.合肥：黄山书社，2004.

赵轶峰.明清帝制农商社会研究：初编.北京：科学出版社，2017.

赵轶峰.明清帝制农商社会研究：续编.北京：科学出版社，2021.

谢国桢.明清之际党社运动考.北京：中华书局，1982.

嵇文甫.晚明思想史论.郑州：河南大学出版社，2008.

赵园.明清之际的思想与言说.上海：复旦大学出版社，2010.

罗宗强.明代后期士人心态.北京：中华书局，2019.

陈宝良.明代秀才的生活世界.北京：北京师范大学出版社，2020.

王其榘.明代内阁制度史.北京：中华书局，1989.

［日］小野和子.明季党社考.李庆，张荣湄，译.上海：上海古籍出版社，2013.

陈时龙.明代的科举与经学.北京：中国社会科学出版社，2018.

陈时龙.明代中晚期讲学运动：1522—1626.上海：复旦大学出版社，2005.

明代宫廷政治史.北京：故宫出版社，2015.

钱穆.中国历代政治得失.东大图书有限公司印行，1977.

陈懋恒.明代倭寇考略.北京：人民出版社，1957.

华夏子.明长城考实.北京：档案出版社，1988.

罗哲文.长城史话.北京：北京出版社，2018.

［日］新宫学.明代迁都北京研究——近世中国的首都迁移.贾临宇，董科，译.北京：外文出版社，2021.

彭勇.明代班军制度研究——以京操班军为中心.北京：中央民族大学出版社，2006.

阿勒坦汗传.珠荣嘎，译注.呼和浩特：内蒙古大学出版社，2014.

张继龙.阿勒坦汗与土默特.呼和浩特：内蒙古人民出版社，2016.

道润梯步，译校.蒙古源流新译校注.呼和浩特：内蒙古人民出版社，2015.

赵文.明朝后期对蒙古策略研究.北京：中央民族大学出版社，2013.

孟凡云.《万历武功录》研究——以蒙古人物传记为中心.北京：中央民族大学出版社，2008.

杨绍猷.俺答汗评传.北京：中国社会科学出版社，1992.

白翠琴.瓦剌史.桂林：广西师范大学出版社，2006.

于默颖.明蒙关系研究：以明蒙双边政策及明朝对蒙古的防御为中心.呼和浩特：内蒙古大学出版社，2016.

［美］亨利·赛瑞斯.明蒙关系Ⅲ——贸易关系：马市（1400—1600）.王苗苗，译.北京：中央民族大学出版社，2011.

成崇德，著.18世纪的中国与世界：边疆民族卷.戴逸，主编.沈阳：辽海出版社，1999.

吴伯与.国朝内阁名臣事略.北京图书馆古籍珍本丛刊.

支大纶.皇明永陵编年信史.

沈朝阳.皇明嘉隆两朝闻见纪.

李春芳.贻安堂集.四库全书存目丛书：集部.济南：齐鲁书社，1997：113.

申时行.赐闲堂集.四库全书存目丛书：集部.济南：齐鲁书社，1997：134.

唐新.张江陵新传.台北：台湾中华书局，1968.

扬铎.张江陵年谱.商务印书馆，1938.

后　记

历时四年之久，《柄国宰相张居正》一书就要与读者见面了。原想写长一点的前言，把我的研究、思考写出来，但稿子六经修改，心血多耗，现在反倒力不从心了，只能长话短说，以后记形式呈现。

我对明史的涉猎，缘起于硕士研究生阶段，师从李洵、薛虹、王松龄三位老师，彼时的学位论文是《明清督抚制度研究》，阅读较多的是政书、官书。写作《嘉靖帝传》（《嘉靖帝·　隆庆帝》在1996年由吉林文史出版社出版，《嘉靖皇帝大传》在2008年由中国社会出版社出版）时得以系统阅读《明实录》等文献。其后，应姜守鹏先生提邀，合作完成了《明永宣盛世》一书（1998年由河南人民出版社出版，2012年由中国大百科出版社出版）。以上算是我对明朝历史的一些探讨。

接触张居正，既是我对明朝历史探讨学习的延续，也是我研究"清承明制"，转向清代人物研究的一种"前溯"。最初并未打算写这么大的篇幅，而是在如何写一部不同的"传记"上煞费苦心，念兹在兹。伴随对张居正个人文集几乎逐字逐句的反复阅读，我为张居正那种"以其身为蓐荐"的精神而感动，更为他那种不惜破家沉族也要把改革进行下去的勇气担当所折服。这不正是中国士人所需要的可贵品格吗？！于是我开始广泛阅读与张居正关系密切的人物材料，包括他的几位声名显赫的同年，提携他进入内阁的恩师徐阶，他的生死盟友高拱，以及在他身后与之划清界限、致使其罪状章满公车的张四维等人的相关史料。在大量阅读几十种文集之后，张居正的形象逐渐清晰，而且我也从思考路径上找到了自认为的一个"新突破"，即以人物关系为主线，来突出人物命运这类传记的"新写法"。在此特别感谢华夏视听集团董事长蒲树林先生，在视听集团忝为顾问的近两年时间里，让我对人物关系及其"命运"有了不同于以往研究历史的定式化理解。感谢王强先生的最初"追问"，让我写作的主旨必须"独出心裁"，更加明晰。

在明朝的帝制政治中，本书重点写作的每一个人物，往往都以制度的维护者自居，而结果几乎都扮演了制度破坏者的角色。这种看上去对立而不可调和的矛盾，恰恰是帝制时代"人治"的一般表象，只是明朝把它凸显出来了而已。嘉靖、隆庆、万历三朝所处的近一个世纪，是世界史的第一次"大分野"，以往研究者把它作为中国从先进到落后的一百年。就三帝而言，都与他们担当的"君职"相去甚远，嘉靖帝竟以身驾龙袍上殿气喘为由，多少年不见臣僚；隆庆帝在他执政的五年多时间里，仅有的为数甚少的几次"廷议"，也是渊默不发一言；万历帝在张居正柄国的十年间，虽然"见习"决策，但主要精力是学习"为君之道"。就此而论，三帝都没有正常履行皇帝职责。而只有在皇权处于半"悬空"的状态下，内阁臣僚以及皇帝身边最亲近的太监才有表现的机会。换言之，明朝自嘉靖以来的内阁争斗，以及与宦官的或抗争或联手，都是在皇权半缺失的前提下，才会出现的特有现象。

皇权的缺失、半缺失或者滥用，都会在某种程度上导致帝国的摇摇欲坠，从而进入"周期性衰亡"。张居正自嘉靖时期的《论时政疏》，隆庆二年进入内阁所上的《陈六事疏》，这两份作为他柄国十年的改革性纲领文献，所着意的要旨都在于此。而在丞相制废除的情境下，内阁乃至其首辅的权力尽管在制度的演进中有扩大的趋向，但这些并非来自法律，更与"祖制"相悖。张居正在万历前十年所行使的，显然不是或者主要不是内阁首辅的权力，他自己称是"摄"，而不是"相"。当刘台参劾他种种"专擅"，违背"祖制"时，张居正在上疏中辩称："臣之所处者，危地也；所理者，皇上之事也；所代者，皇上之言也"，明确他"代王行政"。这是他"身后罪状，章满公车"的主要制度性原因，张四维仅仅扮演了引线的作用。

张居正十二岁取中生员，十六岁中举，二十三岁考中进士。这位"时时称老易"的荆州人绝顶聪明，在时局昏乱的至暗时刻，他在家乡蛰伏六年之久，重新出山后极力维护他与严嵩、徐阶之间的平衡。当恩师徐阶与挚友高拱争斗最激烈之时，他仍然沿用这种平衡，并向恩师检讨这是"三大罪"之一。

与在重臣间保持微妙的平衡不同，他极力维护与冯保的关系，对万历帝、李太后极尽忠诚。恭请李太后与万历帝"对榻而卧"，表面是照顾后者的"起居"，实则请李太后充当帝国决策的最后裁决者身份，这也是对他"代王行政"压力所设定的减缓阀，故此赢得李太后命其"辅佐皇上到三十岁"的懿旨。正是这道懿旨，在"小世宗"已经成年的情况下，为万历帝埋下了对师傅的怨恨。历史无法假设，如果张居正不是病逝于万历十年，而是十五年、二十年，不知二人的君臣关系，又当如何。

历史是客观的，但历史又是有是非的。张居正说，每当历史的关头，都是湖广人挺身而出。尽管张居正在改革方面不无矫枉过正之嫌，但他几乎以一身肩负沉疴已重的大明帝国，勠力前行。他遏制了明朝急剧下坠的势头，改革取得了明显成效。

"明朝只有一臣"，他就是张居正。

本书在写作过程中，承蒙师友多方指正、帮助；授业恩师郭成康先生，详细指点迷津。成崇德先生一直关心我的创作。我对明朝制度诸多不解之处，赵轶峰先生、赵中男先生曾多次详尽开示。特别是陈时龙先生，不但将其大作以便于抄写的形式惠赐，还将其点校的中国社会科学院历史研究所图书馆藏清钞本《望京楼遗稿》惠赐，这使我在写最后一章的查抄张居正府邸执行人丘橒时着墨颇多。陈支平先生，也惠赐了书籍。大学时代的挚友张占斌先生，特别鼓励我把张居正写好，他还建议把"一条鞭法"写得更详尽。此外，我的学生陈丽、王文箫等代为查阅了一些资料。

本书在提交初稿、二稿、三稿等过程中，崔正山先生、华豹先生提出了明确而具体的修改建议，对于让本书更接近读者，功劳尤多。编辑华迅女士对书稿反复推敲，一丝不苟，对于减少差误，提高质量，出力尤多。感谢初审高歌老师提出了颇多有价值的修改意见。

在此，谨对以上师友表达最诚挚的感谢。

2023 年 7 月 13 日